해외부동산개발 실무입문

타이밍열전과 공간창조의 첫걸음

저자 윤택만
감수 유선종

도서출판 청람

추천의 글

2007년에 시작된 미국발 금융위기는 국내 부동산 시장에도 큰 영향을 주었지만, 그 보다는 해외 관련 프로젝트가 훨씬 더 큰 영향을 받았다. 어떤 외부 자극에 반응하는 정도를 흔히 '유동성 위험'이라고 하는데, 국내보다는 해외가 더 유동적이고, 부동산보다는 금융이 더 유동적이며, 주거용보다는 상업용 부동산이 더 유동적이다. 해외 관련 부동산 개발 프로젝트는 대부분 상업용 개발이 주가 되며, 개발과 관련된 금융뿐만 아니라 외환헤지 등의 문제가 개입되어 극도로 유동적인 시장이 된다.

상황이 어렵다고 하여 해외시장 개척을 머뭇거리기에는 한국 시장이 너무 좁다는 근원적인 문제가 있다. 저자는 이러한 사실을 직시하고, 해외부동산 개발사업의 종사자들에게 의미 있는 지침서를 제공하고, 이 분야에 진입하고자 하는 초심자들에게는 귀중한 입문서로 소중이 간직될 수 있는 서적을 출간하고자 하였는데, 본『해외부동산개발 실무입문-타이밍열전과 공간창조의 첫걸음』은 그 결실이라고 하겠다.

이 책의 장점은 미국식 개발방식이 아닌 영국적 개발방식이 주로 통용되는 동남아시아를 중점적으로 다루면서, 양자를 체계적으로 비교하여 이해할 수 있도록 한 점을 들 수 있다. 또한 모든 부분을 수박 겉핥기식으로 망라하기보다는 시공사, 시행사, 금융기관 등 시장참여자의 다양한 입장과 관점을 통해 국제시장에서 호텔, 오피스, 주택 등 다양한 상품을 개발하며 벌어지는 일들을 이해하기 쉽게 해석하고 기술하여 비슷한 업무에 종사하는 사람들에게 보다 구체적인 도움을 줄 수 있었다는 점 역시 큰 장점이라고 하겠다.

건설회사의 해외관련 부서의 서고 속에 묻힐 뻔한 해외 개발에 관한 실무적인 입문서를 부동산학도를 포함하여 관심 있는 사람들에게 공개하여 이용되도록 한 저자의 용기와 노고를 다시 한번 치하하며, 이러한 실무입문서가 보다 많이 세상에 공개되어 도움을 줄 수 있기를 기대한다.

건국대학교 부동산대학원
국제부동산전공 주임교수
신승우

책을 펴내며

어느날 독자께서 해외부동산 개발업무에 종사하고 있는데 다음과 같은 사업제안을 받게 됩니다.

"말레이시아 쿠알라룸푸르 도심지역에 10,000m^{2}의 장방형 대지가 매물로 나와 있는데 복합빌딩으로 개발하면 적합합니다. 최대 한 달의 검토기간을 드릴테니까 긍정적인 답을 주시면 감사하겠습니다."

이제 여러분에겐 기회이자 시련의 시간이 다가옵니다. 만일 제안받은 사업지가 영 아니면 아무런 고통 없이 정중히 거절하면 그만입니다. 반넨에 사업을 검토해야 하거나 추진할 만한 상황이다 판단되면 이제 깊은 고민의 날들이 펼쳐집니다.

내가 무엇을 해야 하고 무엇부터 시작해야 하나 앞으로 어디까지 사업이 진행되고 나의 역할은 무엇인가? 머리가 아파오기 시작합니다. 국내도 아니고 이역만리 땅하나 덜렁 놓고 무슨 그림을 그려야 하는지 까마득합니다.

부동산에 관한한 한국사람이라면 전 국민이 소위 전문가들인데 그까짓 못할 것도 없지 스스로를 위로합니다. 그러나 돌아서면 막연합니다. 영문서류에다 무슨 숫자가 그리 많은지 복잡합니다. 현지파트너라도 끼어 있으면 머리에 쥐가 납니다. 그 땅에 호텔, 상가, 아파트, 사무실을 복합해서 짓는다는데 아파트라면 한국에서도 어떻게 알아보고 대충 그려볼 수 있겠는데 아! 호텔은 어떻게 하지? 가만 여기에 아파트 중 일부는 분양하고 나머지는 서비스아파트네!

설상가상으로 뭐 IRR, NPV, 세전이익률, RevPar, Occupancy Rate, Discount Rate, Capitalization Rate, Building Efficiency 무슨 용어들인지 정말 모르겠네… 그래도 고생고생해서 토지매매계약을 체결한다고 하죠. 땅도 계약 했겠다 이제 부자되는 길만 남은 것 같지요? 아닙니다. 까마득한 히말라야 산맥이 눈앞에 펼쳐집니다. 그냥 구경하는 게 아니라 그 산맥을 넘어야 합니다. 설계도 해야 하고 인 · 허가도 만만해보이질 않고 자금도 조달해야 하는데 은행에서는 F/S Report와 Cash Flow를 제출하라고 합니다. 시공사의 지급보증도 요구하는데 시공사에서는 공사조건을 협의하자고 하네요. 일은 산더미같이 쌓입니다. 서비스아파트하고 호텔은 운영경험이 없으니 유명한 운영업자를 찾아야 하고 아파트는 분양해야 하니 분양대행업자를 고용해야 하고 사무실은 부동산펀드에 통으로 매각해야 하는데 한국과 매각대상면적 기준이 달라서 자칫 잘못 적용하면 사업이 어떻게 될지 모르고…

해외부동산 개발사업을 접하시는 분이라면 누구나 이러한 고민들을 하게 됩니다. 답답한 마음에 해외사업에 다년간 종사해온 선배에게 달려갑니다. 그런데 알고 보니 입찰해서 수주하는 도급사업만 경험해서 개발부분은 잘 모르겠다는 답변밖에 없습니다. 급하게 서점에 가서 참고할만한 서적을 뒤집니다. 아무리 찾아도 딱히 내가 원하는 것이 없습니다. 금융서적, 건축서적들을 이 잡듯이 뒤져서 용어에 대한 해석도 보았고, Cash Flow에 대한 설명도 보았는데 통 감이 잡히질 않습니다.

아무래도 교육을 받아야 하겠다고 마음먹고 해외건설협회에 가서 해외부동산개발 과정에 등록합니다. 30만원을 내고 3일 동안 열심히 강의를 듣습니다. 각계의 전문가들이 건설관련 용어에 대한 설명과 함께 여러 가지 사례들을 제시해서 도움이 되긴 한데 해외도급사업과 관련된 이야기들이 주를 이루고 간혹 나오는 해외개발사업 경험담은 아주 단편적이거나 지나치게 전문적인 부분을 다루거나 금융이면 금융, 공사계약이면 계약 한 분야만을 설명해서 해외부동산 개발업무에 대한 전반적인 내용과 분위기를 느끼기에는 역부족이어서 가슴에 와 닿지가 않습니다.

해외개발사업이 무엇인지 전체적인 분위기를 느낄 수 있고 해외개발사업을 처음 시작하거나 현업에서 생기는 기본적인 의문들을 풀어줄 수 있는 무엇인가가 필요한데…

필자가 해외부동산 개발 업무를 13년 넘게 종사하면서 이와 같은 아쉬움과 안타까움이 항상 머리에서 떠나질 않았습니다. 그냥 선배들의 경험을 바탕으로 온몸으로 부딪치는 수밖에 없었습니다. 상사에게 질책을 받으면서 Excel프로그램 및 숫자와 전쟁을 치르면서 터득해나갔습니다. 이때에 "언젠가는 자신이 생길 때 후배들을 위해서 무엇인가를 할 수 있다면 책을 한번 쓰고 싶다"는 다짐을 했습니다.

다행히 2006년부터 해외부동산 개발 붐이 일면서 사회적인 관심도 커지게 되었고 실전에서 다양한 경험을 쌓아가는 분들도 많아지면서 이제 해외부동산 개발에 대해 체계적으로 접근할 때가 되었다는 것을 느꼈습니다. 여러 건설업체, 시행사, 금융기관 같은 Player들과 일을 같이하면서 현장에서 경험해오고 있는 것을 머리와 내 컴퓨터에만 저장해두지 말고 여러분과 공유할 수 있는 계기를 마련하자고 겁 없이 덤비게 되었습니다. 전문서는 각 분야의 전문가들에게 맡기고 제가 할 수 있고 당장 해외부동산개발 업무를 이해하는 데 도움이 될 수 있는 입문서를 만들기로 했습니다. 이렇게 해서 『해외부동산개발 실무입문 – 타이밍열전과 공간창조의 첫걸음』을 발간되게 되었습니다.

책에 관한한 문외한이 2년여 동안 책 작업을 해오면서 부족한 점이 너무 많다는 것을 뼈저리게 느끼면서도 이 책을 계기로 해외부동산 개발업무에 대한 독자 여러분의 이해를 넓히는데 조금이나마 도움이 되지 않을까 하는 뻔뻔한 희망을 가슴 한구석에 품고 이렇게 "일을 벌이게" 되었습니다.

본서는 이론서가 아닌, 실무 입문서로서 작성하였고 A부터 Z까지 하나의 Manual 처럼은 다루고 있지 않습니다. 기초적인 재무, 회계지식에 대해서는 독자 여러분께서 참고하실만한 다양한 서적들이 나와 있으므로 가급적 언급을 자제하고 이제 해외부동산실무자로서 현업에서 겪을 수 있는 여러 과제와 문제들을 여러분과 함께 직접 접근해 보고자 하였습니다.

끝으로 부족한 필자에게 많은 격려와 조언을 아끼지 않으신 건국대학교 부동산대학원의 유선종 교수님과 신승우 교수님, 도서출판 청람의 이수영 사장님께 진심으로 감사드립니다. 필자의 부족한 필력에 인내심을 가지시고 끝까지 교정작업에 매달려 주신 청람 편집부 여러분께도 깊이 감사드립니다. 삼수형, 자학, 병한, 정배를 포함한 Pioneer회원들, 풍경의 전계완 사장님, 딜로이트안진 정규원 상무님, 인천 동그라미 회원들, Big Four의 현중 형, Choo Yoo, 대식, Forum The P의 중구 형, 안후, 원석, 용환, 용운, 항상 길잡이가 되어준 CBRE Korea의 김진수 이사와 정나모 회원들, 쌍용건설의 김석준 회장님과 해외개발부, 해외사업본부 출신을 포함한 쌍용건설 임직원 여러분, 경순 형, 향순 누님, 그리고 항상 살아있음을 느끼게 해주는 가족에게 깊은 감사의 말씀을 드립니다.

2010년 2월

지은이 윤택만

차 례

Chapter 01

해외부동산개발을 위한 첫걸음

Setion 01 해외부동산개발 절차

일반적으로 통용되는 부동산개발 절차는 국내개발사업과 해외개발사업 간에 큰 차이는 없다. 그러나 국내시장에 비해 해외시장은 한국시행사나 건설사들 대부분이 상대적으로 "잘 모르기" 때문에 사업 시 리스크가 높아서 상당한 노력과 주의가 요구된다. 해외 부동산개발을 위한 절차를 살펴보면 다음과 같이 5단계의 절차를 거쳐 투자결정에 이르게 된다.

- Step 1 : 사업참여목적 파악

  〈대상〉 자본투자자, 금융기관, 임차인, 정부
- Step 2 : 의사결정환경 분석

  〈대상〉 시장환경, 법률환경, 금융환경, 조세환경
- Step 3 : 현금흐름 예상

  〈대상〉
  - 운영관련 현금흐름(cash flow from operation) : 예상총수입(potential gross income), 실질총수입(effective gross income), 순운영이익(net operating income), 세전현금흐름(before-tax cash flow), 세후현금흐름(after-tax cash flow)
  - 전환관련 현금흐름(cash flow from reversion) : 매각가(selling price), 순판매이익(net sales proceeds), 세전자기자본전환(before-tax equity reversion), 세후전환(after-tax reversion)
- Step 4 : 의사결정기준

  〈대상〉 어림셈법(rules-thumb techniques), 전통적인 평가방법(traditional appraisal), 현금흐름할인법(DCF : discounted cash flow)
- Step 5 : 투자결정

부동산개발과정에는 숱한 국면전환이 내재되어 있다. 기계에서 정형화된 제품을 뽑아내는 단순 과정이 아니다. 불량품이 나왔다고 기계를 멈추고 수리할 수 있는 구조가 아니다. 그만큼 신중에 신중을 기해서 사업에 접근해야 한다. 동물적인 감각만을 가지고 사업에 성공할 수도 있으나, 해외에서의 개발과정은 아주 혹독하고 경우에 따라서는 예측 불가능할 수 있다. 할 수 있는 데까지 리스크를 최소화하여야 한다. 따라서 투자결정을 위한 과정에 대한 이해가 필수적이다. [그림 1-1]은 해외부동산 개발사업을 수행할 때 거쳐야 하는 대표적인 과정을 나타낸 업무절차도이다. 이해를 돕기 위해 간단히 표현했지만 열거하기 힘든 수많은 과정을 통과해야지만 소기의 성과를 얻어낼 수 있다.

사업정보 수집에서 시작하여 현지조사 및 기초설계, 자금조달계획 등을 수립하고 사업성검토 과정을 거치며, 이를 근거로 한 추진주체 내부의 투자에 대한 의사결정이 이루어진다. 일단 사업을 추진키로 결정이 내려지면 사업을 추진하는 조직을 구성하고 본격적인 실행에 들어가게 된다.

설계 작업과 함께 인 · 허가 업무도 병행되며 분양 및 홍보계획도 수립하게 된다. 설계가 상당부분 진척이 되어 있거나 완료가 될 때 공사계약을 체결하고 본격적인 공사를 시작한다. 이때부터는 약간의 한숨(?)을 돌리고 분양 혹은 임대 업무와 공사 진행상황에 대한 점검 위주로 업무가 돌아가고 준공 후 수분양자 혹은 임차인들의 입주가 완료되면 운영을 포함한 사후관리 및 회사청산 업무를 빼고는 실질적으로 해외부동산 개발의 대장정이 마무리 되게 된다. 단, 전제는 "잘 끝나면"이다.

그림 1-1 해외부동산 개발사업 업무절차도

사업정보 수집	• 해외지사/법인, 시행사, 지주, 컨설팅 및 분양대행사 등으로부터 정보입수
세부 사업성 검토	• 현지조사 • 자금조달계획 검토 • 기초설계 작성 및 검토 • 사업타당성 종합검토
내부 투자결정	
사업추진 조직 구성	• 조직 및 사업예산 승인 • T/F팀 구성(필요시) • 현지법인 설립 및 출자(필요시) • 사업관련 계약체결(토지매매, 대출약정, 설계용역계약 등)
설계 및 인 · 허가	• 국내 인 · 허가(외환거래 및 해외건설협회 신고) • 현지 인 · 허가(외국인 투자허가, 사업(개발)허가, 건축허가, 분양허가)
분양 / 홍보	• 분양성 검토 및 분양/홍보계획 수립 • 분양수입금 및 계약자 관리
착공	• 착공 인 · 허가 취득 • 도급계약 체결
준공 및 입주	• 임시사용 및 사용검사 승인 • 준공정산, 사업정산 및 프로젝트컴퍼니(SPC : Special Purpose Company) 청산 준비
사후관리	• 하자보수 • 구분 등기서류 취득 등

Setion

02 입지분석

입지분석(Location Analysis)은 부동산개발의 투자의사결정 요소 중 가장 중요한 요소이다. "장사는 목이다"라는 말도 있듯이 조그마한 구멍가게에서부터 수조원이 들어가는 신도시개발에 이르기까지 입지가 좋지 않은 장사나 사업은 시작부터 많은 어려움이 따르게 된다. 그래서 부동산을 개발하는 사람들이 첫째도 Location, 둘째도 Location, 셋째도 Location이라고 강조하는 이유이다.

표 1-1 | Location에 대한 판단기준

구분	대상
인프라스트럭처	도로, 통신, 전기, 전화, 가스 등의 공급망
교통	지하철역, 버스노선, 주간선도로, 중심상업지역(CBD)까지의 주행거리
교육	중 · 고등학교, 대학교, 국제학교 등
안전(Security)	범죄율, 범죄발생빈도 등
쇼핑시설	편의점, 쇼핑몰, 할인점 등
엔터테인먼트(Entertainment)	영화관, 스포츠시설, 공원, 호수 등
주변환경	노숙자, 낡고 더러운 환경 등
접근성	주도로부터의 접근 용이성
가시성	주도로에서 노출되어 눈에 잘 띄는 정도
개발진행방향	사업지(Site) 위치가 도시 전체 개발진행 방향선상에 있는가?
정부정책	개발촉진지역 여부, 개발업자 인센티브 여부 등
밀도(Density)	도시계획 규정상 용적률, 건폐율, 건축물후퇴(Setback) 요건 등

입지분석을 위해서는 우선 지도(Map)를 확보하여야 한다. 도시지도(City Map), 교통지도(Transportation Map), 건물지도(Building Map), 관광지도(Tourist Map) 등을 들 수 있다. 다음으로는 지도작업(Mapping)을 한다. 주요 호텔, 쇼핑센터, 개발사업부지, 지하철, 인프라시설 등을 한 장의 지도에 표시한다.

지도작업이 끝나면 사업지(Site) 주변에 대한 집중분석에 들어간다. 사업지 주변을 전후좌우로 걸어서 약 20~30분 정도 거리까지 상세히 주변 환경을 조사한다. 필자의 경우 새로운 시장을 조사하러 갈 때 필수적으로 거치는 과정이다. 차량으로뿐만 아니라 도보로도 직접 조사해야만 어느 자리에 가나 자신 있게 사업지 주변 상황을 설명하고 개발계획을 세울 수 있다. 실제로 동남아시아시장처럼 아주 무더운 지역에 가서 도보로 약 3~4시간씩 현장조사를 하다보면 거의 일사병에 걸려 쓰러지기 일보직전까지 간 경우도 있다. 그러나 다시 한번 강조하지만 직접 현장조사를 시간을 내서라도 반드시 해야 한다는 것이다. 아울러 시당국, 주변개발업자, 부동산 컨설턴트 및 브로커들과의 직접 면담을 통해 해당 사업지의 입지분석에 중요한 정보를 입수해야 한다. 해외든 국내든 마찬가지이다.

Setion 03 사업지분석

사업지분석(Site Analysis)을 위한 주요 고려사항으로는 부지면적, 형태, 지형(Topography), 접근성, 가시성, 인프라시설, 부지의 건축관련 법규(Zoning Law), 허가조건, 규제, 유보지(Excess Land)의 처분 등이 있다.

분석항목으로 물리적 적합성 측면에서는 부지면적(공용면적 및 세대수 혹은 객실수 결정), 용적률(건물규모 결정), 고도제한, 주차장 규정(부지의 이용도에 영향), 부지 지형 및 형태(부지 정지작업 및 개발비용에 직접적 영향)가 있고, 접근성 및 가시성 측면에서는 고객의 유형 및 교통수단의 형태가 있는데 수요계층의 유형은 접근성의 주요 고려사항이며 경쟁사업과의 접근성 및 가시성에 대한 비교가 필요하다. 인프라시설도 주요 분석항목이다. 인프라시설은 전력, 상하수도, 전화, 배수시설, 쓰레기 처리시설, 연료공급시설 등이 있고 시장조사 및 평가(Market Study and Appraisal) 작업 시 각종 인프라시설의 공급자 및 공급 상태에 대한 조사가 요구된다.

적용 법규에 대한 면밀한 검토도 필요하다. 건축법규(Zoning Regulations),

인 · 허가요건은 해당 상품(Product)의 개발 및 운영에 있어 상당한 제약요인이 될 수 있다. 예를 들어 호텔의 경우 주류판매허가, 보건관련 규제, 요식업 허가 등 영업활동에 필요한 각종 인 · 허가가 개발에 제약요인이 될 수 있기 때문에 주의를 기울여야 한다.

Setion 04 시장조사

시장조사(Market Study)는 크게 경제기반분석(Economic Base Analysis)과 부동산시장분석(Real Estate Market Analysis)으로 나눌 수 있다. 일반적인 경제환경 분석대상으로 인구동향, 고용동향, 주택개발추이, 상업시설 개발추이, 산업시설 개발추이 등이 있고, 입지 및 고용분석의 경우에는 지역적인 이점(Advantages) 및 불리한 점(Disadvantages)과 시장잠재력 측면에서의 이점(Attraction)을 확인한다. 평가방법으로는 Good, Better, Best로 구분하여 평가할 수 있으며 제조업, 서비스업, 도소매업, 공공시설 측면에서도 파악이 필요하다.

다음으로 부동산시장 분석을 위해 시장조사보고서(Market Analysis Report) 작성이 필요한데 기본적인 조사항목으로는, 해당지역에 대한 설명 및 평가(metropolitan area, county, city 혹은 neighborhood), 현재 그리고 잠재적 경쟁관계가 있는 프로젝트의 공급현황, 입지와 개발계획의 상대적인 강 · 약점 및 개발과 마케팅에 미치는 영향 분석, 해당 시장에 대한 수요 추정(Quantitative Estimates of Demand), 가격대, Amenities(생태적 · 문화적 · 역사적 가치를 지닌 환경과 접하면서 느끼는 매력, 쾌적함, 즐거움이나 이러한 감정을 불러일으키는 장소), 경쟁요인, 규모, 시공 등 시장에 대한 정성분석(Qualitative Analysis of the Market), 수요 및 가격 등 상기 정성(定性)분석관점에서 해당 프로젝트의 적용수치 추정(예 : 점유율 혹은 투숙률(Occupancy)은 어느 정도 가능하고, 가격은 어느 정도가 가능하고 등등), 추진일정, 마케팅, 개발시기(Timing) 등에 대한 방안(Recommendation) 등이 있다.

각 개발상품(Development Product)별 시장조사 조사항목은 다음과 같다.

표 1-2 시장조사 조사항목

상품(Product)	시장조사 조사항목
주택 (Housing)	• 주택공급현황 및 분석
	• 인구분석 : 자연증가율(출생률/사망률), 가족구성 및 인원수
	• 인구의 소득특성 및 고용특성(소득과 연계)
	• 도시 전체 및 해당지역의 주택개발 역사 (건축허가 내용 및 건설업자보고서 등 포함, 주택공급량의 실변동추이 확인 필요 : 도심재개발에 의한 철거 등 감안)
	• 경쟁대상 프로젝트의 공급현황
	• 필요한 어메니티(Amenities)와 특성(Features)에 대한 분석(Qualitative Analysis)
	• 가격, 규모 등의 관점에서 도시 전체 및 해당지역의 흡수능력(Absorption) 결정(Quantitative Analysis)
	• 개발계획에 대한 방안 및 결론
	• 추진일정 및 마케팅에 대한 방안
사무실 (Office)	• 인구와 고용에 대한 분석 및 추정
	• 기존 사무실 공급현황(등급별)
	• 사무실 흡수(Absorption) 추정(수요, 공급)
	• 가격대별(Quality별) 사무실의 대상시장 추정
	• 해당 프로젝트의 가격 및 흡수 능력에 대한 구체적인 분석
	• 시장에서 흡수가능한 해당 사무실의 규모 및 가격대에 대한 결론
	• 설계, 마감, 주차장 등에 대한 방안
상가 (Retail)	• 상권규모조사
	• 현재의 경쟁대상 프로젝트 공급현황
	• 인구 및 소득수준
	• 상가 이용자 인터뷰
	• 상권에 대한 설명
	• 중심상가의 유형(근린, 커뮤니티, 지역)
호텔(Hotel, Motel)	• 컨설턴트
	• 입지와 고객분석(Customer Source)
	• 경쟁분석
	• 객실료(Room Rate) 및 투숙일(Room Night) 분석

호텔(Hotel, Motel)	• 예상손익분석(Pro Forma Income & Expense Analysis)
	• 운영이익과 자본이익의 구분(Separation of Operating/Real Estate Income)
산업용 (Industrial)	• 인력공급 가능성 및 임금수준
	• 교통망을 포함한 인프라 시설 현황
	• 입주가능 업종
	• 세제혜택 등 지원제도

Setion 05 사업타당성분석

사업타당성분석(F/S : Feasibility Study)이란 최종투자 여부 결정까지 발굴된 프로젝트를 대상으로 미래에 예상되는 경제적 가정을 전제로 관련된 모든 요소와 이들의 상호 관계를 고려하여, 특정 프로젝트의 성공가능성을 조사·분석하는 일련의 과정을 말한다. 구체적으로는 신규 프로젝트에 대한 시장성을 분석하고 프로젝트의 토지비용, 건설비용, 금융비용 등 소요자금을 추정하며, 공사원가와 일반관리 등을 분석 예측하여 추정재무제표와 현금수지표를 작성한 후, 계획사업의 경제성, 수익성 및 차입원리금 상환가능성 등을 종합적으로 검토하는 것을 말한다.

1. 사업타당성분석의 구분

검토분야에 따라 크게 세 가지로 구분할 수 있는데 경제적 타당성분석, 재무적 타당성분석, 기술적 타당성분석이 있다.

첫째, 경제적 타당성분석이란 프로젝트의 거시경제적 성과를 측정하는 것이다. 제한된 자원의 합리적 배분과 투자우선순위 결정 등의 기준을 정하는 데 이용된다. 정부나 공공부문에서 주로 사용하고 신규사업이 국민경제 및 지역사회에 미치는 영향을 분석하기 위하여 사회적 비용 및 편익분석(Cost-Benefit Analysis) 등을 내용으로 한다. 정부나 공공기관은 이를 통해 예산 배분상의 우선순위 파악 및 자원의 효율적 배분으로, 사회후생수준 및 국민소득 증대를 기대하게 된다.

둘째, 재무적 타당성분석으로 프로젝트를 추진하는 기업의 미시경제적 성과를 평가하는 것이다. 특정 기업의 입장에서 프로젝트의 장래 재무상태의 예측, 현금수지의 분석 및 예상수익률의 검토 등을 통하여 투자 여부를 판단한다. 금융기관의 입장에서는 대출심사의 일환으로 투자 및 운영자금의 조달, 차입원리금 상환 및 우발적인 추가비용을 지급할 수 있는 충분한 현금수지를 기대할 수 있는가를 검토한다.

셋째, 기술적 타당성분석이 있다. 프로젝트의 입지, 생산기술, 생산공정 등 기술적인 타당성과 소요자금 규모 등을 검토한다. 프로젝트 투자자는 독립된 외부 전문용역기관에 의뢰하는데 일반적으로 프로젝트의 종류에 따라 기술적 타당성분석의 중요도에 대한 편차가 심하다.

2. 사업타당성분석의 절차

사업타당성분석 절차를 보면 우선 자료수집 및 예비조사, 본조사, 평가보고서 작성, 수정 및 보완절차를 거쳐 완성하게 된다.

자료수집 및 예비조사단계에서는 대상 업종에 대한 현지국 산업현황, 경제, 사회, 문화, 제도 등 투자대상지의 일반환경, 제품 및 원재료 수급현황 등을 조사한다.

다음으로 본조사 단계에서는 경영전략적 평가로 전략적 위상과 효율성 측면을 조사하고, 사업화 능력평가에서는 실행가능성(기술적 능력, 자금조달능력, 시스템 관리능력)을 중심으로 조사하고 재무 · 경제적 평가에서는 시장성, 수익성, 현금수지 및 민감도분석을 실시한다.

평가보고서 작성에 있어서는 본조사 결과를 종합 조정하여 검토 항목별로 작성하며 주요 검토항목에 대하여는 조사내용, 근거자료명, 참고사항 등을 명시하고 검토의견은 정확한 용어와 문자로 객관적으로 요약 기술하는 것이 좋다.

마지막으로 평가보고서 내용에 대한 피드백 및 부족한 점을 수정하고 보완하여 완성하게 된다.

필자가 이야기하고자 하는 부동산 개발사업에 있어서 적용될 수 있는 사업타당성분석 절차 및 검토항목에 대해 다음과 같은 그림으로 나타낼 수 있다.

그림 1-2 사업타당성분석 절차 및 검토항목

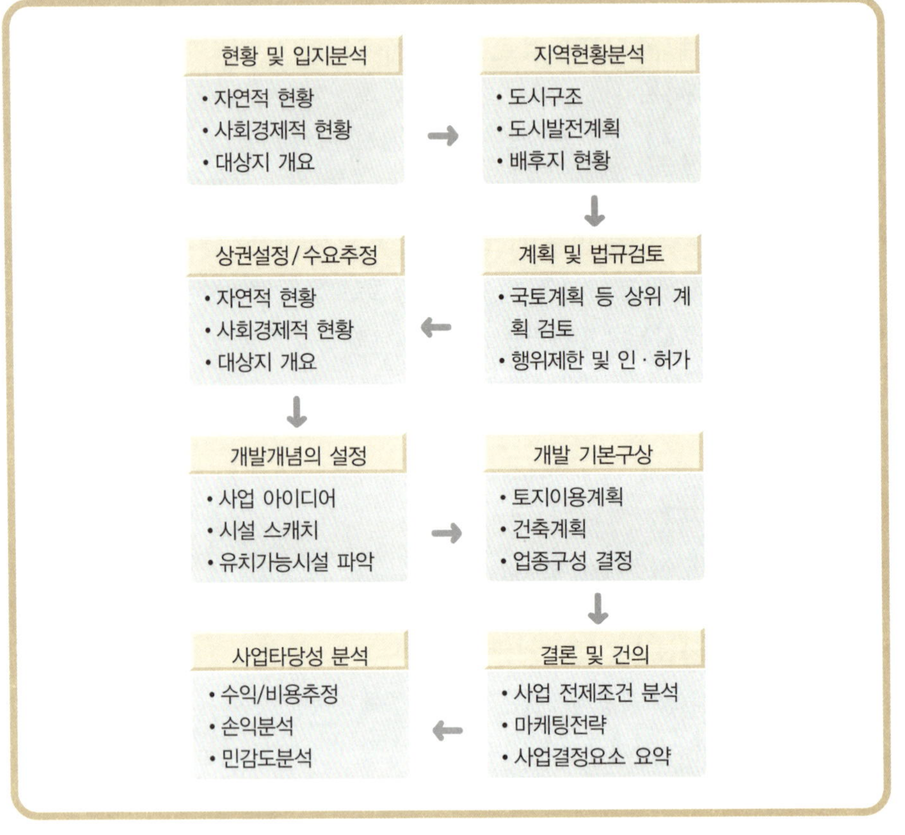

3. 사업타당성분석을 위한 기본자료

사업타당성분석을 위한 기본자료로는 손익계산서, 대차대조표, 현금수지표를 들 수 있다. 동 재무제표들은 상호 긴밀히 관련되어 있어 어느 한 가지만으로 전체를 분석하기에는 부족하기 때문에 이들에 대한 종합적인 검토가 필요하다. 이 중 사업성 평가에 있어서는 실질적인 현금흐름을 나타내는 현금흐름표(Cash Flow)가 가장 중요하다.

4. 수익성 분석기법

수익성분석은 크게 회계적 분석과 재무적 분석으로 구분할 수 있다. 회계적 분석법은 매출액총이익률, 영업이익률, 순이익률, 투자수익률(ROI : Return On Investment), 자기자본이익률(ROE : Return On Equity) 등을 들 수 있고, 재무적 분석법은 현금흐름할인(DCF : Discounted Cash Flow), 순현재가치(NPV : Net Present Value), 내부투자수익률(IRR : Internal Rate of Return), 회수기간(Payback Period), 수익성지수(PI : Profitability Index), 비용편익분석(BCR : Benefit Cost Ratio), 부채부담능력비율(Debt Coverage Ratio 혹은 Debt Service Coverage Ratio), 자본환원율(Capitalization Rate) 등이 있다. 근래에는 회계적 분석법도 현가(Present Value)를 이용함으로써 시간가치(Time Value)를 지표에 반영시키고 있다.

Setion 06 실 사

1. 실사의 정의

실사(Due Diligence)의 사전적 의미는 어떠한 사업의사결정 이전에 적절한 주의를 다하고 계획을 수립하여 수행하여야 하는 주체의 책임이라고 할 수 있다. 실사란 지분 혹은 자본구조에 있어서의 변화나 거래가 있는 기업에 대한 재무적 · 영업적 활동에 대해 조사하는 용역이다. 선진 자본주의 국가에서 인수, 매수, 주식상장 등의 기업활동 과정 중 이해관계자나 그를 도와주는 전문가들이 필수적으로 수행해야 할 일들을 체계적으로 정리한 절차와 내용이다.

실무적으로 해외부동산개발 사업의 경우 프로젝트의 시장조사와 사업타당성분석 결과 투자가치가 있다고 판단되어 합작투자선 또는 토지 선매자와 투자참여에 관한 기본합의 후 프로젝트에 대해 법률적 하자 유무 또는 투자목적의 부합 여부 등을 체크하는 것을 말한다. 통상적으로 실사라고 정의하고 있으나, 다른 용어로는 선관주의 의무라고도 한다.

2. 실사의 중요성

실사를 소홀히 했을 경우 투자자는 추후 법률적 · 경제적 하자 또는 불안전 요소 때문에 추가적인 비용발생 또는 투자수익률 감소 및 일부 투자 후 중도포기 등의 사태가 벌어지기도 한다. 시장상황의 변화는 미래에 일어날 변수로서 매우 예측하기가 어렵다고 하지만 현재 상황을 자세히 분석하여 하자유무를 가리는 것은 투자자의 사전주의 의무를 어느 정도 완벽하게 했는가에 따라 사전예방을 가능하게 해주는 매우 중요한 의사결정과정의 한 부분이다.

표 1-3 실사 체크리스트

구분	항목
거래형태 및 적법성	• 최적 거래형태 검토 (세무 및 투자목적감안 : 직 · 간접 참여 등) • 거래형태의 적법성 • 사업참여에 대한 이해관계자의 동의 여부 • 사업참여절차
거래당사자	• 합자계약(Partnership Agreement), 합작계약(Joint Venture Agreement) 및 정관, 재무제표 및 세금환급내역서(Tax Return Report) 등 검토 • 현지법상 설립/등록/운영상의 적법성 • 내부구조(파트너, 주주구성 및 지분율) • 당사자 간 또는 제3자와의 주요 계약내용 검토 • 제3자에 대한 채무 등 채권 · 채무관계 확인 • 부수적인 투자사업 내용확인 • 계약상 불이행(Default) 유무 • 불이행(Default)이 있을 시 처리방법의 적정성 및 거래상대방의 동의 여부(자본금 납입지연, 토지대 납입지연, 공사착공시점 지연 등) • 투자사업 또는 소유권의 정리(Clean Up)방법 • 정리 시 발생되는 손익의 처리

부지관련	• 부지 사용상의 제한 여부(양도상의 제한 등) • 부지취득과 관련한 부대비용 유무 및 금액 • 부지 내 인프라 유무, 설치비용 및 비용부담 주체 • 토지권리를 담보로 한 모기지론(Mortgage Loan) 또는 건설융자(Construction Loan) 가능 여부 • 토지가격 산정기준(단가, 합계금액, 연면적 증감 시 처리 등)
영업관련	• 내 · 외국인에 대한 분양 및 임대성 제한 여부 • 현지규정상 외국인의 부동산소유권 인정 여부 • 모기지론 가능 여부
세무관련	• 사업참여 시 부담해야 할 세금 종류 및 세율 확인(합작사(J/V) 및 참여자 입장) • 부가가치세(VAT), 수익세(Profit Tax), 자본이득세(Capital Gains Tax), 과실송금세(Profit Remittance Tax), 부동산세(Real Estate Tax), 수입관세(Import Duty) 등 • 세제상 특혜 여부(Tax Benefit) • 사업참여방법 등에 따른 세금효과(Tax Implication) 검토
외환관련	• 과실송금 등에 문제 여부 확인 • 역외융자(Off-Shore Loan)의 차입 및 상환관련 문제 여부 확인

Setion 07 사업비의 구성요소

부동산개발사업의 경우 사업에 소요되는 모든 비용의 합을 사업비(Development Cost) 혹은 개발비라고 한다. 경우에 따라서는 금융비를 제외한 부분만을 사업비 혹은 개발비로 지칭하기도 한다. 말레이시아의 경우 개발용어 중 GDC(Gross Development Cost)가 있는데, 금융비를 제외한 총개발비를 말하며 부동산개발을 위한 현지인들과의 협의 시 혼동을 주는 경우가 있어 주의해야 한다.

사업비에는 크게 토지비, 공사비, 부대비, 금융비로 구성된다. 영문으로는 각각 Land Cost, Construction Cost 혹은 Hard Cost, Soft Cost, Financing Cost로 통칭한다. 토지비에는 토지대, 토지취득세, 등록세 등 토지취득관련 세금 등이 포함되고, 공사비는 공사에 직접 소요되는 비용인 직접공사비(Direct Construction Cost)와 간접공사비(Indirect Construction Cost) 및 시공자 이윤으로 구성되며 경우에 따라서 CM(Construction Management) Fee도 포함할 수 있다.

부대비로는 각종 인 · 허가비용, 법무비용, 사업타당성분석(F/S : Feasibility Study)비용, 설계비, 감리비 등을 포함한 전문용역비(Professional Fee), 마케팅비용, 보증수수료, 개발부담금 등 각종 부담금 등을 포함한다. 마케팅비용을 별도로 분리해서 표시하기도 하는데 광의로 부대비로 표시하는 것이 일반적이다.

금융비에는 주간사수수료(Agent Fee), 약정수수료(Underwriting Fee), 중도상환수수료(Prepaid Penalty) 등 차입 관련 수수료에 이자비용이 포함된다.

일반적으로 총사업비의 구성비를 보면 토지비는 10~20%선, 공사비는 50~60%선, 부대비는 10~20%, 금융비는 10% 이하가 적정선인 것으로 판단된다. 그러나 시장 및 사업에 따라서 그 구성비는 다를 수 있다. 싱가포르의 경우, 토지비가 워낙 많이 들어서 전체 사업비의 50% 이상을 차지하는 경우가 많아 토지비가 전체 사업성을 좌지우지하게 된다. 따라서 싱가포르 시장에서는 시행 겸 시공을 목표로 하는 건설사는 시공이익을 우선하기보다는 개발이익을 우선하고 시공이익을 부가이익으로 보고 추진하는 것이 올바른 방향일 수 있다. 일반적으로 토지비가 차지하는 비율이 높을수록 전체 사업추진에 있어 시작부터 큰 부담이 되며, 따라서 상대적으로 저렴한 토지확보가 사업성공의 지름길이다.

Setion 08 개발상품의 종류

부동산개발을 위한 상품구성 시 가장 접근하기 쉬운 것이 분양형 아파트일 것이다. 한국시행사들은 대부분 아파트 시행으로 시작해서 활동영역을 넓혀 다른 개발상품(Development Product)에도 진출하는 경우가 많다. 한국의 경우 과거 대별해서 아파트시행과 상가시행으로 나눌 수 있었으나, 이제는 골프장, 실버타운, 리조트 등 다양한 분야에서 개발활동을 전개하고 있다. 나아가서는 호텔, 사무실, 서비스아파트, 상가로 구성된 복합빌딩 개발에서도 두각을 나타내는 시행사도 출현하고 있다.

해외부동산 개발의 경우 각국마다 개발상품에 대한 용어가 다를 수 있어 이러한 용어에 대한 이해가 요구된다. 특히 국내에서 사용하는 용어와 외국에서 영어로 된 용어에는 큰 차이가 있는 경우도 많아 각별한 주의가 요구된다.

대표적인 개발상품인 아파트의 경우 한국에서는 별다른 구분없이 사용하여 분양가 높은 고급형이더라도 아파트라는 용어를 사용하나, 동남아에서는 서민용 아파트로 플랫(Flat)을 사용하고 일반아파트인 경우 콘도미니엄(Condominium)을 사용하는 경우가 많다. 반면 한국에서는 콘도미니엄은 리조트에 있는 일시적인 숙박시설로 통용되고 있다.

아울러 공동주택의 경우 다가구주택과 다세대주택으로 구분하여 다가구주택의 형태는 연립주택이지만 법적으로는 실질적으로 다세대가 거주하더라도 1세대로 구분되는 반면, 다세대주택은 대지권 표시 및 세대구분이 가능하다는 점이 다르다. 특히 다가구주택과 다세대주택의 법적 효력이 달라서 사회적으로 문제가 되는 경우가 있는데, 보증금을 낸 세입자들이 여러 세대가 거주하는 다가구주택이 공경매에 들어갈 경우 세입자들이 자신들이 주인에게 지불한 보증금을 환불받지 못하고 임대차보호법상의 보호도 받지 못하는 경우도 생길 수 있어 각별한 주의를 기울여야 한다.

말레이시아의 경우 주택시장에 자주 등장하는 테라스하우스(Terraced House)가 있는데 통상 2~3층 연립주택으로 각 세대별로 구분등기가 가능한 독립적이고 배타적으로 사용할 수 있는 토지를 수반하는 형태의 주택을 말한다. 여기에서 Landed Property라는 용어를 많이 접할 수 있는데 이는 구분등기가 가능하고 독립적이고 배타적으로 사용할 수 있는 토지를 수반한 부동산을 일컫는다. 예를 들어 단독주택(Single-Detached House), 테라스하우스(Terraced House) 등을 들 수 있다.

개발사업을 하면서 규정하기가 가장 힘든 개발상품을 들라면 아마도 타운하우스(Townhouse)일 것이다. 한국에서는 빌라(Villa) 하면 고급, 타운하우스하면 연립주택을 연상시켜 저가 이미지를 지닌 적인 있었다. 한국시행사들이 내용은 저가이면서 이름으로는 고급이미지가 나는 빌라를 무분별하게 사용하여 소비자들을 현혹시키는 경우도 많아서 결국 오늘날 빌라는 저가 이미지가 더 강한 반면 오히려 최근 들어 고급 타운하우스가 분당, 용인, 판교 등지에서 분양에 성공함에 따라 원래의 고급 이미지를 되찾는 방향으로 흘러가고 있다. 그러나 수분양자들(분양을 받는 사람)이 타운하우스의 정확한 의미를 모르고 구입하는 경우가 많아서 이에 대한 정리가 필요하다.

타운하우스는 아파트나 단독주택처럼 건축형태를 의미하는 것은 아니다. 여러 가지 정의가 있을 수 있으나, 단독주택이나 2~3층짜리 다세대주택이 하나의 출입구를 공유하면서 20~30채씩 묶여 있는 주거 형태가 타운하우스이다. 외국에서는 '컬더색(cul de sac)' 이란 원형 광장을 중심으로 주택이 포도송이처럼 붙어 있는 경우가 많다. 독립적이지만 입주민이 한 가족처럼 사는 마을 개념이다.

타운하우스는 아파트와 단독주택의 장점을 결합시킨 '퓨전(fusion)' 스타일의 주택이다. 우선, 단독주택의 장점인 프라이버시 침해를 피하기 위해 독립된 출입문을 확보하고 개별정원과 주차공간이 제공된다. 일반적으로 공동경비시스템과 중앙광장, 공원, 커뮤니티 시설들이 들어가 있어 아파트의 특성도 지닌다. 여기에서 주목해야 할 것은 타운하우스는 공동주택으로 토지에 대한 구분소유권이 인정되지 않고 단지 대지권에 대한 표시로 전체 토지에 대해 지분형태로 일정면적만 인정된다는 것이다. 연립주택과 타운하우스의 가장 큰 차이점은 연립주택이 수평, 수직으로 가구를 분리해 각층, 각호마다 입주하는 형태인 데 비해, 타운하우스는 수직적으로만 가구를 분리하고 2~3층의 한 공간을 한 가구만 사용한다는 것이다.

요즈음 한국에서는 1~2층으로 된 집 위에 또 하나의 집이 들어서는 형태의 타운하우스가 등장했는데 이를 로프트하우스라 한다. 원래 주로 오래된 건물에 자리한 다락방, 창고 또는 공장 등으로 사용되었던 공간을 현대인의 생활에 맞게 주거용으로 새롭게 개조한 공간을 일컫는다. 미국에서는 시 외곽지대에 개발되어 거주단지 내 조합(Association)의 승인이 있을 때만 매매가 가능한 경우가 많아 상대적으로 가격이 저렴한 편이다.

Chapter 02

해외부동산개발을 위한 일반지식

Setion 01

사업성 평가를 위한 현금흐름표 작성

가장 기초적이고 필수적인 사업성 평가 작업은 현금흐름표작성(Cash Flow Projection)에서 시작된다. 그러나 해외부동산개발 분야에 입문하는 사람들은 현금흐름표를 작성해볼 기회가 많지 않고 단순히 타인이 작성한 현금흐름표에 대한 해석에만 치중하는 경향이 있다.

단언컨대, 해외부동산개발에 종사한다면 스스로 현금흐름표 작성을 무조건 해보아야 한다고 권하고 싶다. 전체적인 프로젝트 흐름을 읽을 수 있고 자신감 있게 사업추진을 하기 위해서 디벨로퍼라면 거쳐야 하는 과정이지만 그리 녹녹치는 않다. 경험이 있는 디벨로퍼일지라도 우선 단독으로 현금흐름표를 작성하기 위해서는 많은 인내와 일정 시간이 요구되며, 아무리 꼼꼼한 성격이더라도 실수가 있게 마련이다.

여기에서 가장 큰 문제는 숫자 하나 잘못 입력해서 전체 사업을 포기하는 경우도 생길 수 있다는 점에서 대단히 신경이 쓰이는 작업이며, 반복해서 검산한 후에도 실수가 발견되는 경우가 흔하다. 작성자 자신이 실수를 집어내기보다는 타인이 지적하는 경우가 허다하여 자존심이 상할 때도 있다. 한마디로 귀신이 곡할 노릇인 실수가 반복되고 상사의 질책이 이어지면 자신감마저 잃게 되는 심각한 지경에까지 이를 수 있다. 따라서 자신이 작성한 현금흐름표를 타인을 통해 재차 검토하도록 하고 자신도 실수가 없는지 수차례 끈기와 인내심을 가지고 확인 또 확인해야 한다.

현금흐름표는 프로젝트 수익성 평가의 기초가 되며, 주로 영업활동에 의한 현금흐름표를 다루는 프로젝트차원(Project Level)과, 재무활동까지를 반영하여 전체 현금흐름표를 다루는 자기자본차원(Equity Level)으로 크게 나누어 분석한다.

프로젝트 차원에서는 분양수입 혹은 임대수입 등 매출에 해당하는 현금유입(Cash Inflow)과 토지비, 공사비 및 부대비로 이루어지는 사업비에 해당하는 현금유출(Cash Outflow)을 반영하여 프로젝트 현금흐름표를 산출한다. 여기에서 사업성 평가에 가장 중요한 내부투자수익률(IRR : Internal Rate of Return), 순현재가치(NPV : Net Present Value), 투자회수기간(Payback Period) 등을 산출할 수 있다.

자기자본차원(Equity Level)에서는 프로젝트 현금흐름표에, 자본금 납입 및 회수, 차입금 조달과 상환, 이에 따른 금융비용, 법인세 납부[1)]를 반영하여 최종적으로 남는 배당가능이익을 산출한 후, 자기자본(Equity) 납입에 따른 현금유출과 배당에 의한 자기자본(Equity) 회수를 반영한 현금유입을 산출하여 이에 따른 내부투자수익률(IRR)을 얻게 되는데 이를 Equity IRR이라 하고 통상적으로 펀드에서 이를 많이 활용하고 있다.

Setion 02 현금흐름표 작성방법

세로형 평가, 즉 손익분석은 주로 분양을 전제로 한 주택사업에서 대부분 적용된다. 얼마를 투자하면 몇 년 안에 얼마를 벌 수 있다는 식의 단순평가를 기초로 사업을 전개한다. 2~3년의 공사기간 동안 선분양을 통해 투입자금을 회수하고 준공 이후 미분양물에 대한 단기간의 임대 내지 손절매 정도의 개발가정(Development Assumption)을 한다.

그러나, 펀드를 포함한 금융권에서는 단기 프로젝트일지라도 보통 내부투자수익률(IRR) 분석을 통해 사업성을 평가한다. 과거 한국 내 개발사업의 대부분은 아파트를 중심으로 한 주택사업이었고 상업용 건물도 운영보다는 매각을 통해 조기에 개발이익을 실현해 왔다. 따라서 개발사업에 종사하는 대다수가 손익분석표를 통해 사업성을 분석하는 데 익숙해져 있다.

지금은 한국 부동산시장에도 디벨로퍼뿐만 아니라 전문운영사(Operator)나 투자자(Investor) 등 다양한 시장참여자(Market Player)들이 활동하면서 가로형 평가도 보편화되었지만 여전히 손익분석에 치중해서 사업참여 여부를 결정하는 사람들도 있다. 물론 손익분석도 사업성 평가에 없어서는 안될 부분이지만 나의 위

---

1) 법인세는 프로젝트차원(Project Level)에서 반영되어야 한다는 주장도 있다.

험이 어느 정도 노출되는지, 어느 시기에 사업위험이 가장 큰지 등을 파악하여 종합적인 투자환경을 감안, 투자결정을 내리는 데 무엇보다도 가로형 평가인 현금흐름표 분석이 필수적이다.

한편, 중장기 현금흐름표 작성이 필요한 개발상품으로 호텔, 사무실, 상가, 골프장 등을 들 수가 있는데 개발기간이 공사기간과 운영기간으로 대별되어 2~3년의 공사기간과 5년 이상의 운영기간 동안 이루어지는 현금 유출입에 대한 흐름을 작성하게 된다.

현금흐름표 작성은 가로형 평가를 위한 작업으로 작성자에 따라 다양한 방법과 결과물이 나오게 되는데 여기에서 가장 중요한 것은 현금흐름표가 자기만의 리그가 되어서는 안 된다는 것이다. 정확한 사업성분석을 위한 기초자료가 되어야지 남에게 화려한 기술을 보여주는 장이 되어서는 안 된다.

현금흐름표 분석 툴(Tool)은 기본적으로 Microsoft사의 엑셀 프로그램을 사용하게 되는데, 함수기능을 적극 활용하여 일일이 숫자를 조정하는 번거로움을 없앨 수 있어 대다수 디벨로퍼들은 함수기능 숙지 및 적용에 많은 시간을 보낸다. 그러나 함수기능의 남용은 작성자 자신조차도 오류분석이 안 되게 만드는 독이 될 수 있기 때문에 유의해야 한다.

여기에서 해외부동산사업을 추진하다 보면 가장 빈도수가 높은 질문이 있는데 어느 정도의 사업비가 들고 이에 대한 자금조달계획은 어떠한가이다. 의외로 사업내용을 설명할 때 장황하고 이해가 안가는 복잡한 숫자들을 제시하면 사업제안을 받는 입장에선 당황하거나 심지어는 관심이 낮아질 수 있다. 따라서 현금흐름표 작성이 완료되면 다음의 표를 작성할 것을 적극 추천하고 싶은데 누구에게나 설명할 때 기본적으로 한눈에 알아볼 수 있도록 하는 것이 중요하다.

표 2-1 | 개발비용 및 자금조달계획 내역

개발비(Development Cost)			자금조달계획(Funding Plan)		
항목	금액	구성비	항목	금액	구성비
토지비		%	자본금		%
공사비		%	차입금		%
부대비		%	선분양대금 (운영수익)		%
금융비		%			
계		100%	계		100%

Setion 03 현금흐름표 작성순서

가장 먼저 ① 개발가정(Development Assumptions)을 정한다. 이는 철저한 시장조사 및 각 방면의 전문가들의 의견들을 반영하여 숫자화하는 작업인데, 가장 시간이 많이 걸리고 주의해야 하는 부분이다. 어설픈 가정들을 적용하여 도출된 숫자들은 신뢰성이 없으며 고민하고 고민해서 나온 속된 말로 '살 떨리는' 진통의 결과가 개발가정이 되어야 한다.

많이 듣고 많이 보고 느껴야지만 가능하고 냉정함을 잃지 않아야 한다. 디벨로퍼 특성상 사업에 대한 열정이 지나쳐 사업의 긍정적인 부분만 강조하고 부정적인 요소에는 눈을 감아버리는 유혹에 빠질 수 있다. 이를 위한 가장 손쉬운 방법이 개발가정을 인위적으로 조작하는 것이다. 숫자 하나만 변경해도 죽어야만 될 사업이 회생하는 경우가 허다하다. 주요 가정(Assumptions)으로는 건축연면적, 분양가(매각가), 분양률, 토지단가, 공사단가, 공정률, 이자율을 들 수가 있다.

두 번째 순서로는, ② 개발비내역(Development Cost Breakdown)의 작성이다. 토지비, 공사비, 부대비, 금융비 순으로 작성하면 되는데, 금융비는 현금흐름표 작성을 통해 나오는 연계수치이기 때문에 빈칸으로 두다가 현금흐름표 작성 후 반영한다. 아니면 일단 예상 대출(Loan)금액을 정해놓고 어느 정도 현금흐름표가 마무리되는 단계에서 최종적으로 연계하면 된다.

세 번째로, ③ 진행률표(공정률표)의 작성이다. 현금흐름표상에 직접 지급시기에 맞추어 반영할 수 있으나, 수입이나 각종 비용에 대한 지급률이나 지급시기를

|표 2-2| 개발비용 내역

항목	단가(Unit price)	금액	비율(%)
1. 토지비			
2. 공사비			
3. 부대비			
4. 금융비			
개발비			100%

별도로 표시하는 시트를 작성하면 이해하기가 편하다. 개발비에 대한 월별, 분기별 혹은 연도별 진행률, 공사공정률, 분양률 등을 표시하게 된다. 공사공정률은 공사관련 S-Curve Sheet에, 분양률은 분양계획표(Sales Proforma)에 별도로 표시할 수 있다.

표 2-3 공사공정률표 및 지급일정

항목	Yr-3	Yr-2	Yr-1	Yr1	Yr2
1. 공사공정률	15%	55%	30%		
2. 분양대금 납입일정	10%	50%	20%	20%	
3. 개발비					
1) 토지비	100%				
2) 공사비	15%	50%	25%	5%	5%
3) 부대비	60%	30%	10%		
4) 금융비	40%	30%	30%		

네 번째로, ④ 분양계획표(Sales Proforma)나 호텔, 리조트, 사무실, 상가 등 디벨로퍼가 공사 준공 후 일정기간 운영 후 매각하는 경우도 많아 이때 필요한 ④ 운영계획표(Operating Proforma)를 작성하게 된다.

분양계획표는 보통 3~5년, 운영계획표는 5~10년 정도 작성을 하며 경우에 따라서는 15~20년까지도 늘려 볼 수 있다. 대표적으로 아파트에 대한 분양계획표는 다음과 같으나, 다양한 형태가 있을 수 있으며 일반적으로 상대방이 알아보기 편한 형태로 작성하는 것이 좋다.

표 2-4 분양계획표 – 분양타입 및 분양면적

분양타입	위치	세대수	세대별 분양면적	총 분양면적	세대별 분양가	총 분양가	비고
A	1F						
B	2F						
C	3F						
D	4F						
계							

|표 2-5| 분양계획표 – 분양률 및 분양세대수

분양타입	Yr-3	Yr-2	Yr-1
분양률			
A	70%	30%	
B	50%	30%	20%
C	60%	30%	10%
D	40%	30%	30%
분양세대수			
A			
B			
C			
D			
계			

호텔 디벨로퍼는 장기간 보유하에 운영을 목적으로 하는 경우가 많아서 예로 들었으며 사무실, 상가 등 운영을 전제로 한 기타 상품에서도 [표 2-6]의 형식을 참조하면 무리가 없을 듯하다. 운영상태가 안정화될 때가지 보통 2~5년 정도의 시간이 소요되며 아래 [표 2-6]은 호텔의 경우를 예로 하여 3년차에 안정화되는 것으로 가정하였다. 안정화되는 시점의 운영실적은 프로젝트 벨류에이션(Project Valuation)에 자주 사용하므로 동 시트의 작성에 유의해야 한다.

다음으로, ⑤ 감가상각표(Depreciation & Amortization Table)를 작성하게 된다. 유형고정자산에 대한 감가를 Depreciation이라 하고 무형고형자산에 대한 감가를 Amortization으로 구분한다. 감가상각 부분은 일단 현금흐름이 없어 직접적인 영향이 없으나, 법인세 과세항목에서 공제받을 수 있는 항목으로 이에 대한 고려가 필요하다. Depreciation은 준공물 혹은 완성물에 대한 물리적 가치하락부분을 반영하는 것이어서 부동산 개발사업을 위한 현금흐름표 작성 시 운영기간 동안 고려하게 된다.

Depreciation 대상을 대별해 보면 빌딩부분과 기계전기(M&E : Mechanical & Electrical) 부분으로 나눌 수 있는데, 공사비의 약 15~20% 정도를 기전(M&E)부분이 차지한다. 감가상각기간이 빌딩은 20~50년 사이로 장기간에 걸쳐 상각하고 기전은 5~10년 정도의 단기간에 걸쳐 상각하게 된다. Amortization대상은 특허

표 2-6 운영계획표

연도	1년차		2년차		3년차		…	10년차
객실수								
점유객실수								
점유율								
평균객실료								
인상률	$	%	$	%	$	%		
부문별 매출(Departmental Revenue)								
객실						73.6		
식음료						18.7		
전화						1.0		
기타수입						6.7		
소계						100		
부분별 비용(Departmental Expenses)								
객실						18.0		
식음료						77.0		
전화						45.0		
기타비용						50.0		
소계						40.6		
부문별 이익(Departmental Income)						59.4		
미분배 운영비 (Undistributed Operating Expenses)								
일반관리비(Administration & General)						7.0		
관리비(Management Fee)						2.5		
마케팅비(Marketing)						4.0		
유지관리비, 에너지 (PO,[2] Maintenance & Energy)						8.7		
총수입세(Gross Receipt Tax)						4.0		
소계						26.2		
총운영이익(House Profit) 혹은 (GOP : Gross Operating Profit)						32.7		

2) Property Operations

고정비(Fixed Expenses)								
재산세						0.0		
보험료						1.1		
시설충당금 (Reserve for Replacement)						3.0		
소계						4.1		
순운영이익 (NOI : Net Operating Income)						28.6		

권, 저작권, 광업권, 수리권, 어업권, 상표권, 영업권 등이 있으나, 부동산개발관련 현금흐름표에서는 보통 창업비 혹은 개업비(Pre-operation Cost)와 건설이자(IDC : Interest During Construction)를 Amortization의 주대상으로 한다.

이제 감가상각표를 작성했으면 다음으로 ⑥ 잔존가치(Residual Value)를 계산하게 된다. 여기에서 잔존가치란 고정자산의 내용연수가 경과되는 일정시점에서 남아 있는 그 자산의 가치를 말한다.

| 표 2-7 | Depreciation & Amortization

항목		금액	경제년수	상각률	운영1년차	운영2년차	운영3년차	~	운영10년차
Depreciation									
건물	80%	$	40	2.5%	$	$	$	$	$
기전(M&E)	20%	$	4	25.0%					
소계		$			$	$	$	$	$
Amortization									
광업비/개업비		$	4	25.0%	$	$	$	$	$
건설이자		$	8	12.5%					
소계		$							
계		$			$	$	$	$	$

예를 들어 준공 후 10년 동안 운영한 후 매각할 경우 매각시점의 가치산정(Valuation)이 필요한데 가장 일반적인 것이 현금흐름표에 반영할 잔존가치를 구하는 것이다. 잔존가치를 구하기 위한 표는 아래 [표 2-8]과 같다.

표 2-8 잔존가치(Residual Value)

항목	Yr-3	Yr-2	Yr-1	Yr1	Yr2	~	Yr10
1. 개발비	$	$	$	$	$	$	$
2. 감가상각비	$						
3. 잔존개발비(2-1)	$						
4. 토지가 상승률	%						
5. 토지단가($/$m^2$)	$						
6. 토지면적(m^2)							
7. 토지가	$						
8. 잔존가치(3+7)	$	$	$	$	$	$	$

다음으로, ⑦ 주 현금흐름표(Main Cash Flow Sheet)를 작성하게 된다. 주 현금흐름표 작성은 여러 가지 항목으로 구별해서 작성할 수 있는데 크게 두 가지 방법으로 작성할 수 있다. 첫 번째로 현금유입(Cash Inflow)부분과 현금유출(Cash Outflow)부분으로 나누어 작성하는 방법이 있다.

현금유입부분에는 분양수입, 매각수입, 자본금, 차입금 등 현금유입 항목을 모두 반영하고 현금유출부분에는 공사비 등 개발비와 차입금에 대한 이자를 포함한 각종 금융비용, 운영비 등 모든 현금유출 항목을 반영한다. 내 호주머니를 기준으로 현금이 들어오고 나가는 것만 판단하는 것이다. 그러나 프로젝트 내부투자수익률(Project IRR)과 프로젝트 순현재가치(Project NPV)를 계산할 때, 재무활동에 의한 현금유출입부분은 제외하게 되는데 제3자가 이해하기에 어려울 수 있고 복잡한 단점이 있다.

그래서 주 현금흐름표를 작성할 때는 다음의 방법을 사용하도록 추천하고 싶다. 크게 프로젝트 차원(Project Level/Project Cash Flow)과 자기자본 및 차입차원(Equity & Loan Level/Equity & Loan Cash Flow)으로 나누는 방법인데, 재무제표상의 투자활동과 영업활동에 따른 현금흐름표를 반영한 것이 프로젝트차원이고, 재무활동을 반영한 것이 자기자본 및 차입차원이다. 마지막 줄에는 프로젝트차원과 자기자본 및 차입차원상의 주 현금흐름표를 합산한 최종 현금흐름표 혹은 시재(Cash Available) 항목을 두어 자금흐름상 문제가 없는지를 최종 점검하게 된다.

[표 2-9]에서 시재(Cash Available)는 절대로 Negative(-)가 되어서는 안 되며 일정수준 이상의 Positive(+)상태를 유지하여야 한다. 즉, Cash Available이 (-)가

된다는 것은 부도상태를 말해주기 때문에 차입금이나 자본금을 늘려서라도 (+)로 전환시켜야 한다. 예를 들어, Cash Available를 항상 US$2백만 이상 가지고 간다고 했을 경우 이보다 모자랄 경우 주로 재무활동 중 차입금부분을 조정하여 보충하게 된다.

부채부담능력비율(DSCR : Debt Service Coverage Ratio)에 대한 가이드라인은 프로젝트와 금융기관마다 다르나, 보통 1.2~1.3 이상 수준을 유지하게 된다. 특히 금융기관에서는 DSCR을 보고 차입금 상환과 이자비용 지급능력을 판단하는 경우가 많아 중요한 수치가 된다.

| 표 2-9 | 주 현금흐름표(Main Cash Flow)

항목	Yr-3	Yr-2	Yr-1	Yr1	~	Yr10
Project level(투자/영업활동)						
1. 분양, 운영수입	$					
2. 매각수입(잔존가치)	$					
3. 총수입(1+2)	$					
4. 개발비	$					
5. 분양, 운영비용	$					
6. 총비용(4+5)	$					
7. 법인세 @법인세율						
8. Project Cash Flow(3−6−7)						
9. Project IRR	%					
10. NPV @할인율(discount rate)	$					
Equity & Loan Level(재무활동)						
11. 자본금	$					
12. 자본금상환	$					
13. 차입금	$					
14. 차입금상환	$					
15. 누적차입금	$					
16. 차입금이자 @이자율	$					
17. Equity & Loan Cash Flow(11−12+13−14−16)	$					
18. Cash Available(시재 / 8−17)	$					
19. Debt Service Coverage Ratio(8÷(14+16))						

마지막으로 ⑧ 손익계산서(Income Statements)를 작성하게 된다. 단, 주 현금흐름표의 각 시트는 일정부분 순환참조로 맞물려 있어서 우선 작성하기가 상대적으로 쉬운 손익계산서부터 작성하는 경우가 많다.

우선 수입부분과 지출부분으로 크게 나누어 표기하고 수입에서 지출을 뺀 나머지, 즉 경상이익을 구한다. 법인세를 공제한 순이익은 의미가 있으나 손익분석에서 기준으로 삼는 것은 경상이익 레벨까지가 보통이다. 수입부분은 분양 혹은 매각수입으로 구성되며, 지출은 토지비, 공사비, 부대비, 금융비 순으로 기록한다.

필자가 개발사업을 하면서 가장 많이 받는 질문 가운데 하나가 목표하는 경상이익률이 얼마인지인데 경상이익률은 매출액 대비 경상이익을 말한다. 디벨로퍼 입장과 시장 및 프로젝트 고유의 리스크에 따라 다를 수 있으나, 통상 20%는 되어야 비교적 편하게 사업에 접근할 수 있으며 싱가포르 같은 안전하고 성숙한 개발시장에서는 10~15% 사이면 투자결정 하는 데 무리가 없어 보인다.

아래 [표 2-10]에서와 같이 단가기준을 이해하기 쉽게 일목요연하게 표기하는 것이 중요하다. 상당히 많은 Excel Sheet에 주요 가정들이 숨어 있고 복잡한 현금흐름표상의 수치들은 작성자가 아닌 사람들에게는 이해하기 버거운 내용이 될 수 있다. 따라서 손익계산서상의 단가기준은 사업성 분석의 기초가 된다.

상기 언급한 현금흐름표에 추가로 반영할 표는 개발상품과 사업구조, 시장 등에 따라 세분화 및 다양화시킬 수 있으나, 가장 기본적인 상기 시트들을 토대로 확장해나간다면 큰 무리 없이 현금흐름표를 작성할 수 있다고 판단된다. 항상 끈기 있

| 표 2-10 | 손익계산서 – 항목별 단가표

항목	단가	금액	비율(%)	비고
1. 수입(매출액) (분양수입)				
2. 지출(개발비)				
(토지비) (공사비) (부대비) (금융비)				
3. 경상이익(1–2)				경상이익률(1÷3)
4. 법인세				
5. 순이익 (3–4)				

고 치밀하게 현금흐름표를 작성하는 것이 필요하며 개발사업 수행 시 누구보다도 사업의 흐름을 읽을 수 있는 데 절대 필요한 과정이므로 독자 여러분께서 추진하는 사업이 있다면 바로 지금 이 과정을 시작하도록 권하고 싶다.

Tip

- 현금흐름표는 본인이 직접 작성해보세요. 百見이 不如一行!
- 다른 사람들이 만든 다양한 현금흐름표를 보세요.
- 가장 이해하기 쉬운 현금흐름표를 작성하세요. 암호 같은 자료는 필요없습니다.
- 너무 복잡한 현금흐름표는 나중에 '독'이 되어 자신을 공격합니다. 자기도 이해 못합니다.
- 현금흐름표를 끝까지 잡고 물고 늘어져야 '숫자'가 춤추는 게 보입니다.

Setion 04 현금흐름표상의 시간가치

국내에서 시행경험이 있는 시행사들은 대부분 국내 시행경험을 토대로 해외부동산개발사업을 추진하는 경우가 많다. 또한 국내에서 몇 건의 주택사업 성공을 밑거름으로 해외에 진출하여 한국 시행사 특유의 적극성과 추진력을 가지고 짧은 시간 안에 사업 참여를 결정한다. 그러나 한국시행사들은 단기적 사업성 혹은 세로형 평가, 즉 손익 측면만을 강조하고 현금흐름에 기초한 가로형 평가, 즉 시간가치에 대해 소홀히 하는 경향이 있다. 앞으로는 남고 뒤로 밑지는 경우도 있을 수 있고 부도가 날 수도 있다.

주택사업의 경우 사업기간이 3년 내외로 비교적 짧은 편이며 따라서 중 · 장기 사업성 평가 시 적용하는 IRR법 대신에 사업손익분석, 즉 세로형 평가를 적용하는 경우가 보통이다. 그러나 단계별로 분양하는 장기 주택사업이나 사무실, 호텔, 서비스아파트 등 임대 혹은 임대 후 분양/매각을 전제로 한 사업에는 사업손익분석 외에도 시간가치를 반영한 IRR법에 의한 가로형 분석방법을 적용하는 것이 좋다.

디벨로퍼의 입장에서 사업 성패의 관건은 물론 분양성 혹은 점유율(Occupancy

Rate)에 달려 있지만, 시간가치 관점에서는 인 · 허가기간, 공사기간, 분양기간이 아주 중요하다. 동 기간들이 늘어난다는 것은 기회비용 혹은 금융비용이 늘어나는 것이며, 따라서 사업일정 관리를 철저하게 하고 전체 사업흐름을 꿰뚫어 볼 수 있는 혜안과 추진력이 절대적으로 필요하다. 자질구레한 것에 얽매여 타이밍을 잃는 우를 범해서는 안 된다. 시간은 돈이다.

Tip

- 오늘의 1원이 내일의 1원이 아닙니다.
- 현재가치(Net Present Value)로 환산할 때, 할인율(Discount Rate)에 대한 고민을 항상 해야 합니다.

Setion 05 IRR 10%와 11%의 차이는?

국내에서는 손익 측면만을 강조하여 매출액 대비 수익률 혹은 영업이익률로 사업성을 평가하는 경향이 있다. 대부분 주택 등 단기사업 위주로 개발사업이 진행되다보니 이해하기 편리한 측면이 있다. 그러나 SOC사업이나 민간합동 프로젝트 파이낸싱사업 등 사업구조가 복잡하고 중장기 사업들이 많아지면서 손익만을 가지고 사업성을 평가하지 않고 시간가치를 고려한 현금흐름표 분석이 필수적인 과정이 되었다. 손익분석상 수익성을 확보하고 있는 사업일지라도 실제로 별로 남는 것이 없는 경우도 발생하는데 오늘의 1원이 내일의 1원과는 실제가치에 있어서 상이하다는 것, 즉 시간가치를 항상 염두에 두고 투자사업에 임하여야 한다.

1. 사업성을 평가하는 기준

사업성을 평가하는 기준으로는 순현재가치법(NPV : Net Present Value), 내부

투자수익률법(IRR : Internal Rate of Return), 기간회수법(Payback Period) 등이 있는데 이 중에서 내부투자수익률법이 가장 많이 사용된다.

내부투자수익률법이란 재무활동에 의한 현금흐름을 제외하고 프로젝트 자체적인 영업활동에 의해 창출되는 현금유출입(Project Cash Flow)을 현재시점의 가치 산정을 위해 할인율(Discount Rate)을 적용하게 되는데, 이때 현금유출과 현금유입의 현재가치의 합계가 0이 되게 적용되는 할인율을 내부투자수익률(IRR)이라고 한다.

여기에서 부동산개발 입문자뿐만 아니라 여러 프로젝트를 수행한 경험자들도 정확한 IRR의 의미를 모르고 사용하는 경우가 많은데 IRR 10%와 IRR 11% 중 어느 쪽이 디벨로퍼에게 좋은 것인지 물으면 백이면 백 IRR 11%가 당연히 좋다고 확신하나, 왜 좋은지를 물으면 선뜻 대답을 못하고, 단순히 이자율로 해석하여 이자율이 높으면 좋듯이 IRR도 높으면 좋은 것이 아니냐는 해석을 한다.

그러면, 디벨로퍼로서는 자금을 제공하는 금융기관도 아니고 오히려 이자율이 높으면 사업추진에 불리할 수밖에 없다고 반박하면 이 또한 질문을 받는 입장에서는 난처한 상황에 몰리게 된다. 정확한 의미해석을 위해서는 다시 한번 IRR의 정의를 살펴볼 필요가 있다. 프로젝트에서 발생되는 유출입현금에 대한 현재가치의 합이 0이 되게 하는 할인율이 IRR이므로 사업성을 갖추려면 현금유출보다는 일정부분 현금유입이 더 많아야 되고, 할인율 10%를 적용해서 현금유출입의 현재가치가 0이 나올 때보다 할인율 11%를 적용해서 현재가치가 0이 나올 때가 할인 전 현금창출금액이 더 많다는 것을 의미하므로 디벨로퍼 입장으로서는 유리한 것이며 따라서 IRR 10%보다는 IRR 11%가 좋은 것이다.

한편 사업성 평가를 하다보면 여러 가지 논란거리에 혼동이 올 수 있는데, 이 중에서도 필자는 IRR 산정 시 법인세를 반영한 현금유출입(Project Cash Flow)을 적용할지, 아니면 법인세를 반영하기 전 현금유출입을 적용할지 고민을 하게 된다.

국내 SOC사업의 경우 통상 법인세를 반영하여 IRR 산출을 해왔으나, 별도의 프로젝트컴퍼니(SPC)를 설립하여 프로젝트를 추진하는 경우가 아닌 동일 법인(Business Entity)하에 여러 프로젝트를 추진할 경우에 프로젝트별 법인세 분리가 사실상 불가능하여 문제가 되어 왔는데 최근에는 법인세 반영 전 현금흐름표를 가지고 IRR 산정을 하고 있다.

아울러 법인세라는 것이 프로젝트의 순이익이 있어야만 부과되는 부가적 현금흐름으로서 순수하게 프로젝트 자체가 창출하는 현금흐름이 아니므로 IRR 산정에서는 제외시켜야 한다는 주장도 설득력이 있다. 그러나 법인세는 각국마다 혹은 프로젝트에 따라 달리 적용될 수 있기 때문에 프로젝트 사업성 평가 시에 반영되어야 한다는 주장도 일리가 있다.

따라서 사업성 평가 시 IRR 산정기준을 법인세 반영 전 혹은 후로 명시하여 혼선이 없게 하거나 내부적으로 IRR 산정기준을 정하여 관리하는 것이 좋을 것으로 판단된다.

학문적으로는 내부투자수익률이 근본적인 모순을 가지고 있어 학계에서는 적용을 하지 않고 순현재가치법이 사업성 평가상 가장 올바른 것이라고 할 수 있다. 현금유출입에 대한 할인 후 현재가치의 합이 0이 되게 하는 할인율(IRR)은 하나가 아닌 복수가 나올 수 있다는 점에서 근본적인 문제점을 지니고 있는 것이 사실이다. 그러나, 실제 업무상 IRR이라는 것이 이자율 혹은 수익률 개념과 혼동해서 사용할 정도로 이해하기 쉽다는 이유로 가장 널리 사용되고 있다.

상기 순현재가치법은 학문적으로 가장 신뢰받고 있으나, 투자자 입장에서는 투자 여부에 대한 기준이 되고 있질 못하다. 이론상 순현재가치가 0보다 크면 투자할 수 있다고 하나, 투자자에 따라 목표로 하는 숫자가 다를 수 있어 단순히 0보다 크다고 해서 모두 투자할 수 있는 것은 아니다.

필자가 생각하는 가장 좋은 방법은 내부투자수익률법을 근간으로 하되 순현재가치법과 기간회수법 등을 참고로 활용하는 것이다. 아울러 단기사업의 경우, 매출액 대비 수익률 등 세로형 평가도 적극 고려할 수 있다.

Setion 06 자본환원율

한국 부동산시장에서 일을 하다 보면 과거에는 생소했으나, 요즈음 들어 가장 많이 통용되고 있는 부동산용어 중 하나가 자본환원율, 즉 Capitalization Rate이다. 전문서적을 포함한 참고서적에 따라 여러 가지 정의가 있을 수 있으나, 한마디로 쉽게 이야기하자면 "매입가격 대비 세전연간이익률"이다. 적정한 자산가치를 산출하는 데 자주 사용되며 부동산 투자 결정 시 가장 중요한 기준이 되고 있다. 해당 부동산이 창출하는 순영업이익(NOI : Net Operating Income)을 거래가격(Fair Market Value)으로 나눈 비율(NOI ÷ Fair Market Value = Capitalization Rate)을 말하며, 상가나 사무실, 호텔 등 일정기간 동안 운영하는 부동산상품에 많이 적용하고 있다.

그런데 자본환원율(Capitalization Rate)은 일반적으로 시중에서 자주 사용하는 부동산투자수익률, 부동산임대수익률과 혼동될 수가 있다. 부동산투자수익률이란 투자 후 미래가치에서 투자원금을 공제한 금액을 투자원금으로 나눈 비율[(투자 후 미래가치-투자원금)÷투자원금]을 말한다. 여기에서 투자 후 미래가치는 부동산임대수익률 및 자본환원율에 따라 다르다. 부동산임대수익률이란 연임차료를 실투자금액으로 나눈 비율(연임차료÷실투자금액)을 말하며, 임대차보증금의 경우 투자원금에서 차감(실투자금액)하든지 혹은 적정이자율(한국에서는 통상 1~1.5부, 즉 연 12~18%)을 적용하여 연임차료로 환산하여 반영할 수 있다.

자본환원율은 세전 펀드수익률에 통상 환위험(Forex Risk), 국가위험(Country Risk), 펀드수수료 및 레버리지효과(Leverage Effect) 등이 반영되어 산출하는데 부동산 가치와 관련 매도자와 매수자의 입장에서 자본환원율의 의미를 잘 해석해야 한다. 일반적으로 자본환원율이 높을수록 부동산투자가치는 높아진다. 그러나 디벨로퍼가 부동산 매각 시 매수자가 목표로 하는 자본환원율이 높을 시에는 전혀 다른 의미가 된다.

예를 들어, 디벨로퍼가 예상하는 순영업이익(NOI)이 연간 100원이고 적정 자본환원율을 10%로 책정했을 때의 매각가치(Cap. Value)는 1,000원(100원÷10% = 1,000원)인 반면, 매수자가 예상하는 연간 NOI가 100원으로 동일하고 목표 자본환원율이 11%는 되어야 한다고 볼 때 매각가치는 약 909원(100원÷11%≒909원)으로 떨어져야 한다. 디벨로퍼 입장에서는 불리해진다.

2008년 현재 한국 펀드기준으로 펀드 세전목표수익률은 6~8% 정도이고, 여기에 환위험(forex risk) 1~1.5%, 국가위험 1~2%, 펀드수수료 1~2% 정도를 더해서 해외투자에 대한 자본환원율 산정 시 반영하여 9~15%선에서 목표 자본환원율을 산출할 수 있으며 자산 매입 시 차입을 통한 레버리지효과를 반영할 경우에는 목표 자본환원율은 약간 낮아질 수 있다. 그러나, 보수적 관점에서 레버리지효과는 반영하지 않는 경우가 흔하다.

1. 펀드수익률과 자본환원율

펀드의 목표는 아주 명확해서 펀드투자자들에게 언제 얼마의 배당이 가능한가에 있다. 통상 세후수익률을 기준으로 하는데 IRR법을 사용하거나 ROE(Return On Equity, 자기자본이익률)를 적용하기도 한다. ROE상의 자기자본(Equity)에 대한 해석상 혼란이 있을 수 있는데 Equity IRR를 ROE로 표현하기도 하고 ROI(Return On Investment, 투자수익률)와 구별하여 레버리지에 의한 자금조달(차입금)을 제외한 순수 자기자본금을 기준으로 하는 경우도 있으나, 여기에서의 ROE는 펀드투자금액(즉, 부동산의 경우 자산매입금액)을 기준으로 한다. 혼동을 피하기 위해 연간 배당기준 수익률로 표현하기도 한다.

시장에 따라, 투자자 성향에 따라 목표수익률은 각각 다를 수 있는데 2008년 1월 현재 한국기준으로 세후 IRR 7%, 자본이득(Capital Gain)을 제외한 ROE 5%선에서도 펀드의 투자결정이 이루어지고 있으며, 싱가포르 등 금리가 낮은 선진국일수록, 대형 외국 금융기관일수록 목표수익률이 낮아지는 경향이 있고 따라서 부동산투자 결정에 있어서 적극적인 편이다. 펀드수익률 산정방법으로 연간 세후이익을 펀드투자금액(즉, 자산매입금액)으로 나누어 수익률을 산출하는 것이 가장 간편하다. 펀드수익률은 자본환원율 산정의 기초가 되어 펀드수익률에 통상 환위험(Forex Risk), 국가위험(Country Risk), 펀드수수료 및 레버리지효과 등을 반영하여 자본환원율을 산출하게 된다.

Tip

- ROE 산정식={Σ(연간 세금공제후 이익)÷사업연수} ÷ 자본금
- ROI 산정식={Σ(연간 세금공제후 이익+연간지불금리) ÷ 사업연수} ÷ (자본금+차입금의 평균잔고)

Setion 07 할인율

할인율(Discount Rate)은 두 가지의 의미를 가지고 있는데, 하나는 상업은행이 중앙은행에서 어음을 할인할 때 적용되는 공정할인율(official discount rate)을 말하며, 다른 하나는 자금의 현재가치를 산출할 때에 사용되는 금리를 말한다. 부동산개발의 경우 후자를 말하며, 사업 혹은 해당 부동산에서 창출되는 미래의 현금흐름을 현재가치로 환산할 때에 적용하는 금리를 말한다.

이때, 할인율은 단순한 시중금리를 말하는 것은 아니며 사업에 대한 각종 위험(국가위험, 인 · 허가위험, 환위험 등)들을 종합 반영한 이자율이라고 할 수 있다. 통상 시중금리보다는 높다. 현금흐름표 작업상 순현재가치(NPV : Net Present Value)를 산정할 때 할인율을 적용하게 되는데 어떤 할인율을 선택할지 항상 고민이 된다. 시중금리를 제외한 위험률 등을 감안한 프리미엄(Premium)은 상당히 주관적일 수 있는 한계가 있어 논란의 여지가 많기 때문이다. 디벨로퍼가 보는 적극적인 할인율과 빌딩 매수자나 금융기관들이 보는 보수적 · 방어적 할인율에는 차이가 있다.

이러한 문제를 해결하기 위해 가중평균자본비용(Weighted Average Cost of Capital, 이하 WACC)을 사용하기도 한다. WACC는 자본을 구성하는 자기자본과 타인자본에 대해 각 구성비 및 조달금리를 반영하여 산출되는 평균금리를 말한다.

자본이 자기자본과 타인자본으로 구성되어 있고, 이 두 가지 자본들의 각자 조달금리에 두 자본들이 차지하는 비중을 곱하여 나오는 이자율을 할인율로 적용할 수 있다. 예를 들어 자본이 자기자본 30%, 타인자본 70%로 구성되고 자기자본 조달금리가 10%, 타인자본 조달금리가 8%일 경우, (30% × 10%) + (70% × 8%) = 8.6%를 WACC으로 산출할 수 있다.

여기에서 각국의 법인세법상 타인자본 조달 시에 따른 이자부분은 비용으로 인정되어 세금효과가 있는 것이 일반적이기 때문에 이를 반영해주어야 한다. 이를 공식으로 나타내면,

$WACC=[S \div (S+B)] \times Ke + [B \div (S+B)] \times Kd \times (1-t)$이다.

(S : 자기자본, B : 타인자본, Ke : 자기자본비용, Kd : 타인자본비용, t : 법인세)

따라서 법인세가 30%라고 할 때 $(30\% \times 10\%) + (70\% \times 8\%) \times (1-30\%) = 6.92\%$(WACC)를 산출할 수 있다.

그러나, 사업 혹은 투자대상을 바라보는 입장에 따라 할인율도 변동가능성이 클 수 있으므로 WACC 이외에 독자 여러분이 가지고 있는 나름대로의 기준을 적용할 수 있어야 할 것으로 본다.

Tip

- 2009년 5월 29일 열린 '2009년도 제3차 국민연금기금운용위원회'에서 국민연금의 중기(2010~2014년) 자산배분안 및 2010년 국민연금 운용지침을 심의, 의결했다. 중기자산 배분안에서 기금의 5년간 목표수익률을 최근 국내외 경제전망이 하향조정되고 자산별 위험요인이 확대된 것을 반영해 1.5%포인트 낮춘 6.5%로 설정했다. 〈루티즈코리아, 2009. 5. 29〉
- 서울 강남구 역삼동의 대표적인 대형사무용 빌딩인 ING타워가 KB금융그룹 계열사인 KB부동산신탁의 품으로 돌아갔다. KB부동산신탁은 "임대료와 관리비, 기타수입 등으로 발생하는 운영수익을 통해 연평균 7% 이상의 수익률을 거둘 수 있을 것으로 예상된다"며 "추후 매각 시 예상되는 매매차익을 반영할 경우 연평균 수익률은 16% 안팎이 될 것"이라고 밝혔다. 〈매일경제, 2009. 8. 9〉
- Capitalization rates derived from historical net income hit their historic low in 2005, at 5.2%. Just how much cap rates will rise in today's uncertain environment is difficult to say, but many forces are at play that will likely result in a significant rise in cap rates derived on historical net income (2008 NOI divided by sales price or value) over the next year, while cap rates derived on projected first year net income(2009 NOI divided by sales price or value) will decline, due to depressed earnings. 〈Hotel Capitalization Rate on the Rise, 2009. 1, HVS〉

Setion 08 감정평가방법

부동산 매입을 위해 대부분 부동산 감정평가(Appraisal Valuation)를 하게 된다. 투자 혹은 금융조달을 목적으로 제3의 평가기관에 감정평가를 의뢰하게 되는데 감정평가에는 대표적으로 거래사례비교법, 원가법 및 수익환원법이 있으며 이를 감정평가 3방식이라고 한다.

거래사례비교법(Sales Comparison Approach)이란 시장성에 근거하여 대상물건과 동일성 또는 유사성이 있는 물건의 거래사례와 비교하여 대상물건의 현황에 맞게 사정보정, 가격형성요인의 비교 및 시점수정 등을 가하여 대상물건에 대한 평가시점의 경제적 가치를 산정하는 방법이다.[3] 이 방법에 의하여 산정된 평가가격을 비준가격이라 한다. 즉, 대상물건과 비교가능한 다수의 거래사례를 수집 검토하여 적절한 사례를 선택하고 선택된 사례와 대상 부동산의 여러 비교요인을 분석하여 대상물건의 가격을 구하는 방법이다. 이를 산식으로 표현하면 다음과 같다.

평가금액 = 사례가격 × 지역요인비교 × 개별요인비교 × 시점비교 × 면적비교

사례가격 : 거래되었거나 임대되었던 사례가격이나 임대(차)료
지역요인 : 상업지역, 주거지역, 공업지역 등에 따른 차이비교
개별요인 : 경사도, 토지모양, 면적의 적정성 등 차이비교
시점비교 : 사례시점과 평가시점의 물가지수, 부동산 가격지수의 비교

거래사례비교법은 시장성에 근거를 두고 있어 평가방법 중 가장 많이 활용되는 방법이나, 비교가 가능한 최근의 유사사례가 많지 않은 경우 채택하기가 어려운 단점이 있다.

원가법(Cost Approach)은 평가부동산과 같은 부동산을 만들기 위해서는 어느 정도 비용이 투입될 것인가? 하는 관점에서 부동산의 가격을 산출하는 방법이다.

3) 이홍규 외 2인, 감정평가실무강의 I, p.115.

비용성의 원리를 따르는 평가방식으로서 가격시점에서 대상물건의 재조달원가에 감가수정을 하여 대상물건이 가지는 현재의 가격을 산정하는 방법을 말하며, 이 방법에 의해 산정된 가격을 적산가격 혹은 복성가격이라 한다.[4]

복성식 평가방법의 장점은 건물, 구축물, 기계장치 등 상각자산에 널리 활용되고 고정자산의 재평가, 기타 공공 또는 공익 부동산의 평가에 효과적이다. 시장성이나 수익성이 없는 부동산의 평가에 활용되며 신축건물의 가치추계에 적합하다. 조성지, 매립지 등의 토지평가에 적합하며 감정평가사의 주관이 개입될 여지가 적다. 반면 단점은 토지 등과 같이 재생산이 불가능한 부동산에는 그 적용이 어려우며 시장성 · 수익성이 반영되지 않을 가능성이 있다. 또한 재조달원가, 감가상당액 파악시 기술적인 파악에 애로가 있으며 외부에서 관찰하기 힘든 부분은 감가수정에 반영되기 힘들다.

수익환원법(Income Approach)은 평가대상 부동산이 장래의 어느 기간까지 얼마만큼의 수익을 올릴 것인가? 하는 관점에서 부동산 가격을 평가하는 방식으로 이론적으로는 가장 완벽한 평가방법이다. 수익성의 사고에 기초하여 대상물건이 장래 산출할 것으로 기대되는 영업이익을 환원이율로 환원하여 가격시점에 있어서의 평가가격을 산정하는 방법을 말하며, 이 방법에 의하여 구한 가격을 수익가격이라 한다.[5] 예를 들어, 매년 영업이익이 100원을 올리고 환원이율이 10%라고 할 때의 평가가격은 100원÷10%=1,000원이라고 할 수 있다.

수익환원법의 장점은 임대용 · 기업용 등 수익성부동산에 유용하고 장래 기대되는 수익을 현재가치화하는 것이므로 이론적이라 할 것이며, 안정적인 시장에서 임료의 적정성이 확보된다면 평가자의 주관개입 여지가 적다. 반면 단점은 수익환원법은 수익을 기초로 하기 때문에 수익을 창출하지 못하는 교육용 · 공공용 부동산 같은 물건이나, 부동산시장이 객관적이지 못하고 불안정한 곳에서는 순수익과 환원이율의 적정한 파악이 곤란하여 적용이 사실상 어렵다. 수익성부동산에 있어서 운영 초기에는 아무래도 점유율 등이 떨어지는 게 보통이어서 운영을 통한 현금흐름이 안정화되는 데 일정한 기간이 필요하다. 오피스나 상가, 서비스아파트 같은 경우는 통상 3년을 기준으로 안정화기간(Stabilized Period)이 필요하며 호텔의 경우는 3~5년 정도를 본다.

---

4) 이홍규 외 2인, 감정평가실무강의 I, p.177.

5) 이홍규 외 2인, 감정평가실무강의 I, p.232.

| 표 2-11 | 감정평가 3방식과 6방법의 분류

가격3면성	3방식	평가조건	6방법	시산가격[6]	성격
시장성	비교방식	가격	거래사례비교법	비준가격	균형가격
시장성	비교방식	임료	임대사례비교법	비준임료	균형가격
비용성	원가방식	가격	복성식평가방법	복성가격	공급자가격
비용성	원가방식	임료	적산법	적산임료	공급자가격
수익성	수익방식	가격	수익환원법	수익가격	수요자가격
수익성	수익방식	임료	수익분석법	수익임료	수요자가격

6) 시산가격은 부동산가격을 감정할 때 원가, 비교 및 수익방식 감정평가방식을 통해서 구한 최초의 가격임. 시산가격은 감정평가의 최종가격을 산출하는 중간과정의 가격이므로 서로 다른 방식에 의해서 산출된 가격을 조정하는 과정을 거쳐야 한다.

Chapter 03

해외부동산개발을 위한 실무지식

Setion 01

전문용역사(Professional Consultant)

국내 부동산개발 시 통상 설계사(Architect)가 디벨로퍼와 단일용역계약하에 기전(M&E : Mechanical & Electrical), 구조(Structure), 건물외관(Facade), 조경(Landscaping) 등 설계와 관련된 대부분의 업무를 관장하고 감리는 별도로 두는 경우가 많은 반면, 외국의 경우 설계와 감리를 분리하지 않고 기술용역사(Technical Consultant)들의 역할에 따라 각각 계약을 체결하는 경우도 많다. 대신 설계사나 견적사(Quantity Surveyor)가 선도용역사(Lead Consultant)의 역할을 맡아 용역사들과의 코디네이션 및 원활한 용역수행을 하게 된다.

여기에서 기술용역사로는 견적사(Quantity Surveyor), 설계사(Architect), 기계전기전문가(Mechanical and Electrical Consultant), 토목구조전문가(Civil and Structural Consultant), 건물외관전문가(Facade Consultant), 조경전문가(Landscaping Consultant), 토질시험전문가(Soil Test Consultant) 등이 있다. 통상 기술용역(Technical Consulting) 비용은 공사비(Construction Cost)의 7~10% 선에서 결정된다.

국내에서 가장 생소한 용역사(Consultant)로는 견적사(QS : Quantity Surveyor)를 들 수 있다. 견적사의 업무로는 공사물량(BOQ : Bill of Quantity) 산출 및 공사비 책정, 견적 및 관리, 입찰 및 계약관리 등이 있는데 초기 설계단계부터 설계사의 설계에 대해 자재 등 비용측면을 고려하여 평가나 대안제시 업무를 한다. 디벨로퍼를 대신해 선도용역사로서 시공사(Main Contractor)와의 계약 및 공정관리 등의 업무를 한다. 이렇게 견적사는 디벨로퍼와 용역계약하에 일하는 경우 이를 용역사 혹은 전문조사자(Professional Surveyor)라고 하고, 건설회사에 소속되어 일하면 시공사의 견적사(Contractor's Quantity Surveyor)라 말한다. 미국에서는 전문조사자(Professional Surveyor)를 원가전문가(Cost Engineer)라 부르며 건설경제학자(construction economists), 건설관리자(construction managers)라고도 한다.

가장 많은 영어권 견적사를 배출하는 곳은 영국에 있는 왕립공인견적사협회(RICS : Royal Institution of Chartered Surveyors)와 토목견적사협회(ICES :

Institution of Civil Engineering Surveyors)이다. 동남아시아에서 유명 견적사업체로는 DLS, KPK, Northcroft, RLB(Rider Levett Bucknail) 등이 있다.

한편 그 외 상업용역사(Commercial Consultant)로는 부동산컨설턴트(Real Estate Consultant), 법무법인(Law Firm), 회계사(Accounting Consultant), 세무사(Tax Consultant) 등이 있다.

부동산컨설턴트(Real Estate Consultant)는 디벨로퍼가 프로젝트를 추진하면서 가장 먼저 접촉하는 용역사이다. 사업성 평가를 위해 시장조사보고서(Market Report)나 사업타당성 분석보고서(Feasibility Study Report) 작성 용역을 부동산컨설턴트에게 발주하며 용역기간은 빠르면 1개월 내외, 통상 2~3개월 정도 소요된다. 용역비는 시장, 개발상품, 용역범위에 따라 다르나, 일반적인 사업타당성 분석 보고서(F/S report) 비용은 US$20,000~US$30,000 정도에 가능하다. 부동산컨설턴트는 토지감정평가(Land Appraisal) 용역도 수행하며 통상 1~2개월 정도 소요되고 용역비는 US$10,000~US$20,000 수준이다. 한편 부동산컨설턴트가 가장 참여하기를 원하는 분야는 분양대행 업무인데, 홍보비를 포함한 분양 제비용은 통상 디벨로퍼가 부담하며, 분양대행수수료는 판매액의 1~2.5% 수준이다. 요즈음은 상업용 부동산 매매를 위한 대형 브로커리지 업무도 수행한다. 세계적인 부동산컨설턴트로는 Colliers International, CB Richard Ellis, Knight Frank, Jones Lang LaSalle, Savills, DTZ 등이 있다. 호텔 상품(Product)에 특화된 HVS, 부동산중개 프랜차이즈 사업에 강점을 가지고 있는 ERA나 Century 21 등도 부동산컨설턴트 범주에 든다.

시장에 따라 시장을 주도하는 용역사(Leading Consultant)가 있는데 한국과 베트남의 경우 CB Richard Ellis가 실적과 경험에서 단연 독보적인 위치를 차지하는 반면 싱가포르에서는 Colliers나 Knight Frank가, 말레이시아에서는 DTZ나 Savills와 업무제휴관계인 Rahim & Co.가 득세하고 있고 중국에서는 DTZ의 활동이 두드러진다. 최초 시장진입 시 이들 주도 업체에 시장평가 등 용역을 발주하는 게 아무래도 디벨로퍼에게 도움이 될 것으로 판단된다.

한국시행사나 일부 금융기관에서 한국의 신용평가기관이나 회계법인 혹은 그 자회사에 시장조사보고서나 사업타당성 분석 보고서 작성을 의뢰하는 경우가 있는데 디벨로퍼가 현지사정에 밝지 않고 외국어로 의사소통이 어려울 수 있는 상황에서 국내업체를 활용하면 편리하고 시장을 이해하기가 쉬운 측면이 있는 반면,

경우에 따라서는 전문성에 문제가 있을 수 있다. 한국적인 입맛에 맞게 리포트를 작성할지는 몰라도 현지사정에 어두운 한국 업체들이 정확한 시장상황이나 사업성을 평가하기에는 한계가 있다. 더군다나 회계법인 같은 경우는 숫자에는 일가견이 있을 수 있으나, 부동산컨설턴트가 지닌 전문성은 부족할 수 있다. 따라서 이러한 문제점을 보완하기 위해 국내업체들은 현지업체들과 업무제휴관계를 맺어 용역을 수행하기도 한다. 단, 용역비가 통상 US$50,000~US$100,000선으로 비싼 편인데 이는 현지시장을 모르는 국내 용역업체가 현지 부동산컨설턴트에 하도를 주어 결국 용역비가 비싸게 되는 구조적 문제가 있기 때문이다.

한편 프로젝트 파이낸싱 조달 시 각 금융기관에 따라 선호하는 부동산컨설턴트 업체가 있어 금융기관의 요구에 따라 별도의 시장조사보고서나 사업타당성분석보고서 작성 용역을 다시 한 번 발주하는 경우도 있어 비용이 이중으로 들어갈 가능성도 있다.

Tip

에스크로 기관(Escrow Agent)의 의무

에스크로 기관(Escrow Agent)이란 Escrow Holder, Licensed Officer, Escrow Depository 등으로 불리며 부동산관련 거래에서 매도자와 매수자의 중간에 서서 계약조건이 성립될 때까지 확인하고 관리하는 사람을 말하며 브로커, 금융기관, 변호사 등이 담당. 에스크로 기관의 의무를 살펴보면,

- 에스크로 계획(Escrow Instruction)을 준비
- 매수자의 계약금 혹은 증거금(Earnest Money)을 보유
- 권리관계조사(Title Search)를 의뢰(미국의 경우 전문적으로 부동산권리관계를 조사하는 권원서비스회사(Title Company)가 발달되어 있음. 동남아시아의 경우, 변호사를 통해 권리관계를 확인하고 분석하는 경우가 대부분임.
- 권원보험(Title Insurance)에 가입
- 매수자와 매도자 간 각자가 부담하는 비용의 정산
- 기존 대출(Loan)의 상환 및 청산
- 부동산관련 증서(Deed) 혹은 모기지(Mortgage)의 전달
- 거래관련 서류작업

Tip

부동산중개(Listing)의 유형

- 독점중개(Exclusive Right to Sell Listing) : 중개기간(Listing Period) 동안 해당 부동산을 누가 매각하든 중개수수료를 브로커가 수령할 권리 부여
- 전속중개(Exclusive Agency Listing) : 중개기간 동안 매도자는 자신이 해당 부동산을 매매할 수 있고 브로커에게 중개수수료를 미지급. 단, 브로커는 하나뿐임.
- 일반중개(Open Listing) : 독점중개권이 없음. 부동산소유자는 동시에 다수의 브로커에게 중개를 의뢰할 수 있으며, 부동산소유자 자신이 매수자를 찾을 수 있음. 한국의 경우 일반 부동산 매매 시 사전중개계약이 없는 일반중개가 일반화되어 있으나, 외국의 경우 이런 방식의 중개는 극히 꺼리게 된다.
- 순가중개(Net Listing) : 매매가가 부동산소유자가 제시한 가격 이상일 경우 매매가와 부동산소유자의 제시가의 차액을 브로커가 수령할 권리를 부여. 한국에서는 순가중개라고 하여 부동산시장 질서를 어지럽힐 우려 때문에 부동산중개업법상 금지하고 있다.
- 선급중개수수료에 의한 중개(Advance Fee Listing) : 변호사가 의뢰인에게 변호사수수료를 부과하듯이 브로커가 매도자에게 수수료를 부과. 브로커는 매도자로부터 중개수수료 지급을 위한 보증금(Deposit)을 사전에 받음
- 선급중개비용에 의한 중개(Advance Cost Listing) : 브로커의 중개활동 중 발생하는 실비를 부담
  - ☞ 외국의 경우 독점중개나 전속중개가 보편화되어 있음.
  - ☞ 중개수수료는 미국의 경우 주택은 매매가의 5~7%, 농장, 목장, 토지는 6~10%, 매매가가 수백만불을 넘는 경우는 2~4%선임. 동남아시아의 경우 매매가가 수백만불을 넘는 경우 1.5~2.5%, 주택의 경우 2~3%선임.

Setion 02 호텔개발 및 용어

부동산개발 사업에 종사하는 디벨로퍼라 하면 누구나 자신이 개발한 건축물이 들어선 광경을 갈망하게 된다. 소비해 없어지는 식품이나 소모품이 아니라 반영구적인 작품이 국내도 아닌 해외에 들어선다면 얼마나 가슴 벅찬 일이겠는가? 단순히 이익만을 바라보고 달려드는 불나방이 아닌 산고 끝에 빚어낸 명품을 내 손으로 만들 수 있다면 운명을 걸고 추진해 볼만한 값진 과정인 것이다.

어느 개발상품이나 험난한 과정을 거치게 된다. 요즈음 국내 부동산시장이 어려워지면서 해외시장으로 너도나도 달려가고 있는데 한국시행사는 시행 1건만 성공

해도 돈방석에 앉을 수 있는 기회가 있다고 믿고, 한국에서의 화려한 경험을 바탕으로 치고빠지기식의 개발방식에 현혹되는 경우를 자주 보게 된다.

개발상품을 보면 대부분 주택사업에 치중되어 있고 시행사로서는 단기승부에 적합한 상품일 것이다. 한국에서는 시행사의 존재는 대부분 묻히고 시공사의 이름만 남는 것이 현실인데 외국에서는 시공사의 존재보다도 디벨로퍼 위상이 훨씬 높다. 디벨로퍼의 이름이 분양성과와도 상관관계가 깊고 시공사는 선택의 문제이다. 이처럼 한국시행사가 진정한 디벨로퍼로서 역할을 충분히 할 수 있는 장이 외국시장에 있으나 아직까지도 대부분 시공사에 의존하고 있는 현실이 아쉽다.

필자는 해외부동산 개발을 담당하면서 시행사와는 다른 한계점을 느끼고 있다. 한국의 해외부동산개발 사례들을 보면 분양이나 매각을 통해 투자금 회수가 빠른 주택이나 사무실 개발에 치중해 있고 운영의 기회가 좀처럼 주어지지 않는다. 진정한 디벨로퍼로서 발전하기 위해서는 개발과정뿐만 아니라 운영과정에도 직접 참여하여 개발되는 상품(Product)을 일정기간 운영하여 안정화시키고 최선의 매각 타이밍을 잡아 이익을 극대화하는 작업을 거쳐서 부동산개발의 한 사이클을 밟는 과정이 필요하다.

개발상품 중에서도 이러한 과정에 가장 적합한 상품이 호텔일 것이다. 분양주택의 경우 완공된 주택을 양도하면 끝이고 사무실의 경우 준공 후 운영한다 하더라도 테넌트 유치 이후의 작업은 비교적 루틴한 과정의 연속일 것이다. 상가는 점포 임대를 통해 운영하게 되는데 소비자와 직접적으로 접촉하기보다는 매장주들을 통한 간접체험을 할 수 있을 뿐이다. 정해진 조건에 정해진 임대료와 관리비를 받는 사무실과 상가는 비교적 안정일 수 있지만 '치열' 하지 않을 수 있다.

반면 호텔의 경우 운영상 전문성이 요구되는 상품이기 때문에 디벨로퍼는 대부분 전문 호텔운영업자(Hotel Operator)를 고용해서 운영을 전적으로 맡기게 된다. 그러나, 호텔운영 수익이 디벨로퍼 수익과 직결되는 구조인 반면, 호텔운영업자는 단순히 운영수입에 연동하여 일정 수수료(Fee)를 수령하는 관계로 단순한 피고용인일 뿐이다. 따라서 호텔이 망해도 호텔운영업자는 절대 망하지 않는다. 물론 목표이익을 초과달성할 때 대부분의 호텔운영업자들은 인센티브를 수령하기 때문에 호텔수익과 무관하다 할 수 없으나, 최종적인 책임은 디벨로퍼에게 돌아간다. 호텔 고객의 투숙률, 숙박료, 프로필(Profile), Seasonality[1] 등 고객의 이용현황에 대해 디벨로퍼가 관심을 갖지 않을 수 없는 이유다. 호텔운영에 필요한 수천 가지의 소모품들이 있고 이에 대한 내역도 파악해야 한다.

또 호텔의 경우 3년에서 5년마다 부분적 개보수와 5년에서 10년 사이에 대대적인 레노베이션을 시행해서 '까탈스러운' 고객의 니즈(needs)를 맞추어주어야만 한다. 이처럼 호텔운영은 아주 섬세하고 치밀한 접근방식이 필요하다. 일반 주택이나 사무실, 상가 등은 특히 동남아시아에서는 인테리어부분을 제한적으로 디벨로퍼가 제공하고 나머지는 실수요자 혹은 이용자가 선택하는 반면, 호텔개발 시에는 인테리어부분이 설계단계부터 아주 중요한 요소로 작용한다. 최근에는 서비스아파트를 호텔과 연계하여 동일한 운영업자(Operator)가 함께 운영하는 사례가 많아서 호텔수준의 서비스와 시설들이 요구된다.

1. 호텔개발 용어

다음에서는 호텔개발 시 디벨로퍼로서 최소한 알아야 할 몇 가지 용어와 운영관련 사항들을 언급하고자 한다.

ADR이란 Average Daily Room Rate의 약자이며, 평균일숙박료를 말한다. ARR, 즉 Average Room Rate로 표현하기도 한다. Occupancy Rate란 객실가동률을 의미하고, Vacancy Rate는 반대로 공실률, RevPAR는 대표적인 영업성과지표로서 Revenue Per Available Room의 약자이며, 판매가능객실당매출액을 말한다. 객실가동률(Occupancy Rate) × 평균일숙박료(ADR)로 산출된다. RevPar와 관련, 다른 경쟁자들과 비교시 동일한 형태, 고객, 지역, 시기의 데이터들을 비교해야만 올바른 성과측정이 가능하다.

---

1) 일년 중 혹은 어떤 계절의 특정 시기가 그 상품(서비스)의 수요에 어느 정도의 영향을 미치는가와 각 계절 동안 시장의 수요자들이 그 상품(서비스)을 구매할 것인가 구매하지 않을 것인가 하는 경향성을 말한다.

Tip

호텔의 종류

일반 구분

구분	특징
컨벤션호텔 (Convention Hotel)	객실수 400~500실, 연회장, 회의실, 대규모 컨벤션센터(Convention Center)와 연계, 체킹카운터(Checking Counter)를 포함한 대형 로비(Lobby) 등
럭셔리호텔 (Luxury Hotel)	객실수 300실 이하, 대도시 내 위치, 고급가구, 편의시설 및 서비스 제공
커머셜호텔 (Commercial Hotel)	객실수 100~500실, 컨벤션호텔(Convention Hotel)보다 작음. 공용공간이 적고 중간가격의 식음료시설
버젯호텔 (Budget Hotel)	제한된 서비스 제공, 풀서비스(full-service)시설보다 20~50% 저렴
올스윗 (All-suit) 혹은 레지던스호텔 (Residence Hotel)	게스트 공간이 비교적 크고 침실과는 분리된 주거공간 제공
리조트호텔 (Resort Hotel)	MICE 고객*, 골프, 워터파크, 스키, 헬스, 스파시설, 테마파크, 카지노 등과 연계

* Meetings, Incentives, Convention & Exhibition의 약자로 국제회의, 포상관광, 컨벤션, 전시를 목적으로 방문하는 고객

국제적인 호텔체인의 호텔 유형별 특징

구분	버젯(Budget)	5성급(도심형)	5성급(리조트형)	부띠끄 (Boutique)
객실수	100~500	200~500	250~400	100 미만
객실크기(㎡)	12~16	30~45	30~50	다양함
F&B시설*	0~2	4~10	4~10	1~4
Gym	有 혹은 無	有	有	有 혹은 無
스파(Spa)	有 혹은 無	有	有	有 혹은 無
수영장	없는 경우가 많음	有	有	有 혹은 無
객실당 스태프(Staff) 비율	0.5	1	2	2
위치	공항, 중심상업지 역외곽, 산업단지	공항, 중심상업지역	해변, 산, 도심형 리조트	도심지 내, 문화·리조트지역
고객(Guest) 구성	혼합	혼합	레저/MICE	레저

* Food and Beverage(식음료)

Setion 03 호텔 프랜차이즈 수수료

호텔개발 시 세계적인 호텔브랜드(Hotel Brand) 유치가 아주 중요하다. 유명 호텔브랜드의 도입을 통해 프로젝트의 가치를 높일 수 있는 계기가 될 수 있으므로 호텔사업의 사활이 걸려 있다고 해도 과언이 아니다. 대부분 호텔의 경우 프랜차이즈 수수료(Franchise Fee)가 호텔운영비용의 가장 큰 부분을 차지하는 항목 중 하나이기 때문에 동 프랜차이즈 수수료 구조 및 금액을 이해하는 것이 중요하다.

호텔 프랜차이즈 수수료란 프랜차이지(Franchisee)가 프랜차이저(Franchisor)에게 브랜드의 이름, 로고, 영업권, 마케팅, 예약시스템 등을 사용하는 대가로 지불하는 금액을 말하는데 프랜차이즈 도입에 따른 가맹비(Initial Fee)와 프랜차이즈 계약기간 동안 주기적으로 지급하는 주기적인 수수료(Continuing Fee)를 포함한다.

가맹비는 호텔 객실수를 기준으로 최저금액(minimum amount)에 일정 객실수를 초과하는 객실당 일정금액을 합산해서 산정하는 것이 보통이다. 예를 들어 최소금액 US$50,000이고 200객실을 초과하는 부과금액이 객실당 US$200일 경우 객실수가 210개라면 가맹비는 US$50,000+US$2,000=US$52,000가 된다. 가맹비는 프랜차이즈 신청 시 지불하게 되며 프랜차이저가 프랜차이즈 신청 처리, 부지검토, 설계 및 레이아웃검토, 건설기간 중 검사, 운영개시전(Pre-opening) 및 브랜드 전환시 서비스 제공 등을 위한 비용을 충당하게 된다. 프랜차이즈 신청이 거절될 경우, 가맹비를 반환하는 경우도 있고, 신청검토 비용 충당을 위해 약 5~20%를 공제하는 경우도 있다.

주기적 수수료(Continuing Fee)로는 일반적으로 로열티(Royalty Fee), 광고 혹은 마케팅비(Advertising 혹은 Marketing Contribution Fee) 및 예약수수료(Reservation Fee) 등이 있다. 주기적 수수료는 보통 계약기간 동안 월단위로 지불한다. 로열티는 브랜드 사용, 영업권 및 기타 프랜차이즈서비스에 대한 대가로서 프랜차이저의 주 수입원이다. 광고 혹은 마케팅비는 국가 및 지방단위 마케팅,

브랜드 기술서(Brand Directory)의 개발 및 배포, 특정 그룹을 대상으로 한 마케팅 등으로 구성되며 프랜차이저가 관리하는 펀드형태로 조성된다. 예약수수료(Reservation Fee)는 프랜차이즈브랜드(Franchise Brand)가 예약시스템을 갖추고 있는 경우 중앙사무실 운영, 전화, 컴퓨터, 예약담당자 유지비용으로 구성된다.

상용(常用)고객관리수수료(Frequent Traveler Program Fee)는 프랜차이저가 호텔을 자주 이용하는 고객에게 인센티브를 제공하는 프로그램을 위해 이에 따른 비용을 충당하기 위한 목적으로 사용된다. 그 밖에 프랜차이저나 추가적인 제3의 시스템공급자, 기술지원 등에 지급하는 수수료들이 있고 교육프로그램, 정기회의 참석 등에 충당된다.

Setion 04 주기적 프랜차이즈 수수료의 산정

일반적으로 로열티(Royalty Fee)는 객실매출액의 일정 %로 산정되는 것이 일반적이나, 일부 호텔운영업자의 경우, 식음료(F&B : Food and Beverage)에 대해서도 적용하기도 한다. 통상 객실매출액의 2.5~6% 수준에서 결정된다.

광고, 마케팅 및 교육관련 수수료(Training Fee)는 객실매출액의 1~4.5%선에서, 예약수수료(Reservation Fee)는 객실매출액의 0.15~4.5%와 판매객실당 매월 $3.0~$8.65 및 예약당 고정금액으로 1.0~25달러의 합계로 산출하기도 한다. 상용고객관리수수료(Frequent Traveler Program Fee)는 프로그램대상자(Program Member)가 지불하는 총매출액 혹은 객실매출액의 0.6~5.5% 혹은 고정금액으로 프로그램대상자가 투숙하는 객실당 4~6달러를 프랜차이지에게 부담시킨다.

수수료구조(Fee Structure)에 따라 장 · 단점이 있다. 객실매출액에 모두 연동된 수수료구조는 주요 수입원이 식음료수입에서 나오는 호텔의 경우 프랜차이지에게 유리한 구조인 반면, 판매가능객실당 고정금액으로 정하는 수수료구조는 큰 호텔일수록 프랜차이저에게 유리하다. 따라서, 프랜차이즈 도입 시 수수료구조에 대한 면밀한 검토가 필요하다. 미국의 경우 미연방무역위원회에서 Uniform Franchise

Offering Circular(UFOC)로 알려진 공개문서를 통해 프랜차이즈 수수료구조에 대한 정보를 제공하도록 의무화하고 있다.

Setion 05 설계에 대한 이해

해외부동산개발 업무를 하는 디벨로퍼가 엔지니어가 아닌 경우 가장 어려운 분야 중 하나가 설계인데 전문적인 용어를 몇 개 접하면 아예 알기를 포기하고 전적으로 설계사에 의존하여 건물의 밑그림을 그린다. 그러나 일은 조금이라도 알고 시키는 것하고 모르고 시키는 것하고는 아주 다른 결과가 나올 수 있다. 기본적으로 설계사는 발주자(Client)의 요구에 따라 작업하는 용역사의 역할을 할 뿐이다. 아무런 개발컨셉트(Development Concept) 없이 초기부터 설계사의 아이디어에 의존할 경우 개성이 없는 그저 그런 건물이 나오게 된다. 따라서 설계의 전 작업에 참여할 수는 없지만 설계사의 작업에 대한 이해의 폭을 최대한 넓히도록 노력해야 한다.

우선 설계에 대한 이해를 돕기 위해 그 과정을 살펴보면 크게 나누어 설계준비단계, 계획설계단계, 기본설계단계, 실시설계단계, 시공자선정단계, 시공단계로 나눌 수 있다.

첫 번째, 설계준비단계에서는 가장 먼저 설계사에 프로젝트의 목적이나 성격, 특성 등과 함께 사업일정, 사업예산, 주요 쟁점사항, 부지여건 등을 가급적 상세히 제공하여 설계사가 초기 작업을 원활히 할 수 있도록 협조해야 한다. 설계사는 프로젝트와 관련된 가능한 모든 정보를 수집해서 약 10장 내외로 요약 정리하여 프로젝트 브리프(Brief)를 작성하는 것이 보통인데, 이때 디벨로퍼는 자신이 의도한 방향 및 내용이 반영되어 있는지를 꼼꼼히 확인할 필요가 있다.

두 번째, 계획설계단계에 접어든다. 계획설계단계는 컨셉추얼 디자인(Conceptual Design)단계와 스키메틱 디자인(Schematic Design)단계로 구분할 수 있다. 2개의 단계를 구분하는 기준이 명확하지는 않지만 통상적으로 컨셉추얼 디자인(Conceptual Design)단계에서는 건축설계 위주의 작업이 이루어지고 스키메틱 디자인(Schematic Design)단계에서는 주로 전기, 구조, 설비, 소방, 조경 분야의 엔지니어링 작업이 같이 이루어진다. 프로젝트 개요와 목표, 프로젝트 브리프(Brief), 부지관련 자료 등을 분석하는 것으로부터 계획설계가 시작되는데 배치계획, 건축 및 구조계획, 사업비, 기타 기계 · 전기 · 통신설비시스템 등에 대한 확인이나 검토가 이루어진다.

세 번째, 기본설계(Design Development)단계는 사업기본계획을 설계도서로 구체화하는 과정이다. 각 공종별 공법이나 부위별 마감재를 결정하고, 인 · 허가 업무도 시작하게 된다. 이 단계에서는 각 분야 간의 협업과 원활한 코디네이션이 요구되는데 여기에서 각 분야별 용역사(Consultant)들의 커뮤니케이션이 잘못되거나 불협화음이 있으면 설계 진행이 어렵기 때문에 건축설계사를 구조, 조경 등 다른 기술용역사(Technical Consultant)를 총괄하는 선도용역사(Lead Consultant)로 지정하거나 아예 설계 계약에 모든 설계관련 업무를 패키지로 하여 건축설계사가 책임지고 성과물을 제공할 수 있도록 반영할 수 있다.

기본설계 단계에서의 주요 업무로는 프로젝트 브리프(Brief), 사업지(Site)와 공간계획(Space Program) 해석에 대한 검토 및 확정, 토목, 구조방식, 각종 설비방식에 대한 결정, 시공순서 및 방법에 대한 검토, 주요 자재의 상세(Detail) 검토, 구조부재의 크기 확정, 방수, 단열방식 및 자재선정, 주요 시스템 및 자재의 스펙(Specification) 검토 등이 있으며, 사업비 산출 및 분석결과와 공간계획(Space Program)을 비교 · 검토하여 필요시 설계를 변경한 후 기본설계를 확정한다.

디벨로퍼는 설계사로 하여금 자신의 요구사항과 사업예산의 균형을 맞추기 위하여 설계사와 견적사(Quantity Surveyor) 같은 비용기획자(Cost Planner)와의 코디네이션이 되도록 각별히 유의해야 한다. 설계사는 사업예산보다는 자신의 건축물에 대한 애착 및 상징적 · 예술적 관점에 치우쳐 사업예산 범위를 훨씬 초과하는 설계를 할 가능성이 있으며, 반면 비용기획자는 사업예산 범위 내에 들어오도록 하기 위해 지나치게 설계사의 작업을 위축시켜 특징없는 그렇고 그런 싼 건물이 나올 가능성 있으므로 양자 간의 조화가 이루어지도록 디벨로퍼는 중심을 잃지 않고 많은 노력을 기울어야 한다. 또한 이 단계에서는 리스크관리도 필요한데 프로젝트에 내재되어 있는 각종 리스크를 사전에 파악하고, 대안 및 설계 우선 조건에 대한 재검토를 통하여 후속단계에서의 설계변경이나 공사비 증감 요인을 최소화하여야 한다.

네 번째, 실시설계(Detail Design)단계에서는 확정된 기본설계를 보다 구체화시키는 단계로 공사에 필요한 상세도면, 시방서 및 계산서 등을 작성하게 된다. 실시설계의 완성도는 입찰이나 시공단계에 직접적인 영향을 미치므로 면밀한 설계검토가 이루어져야 한다. 각 분야별 설계도서 간 불합치 사항을 파악 · 제거하고 시공성을 확보함으로써 추후 시공단계에서의 설계변경이나 공사비 변동, 공기지연 요인 등을 최소화하는 노력이 필요하다. 주요 설계검토 내용으로는 건축과 구조부재, 구조부재와 설비시스템의 간섭 검토, 2차 부재 및 자재의 디테일링(Detailing) 작업검토, 시공성 검토, 벤더(Vendor) 또는 제조업자(Manufacturer)의 설계 정보 반영, 공종 간 실시설계 도면에 대한 검토 및 검토의견 반영 여부 확인, 시방서의 내용이 공사비에 미치는 영향 검토, 도면과 시방서의 일치 여부 검토 등이 있다. 아울러 작성된 실시설계 도면과 시방서 등을 근거로 산출된 공사비와 공사비 예산과의 비교를 통하여 조정 여부를 결정하고 최종 예산을 확정하는 코스트 관리과정도 포함된다.

시공도면과 시방서를 기준으로 물량 및 공사비를 산출하고 산출된 공사비가 사업예산에 비해 과다할 경우 대책 및 대안 검토를 하게 되는데 밸류엔지니어링(VE : Value Engineering),[2] 사업예산 추가 확보, 단가의 적정성 검토, 입찰방법 및 조건 검토가 이루어지며 디테일(Detail) 개선 등에 의하여 공사비 절감이 가능한 항목에 대한 검토 및 반영도 하게 된다.

다섯째, 시공사선정단계를 들 수 있는데 일반적으로는 실시설계도서가 완성된 이후에 시공사를 선정하는 것이 바람직하나, 전체 사업일정상 패스트 트랙(Fast Track)으로 설계와 시공을 동시에 진행하기도 한다. 설계도서가 완성되지 않은 상태에서 시공을 하게 되므로 리스크가 커지고 시공과 설계 간의 긴밀한 코디네이션이 필요하며, 패스트 트랙 단계에서는 본래의 실시설계도서 작성 작업 외에도 시공에 필요한 샵 드로잉(Shop Drawing)이나 코디네이션 드로잉(Coordination Drawing) 작성이 동시에 이루어져서 설계조직 구성이나 운영계획 수립시에 이를 고려해야 한다.

2) 원가절감과 제품가치를 동시에 추구하기 위해 제품개발에서부터 설계, 생산, 유통, 서비스 등 모든 경영활동의 변화를 추구하는 경영기법으로 가치공학 또는 가치분석이라고 한다.

마지막으로 시공단계에서의 설계부문인데, 시공단계의 설계관리 업무는 보통 시공과 설계 계약을 분리하여 체결되기 때문에 소홀히 하는 경향이 있다. 그러나 시공단계에서도 설계오류의 수정, 발주자의 요청 또는 시공자의 제안에 따른 설계 변경 등으로 인해 설계관리 기능이 필요하다. 특히 실시설계도서가 가장 중요한 계약문서 중 하나로 구성되는 설계시공 일괄입찰(Design Build)방식에서는 시공단계에서도 설계관리 기능을 유지토록 하는 것이 필수적이다. 시공단계에서 수행되는 설계관리 업무를 보면 샵 드로잉(Shop Drawing) 및 코디네이션 드로잉(Coordination Drawing)의 검토, 설계변경에 따른 설계도서 검토, 설계의 현장 시공성 검토 및 관리, 공사의 품질, 하자, 사용자재에 대한 기술검토, 자재의 제원, 견본의 검사 등을 들 수 있다.

설계관련 용어 중 잘 구분을 못하는 경우가 있는데 설계와 감리, 그리고 설계감리라는 용어다. 설계는 말 그대로 디자인(Design)이고 감리는 감독(Supervising)을 말한다. 디자인(Design)대로 시공이 제대로 되는지 여부와 법적으로 요구되는 사항을 충족하도록 감독하는 일이 감리이다. 반면, 설계감리는 이와는 다른 개념이다. 일반적으로 감리는 시공단계에서 시공의 적정성 여부를 감독하지만, 설계감리는 디자인 단계에서 향후 문제가 발생할지 여부를 감독한다. 즉, 설계가 완전히 완성된 상태에서 검토를 하고 수정작업을 하는 것이 아니라 설계단계에서 발주자(Client)가 원하는 컨셉을 충족하고 법적으로 문제가 예상되는 부분을 지적하여 즉시 설계를 수정토록 함으로써 설계 완성 후 수정되는 불필요한 시간과 인력의 낭비를 최소화하고자 시행하는 것이다.

여기에서 디벨로퍼로서 설계자를 선정할 때 몇 가지 참고해야 할 점을 언급하고자 한다. 한국의 시행사나 시공사의 경우, 가급적 한국 설계사를 주 설계사(Main Architect)로 고용하는 것이 설계를 원활히 진행하고 자신들이 원하는 방향으로 설계 성과품을 도출해 낼 수 있는 데 유리하다. 아무래도 외국 현지에 전문적인 설계 조직이나 경험이 많지 않은 한국회사의 경우 외국 설계사를 주 설계사로 고용할 경우 의사소통이 어렵고 경직된 설계 업무 혹은 경비 적용으로 설계비 상승의 가능성도 배제할 수 없다.

다만, 한국 설계업체의 부족한 국제 지명도나 현지 경험을 보완하기 위해 유명 외국업체를 설계 컨소시엄에 포함시키고 현지설계사는 원활한 인·허가 업무를 위해 추가로 고용하는 것이 보통이며 분양성을 높이기 위해서도 현지시장에서 통하는 유명한 설계사의 고용도 고려해 볼만하다. 외국에서는 설계와 공사감리 업무를 별도로 구분하지 않는 것이 보통인데, 한국의 경우 설계와 감리계약서를 구분하여 작성해야 하고 설계사가 감리회사를 선정할 수는 있지만 감리회사는 시공사가 잘못하는 경우 설계사에 보고하는 것이 아니라 건축주(디벨로퍼)에게 직접 보고하게 된다.

Setion 06 시장에 따른 용어와 적용기준의 상이

국내 디벨로퍼는 해외사업을 추진할 때, 생소한 용어들을 접하는 경우가 많다. 각국마다 사용하는 부동산개발 용어들이 상이해서 한동안 고생하게 되는데 국제적으로 통용되는 중요 용어들은 숙지할 필요가 있다. 파트너 또는 부동산관계자들과 사업협의 시 거론되는 부동산 용어들은 대화의 기본바탕이 되며, 이에 대한 이해가 부족할 때, 대화는 겉돌고 신뢰는 떨어지게 된다. 가장 기본적이면서도 혼동하기 쉬운 용어들은 다음과 같다.

첫째, 용적률이다. 한국기준으로는 대지면적에 대한 주차장면적을 제외한 지상층 연면적의 비율이며 영어로는 Plot Ratio 혹은 Floor Space Index를 말한다. 주차장이 지상층에 있을 경우 지상주차장 면적은 용적률 산정에 적용(연면적에 포함)되는가? 아니다. 지하든 지상이든 주차장 면적은 용적률 산정에 반영되지 않는다. 한국의 경우 주차장은 통상 주차 빌딩이 아닐 경우 대부분 지하에 위치하는데 말레이시아에서는 지하보다는 지상에 주차장을 확보가 경우가 많아서 용적률 산정 시 헷갈릴 때가 있다. 아울러 말레이시아나, 베트남 주택의 경우 용적률보다는 거주인구밀도로 표시하고 별도로 용적률은 표시하지 않는다. 예를 들어 대지면적 1,000평에 5,000명의 인구밀도라면 세대당 거주인구가 4명을 기준으로 할 때, 최대 1,250세대까지 지을 수 있으며 인구밀도에 덧붙여 정해진 건폐율, 층고 혹은 층수 제한을 통해 실제적인 용적률에 제한을 두게 된다.

빌딩효율(Building Efficiency)을 말할 때, 한국 사람들에겐 무슨 전기효율처럼 기술용어로 들릴 수 있는데, 말레이시아의 경우 판매가능면적(Saleable Area)에 대해 건축연면적에서 주차장면적을 제외한 면적(즉, 판대가능면적과 공용면적의 합)의 비율을 말한다. 사무실빌딩의 경우 통상 70~80%선에서 설계가 이루어진다. 빌딩효율은 개발사업성 측면에서 가장 중요한 변수 중의 하나이며, 빌딩효율이 너무 높으면 공용면적이 작아지고 이는 빌딩 입주자 혹은 이용자의 편의가 훼손되어 결국 빌딩 가치를 떨어뜨리는 결과도 초래할 수도 있다. 반면 너무 낮으면 사업성 측면에서 사업을 추진하지 못하는 경우도 있다. 빌딩효율 1%의 차이가 수십억의 이익이 좌우되기도 한다.

사업수익률은 통상 손익계산상 매출액 대비 세전이익률을 말하는데, 말레이시아에서는 매출액(GDV) 대비 이익률과 개발비(GDC) 대비 이익률로 표현한다. 말레이시아 부동산 및 금융시장에서는 GDV, GDC를 주로 사용하는데 처음에는 적잖이 당황한 기억이 난다. GDV는 Gross Development Value의 약자로 GDV 대비 이익률이란 금융비 및 법인세 공제전 이익에 대한 매출액의 비율을 말하며, GDC는 Gross Development Cost의 약자로 GDC 대비 이익률이란 금융비 및 법인세 공제 전 이익에 대한 토지비, 공사비 및 부대비로 구성된 사업비의 비율을 말한다. 말레이시아 부동산 개발 시 개발비(GDC) 대비 이익률은 통상 20%선에서 목표로 설정된다.

판매가능면적(Saleable Area)은 분양과 임대사업 시 각국마다 기준이 다를 수 있어서 사업성 검토 시 중대한 오류를 범할 수 있기 때문에 기준을 정확히 파악해서 잘 적용해야 한다. 일부 시행사 혹은 브로커들은 한국 수분양자들이 현지 시장 사정에 어두운 것을 악용해서 한국의 판매가능면적 기준을 적용, 부당이득을 챙기는 사례가 생기고 있다.

한국에서의 판매가능면적(분양면적)이란 주택의 경우 계약면적을 말하며 전용면적, 주거공용면적, 계단, 주차장, 관리실, 노인정, 기계실 등 기타 공용면적을 합산한 면적을 적용하고 주차장면적을 별도로 분양하지는 않는다. 그러나 베트남, 말레이시아, 싱가포르에서는 통상 분양면적은 전용면적기준으로 하는데 여기에서 각국별로 세부 적용기준이 다르다. 베트남, 말레이시아, 싱가포르의 경우 전용면적이란 주거용도로 배타적으로 사용할 수 있는 공간을 의미하는데 베트남, 말레이시아의 경우 발코니 면적을 포함하지만 한국은 발코니 면적을 제외하고 있다. 한편 싱가포르에서는 발코니, 화단 설치 공간, 에어컨실외기 공간까지도 전용면적에 포함시킨다.

주차장의 경우 한국에서는 주민 공영개념으로 사용하는 데 반해, 말레이시아에서는 주택이더라도 면적에 따라 세대당 주차가능대수와 주차장소를 정해서 별도로 판매하기도 한다. 베트남에서는 거주민에게 주민 공영개념으로 관리비만 내면 사용가능하기도 하고 별도로 사용료를 받기도 한다.

사무실의 경우 한국에서는 판매가능면적이 전용면적, 공용면적, 지하주차장 등을 모두 포함해서 산정하나, 싱가포르, 말레이시아, 베트남에서는 전용면적을 기준으로 하고 주차장의 경우 별도로 판매하거나 임대해주는 것이 일반적이다.

말레이시아에서는 아파트 분양 시 한국과 현지와의 분양면적 기준이 다르다는 점을 악용해 한국 수분양자에게 면적을 속여 파는 경우도 있었고 주변 시세와 비

Tip

외국인들에겐 친숙하지 않은 한국만의 부동산 용어, 제도 및 관행들

- 해외부동산시장 진출 시 한국 부동산시장에서만 적용되는 제도나 관행들을 무리하게 해외부동산 개발 시 적용하려다 어려움을 겪는 경우를 종종 보게 된다. 부동산시장 간의 차이점을 이해해야지만 시행착오를 줄일 수 있다.
- 전세제도 : 한국에선 보편화되어 있으나, 외국에선 월임대료나 관리비의 연체나, 미지불하는 경우를 대비하여 통상 3~12개월치의 월임대료나 관리비를 사전에 납부해야 한다. '전세'라는 단어를 적정한 영어로 번역하기도 힘들어 그냥 '전세'로 표시하는 경우가 많다.
- 바닥권리금 : 권리금이란 기존에 운영 중인 부동산에서 향후 기대되는 이익에 대한 보상부문과 기존시설의 잔존가치 부문을 고려하여 생성되는 프리미엄인데, 영업을 하지도 않았고 인테리어나 기계장치 같은 시설에 투자도 전무한 상황에서 향후 기대되는 이익에 대한 보상으로 지급하는 것을 바닥권리금이라 한다. 외국에서는 바닥권리금을 인정받는다는 것은 불가능하고 대신에 분양가, 매매가, 임대가 등을 높이는 간접적인 방법을 사용할 수는 있다. 아울러 기존시설을 매수자나 후속임차인이 사용한다면 모를까 권리금은 거의 인정되지 않는다.
- 한국형 부동산 프로젝트 파이낸싱 : 프로젝트 파이낸싱에 따른 시행사의 역할보다는 시공사의 익스포저(Exposure)에 의존하는 방식은 외국인에겐 생소하다. 디벨로퍼 자체의 크레딧 라인(credit line)이나, 프로젝트의 사업성을 바탕으로 자금을 조달하는 것이 일반적인 외국 방식이다.
- 재건축 · 재개발사업 : 입주자들로 구성된 조합이 주체가 되어 시행하고 시공사의 브랜드를 사용하고, 시공사에 자금조달과 시공을 맡겨서 진행하는 사례는 외국에서는 대부분 전무하거나 미미한 수준이다.
- 원샷(One Shot)에 공동주택 수천~수만세대가 동시분양 : 외국에서는 대부분 수십~수백세대 정도를 분양추이를 보아가며 단계별로 분양하며, 분양세대수가 일정수준 이상 되는 경우 각기 다른 디벨로퍼들이 동시에 시장에 내놓는 경우는 외국에서는 거의 전무한 상황이다.

교 시 전용면적 기준이 아닌 한국처럼 모든 공용면적을 포함시켜 평당 분양가를 상대적으로 저렴하게 보이게 해서 수분양자들을 현혹시키는 경우도 있었다.

Setion 07 장기 개발사업에 대한 밸류에이션

한국의 시행사가 추진하는 사업 중 분양형 주택사업이 가장 많다. 분양사업의 특성상 사업기간이 단기여서 손익분석 위주의 사업성 검토를 많이 한다. 따라서 준공 후 일정기간 운영하다가 매각할 경우나 계속 운영하는 사업일 경우 어떻게 사업에 대한 가치를 평가할지 고민될 때가 많다. 사업을 매각할 경우 얼마나 받을 수 있는지 개발도 되지 않은 맨땅에 사업계획만을 가지고 가치를 산정하기란 이에 익숙하지 않는 사람들에겐 어려울 수 있다. 보통 운영개념이 적용되는 개발상품으로는 호텔, 사무실, 상가, 서비스아파트(분양형 제외), 골프장 등을 들 수 있다.

이렇게 운영개념이 들어간 사업에 대한 가치평가(Appraisal) 방법으로 원가법(Cost Approach), 거래사례비교법(Sales Comparison Approach), 그리고 수익환원법(Income Approach) 크게 3가지로 나눌 수 있다. 수익환원법 중에서도 가치평가(Appraisal)를 위해 가장 이해하기 쉬운 3가지 방식을 들 수 있는데, 첫째 안정화된 특정 시기의 운영이익에 대해 일정 자본환원율(Capitalization Rate)을 적용하여 자본환원가치(Capitalization Value)를 산정하는 방식, 둘째 일정기간 동안 운영하다가 일정시점에 사업을 매각할 경우 산출된 매각 시의 잔존가치(Residual Value)와 매각 시까지의 운영이익에 대해 현가화하여 가치평가하는 방식(현금흐름할인법, Discounted Cash Flow), 셋째 일정기간 동안 운영하다가 일정시점에 사업을 매각할 경우 매각 시의 운영이익에 대해 자본환원율(Capitalization Rate)[3]을 적용하여 산출한 자원환원가치(Capitalization Value)와 매각 시까지의 운영이익에 대해 현가화하여 산정하는 방식(현금흐름할인법,

3) terminal capitalization rate(최종자본환원율), 보유기간 말의 재판매가격에 적용되는 자본환원율을 말함.

Discounted Cash Flow)이 있다.

우선 가치평가를 위해서는 세부운영계획을 수치화한 운영계획표(Operating Proforma)를 작성해야 한다. 운영계획표는 통상 운영기간을 10년간으로 정하는 경우가 많다. 운영계획표 작성은 대별해서 운영수입(Operating Revenue)과 운영비용(Operating Expense)으로 나누어 작성하여 운영수입에서 운영비용을 뺀 나머지, 즉 운영이익(Operating Income)을 산출한다. 운영이익에서 재산세(Property Tax)와 장기수선충당금(Reserve for Replacement)을 공제하면 순운영이익(NOI : Net Operating Income)이 나오는데 가치평가의 근간이 된다.

첫 번째 방식은 운영이 안정화되는 시기(통상 3년차~5년차에 안정화)의 연간 순운영이익을 가지고 자본환원율로 나누면 자본환원가치(Capitalization Value)가 산출된다. 동 방식은 기존에 운영을 하여 이미 안정화(NOI가 비교적 일정한 상태로 유지)되어 있는 사업에 대한 가치평가에 주로 적용된다.

연간순운영이익(Yearly NOI) ÷ 자본환원율(Capitalization Rate)
=자본환원가치(Capitalization Value) (3-1)

두 번째 방식은 일정기간(통상 10년) 동안의 순운영이익(NOI)과 매각 시의 사업의 잔존가치를 합산하여 금액을 산출하고 이에 적정 할인율(Discount Rate)을 적용하여 각 연도별 현재가치를 합산하여 가치평가를 할 수 있다. 여기에서 잔존가치를 산출하기 위해서는 총사업비(Development Cost) 중 건설비와 무형고정자산

표 3-1 잔존가치(Residual Value) 산정

항목	Yr1	Yr2	Yr3	Yr4	~	Yr10	Yr11
1. 운영수입(Operating Revenue)	$						
2. 운영비용(Operating Expenses)	$						
3. 운영이익(Operating Income/1-2)	$						
4. 재산세, 장기수선충당금 등	$						
5. 순운영이익(Net Operating Income/3-4)	$	$	$	$	$	$	$
6. 매각수입(잔존가치)						$	
7. 현재가치@할인율(5+6)	$	$	$	$	$	$	
8. 순현재가치(감정가, Appraisal Value)	$						

및 건설중 이자에 대한 감가상각액을 산출하고 토지비는 지가상승률을 반영하여 토지가격을 산출해야 한다. 운영 10년차에 상기 감가상각분과 지가변동분이 반영된 잔존가치를 산정하여 운영 10년차 해당 현금흐름표에 반영하고 적정 할인율을 적용, 각 연도별 순운영이익(NOI)과 잔존가치를 현가화한 수치를 합산하면 된다.

세 번째 방식은 일정기간 동안 운영하다가 일정시점에 사업을 매각할 경우 매각시의 운영이익에 대해 자본환원율을 적용하여 산출한 자본환원가치(Capitalization Value)와 매각시까지의 운영이익에 대해 현가화하여 산정하는 방식(현금흐름할인법)이 있다. 여기에서 유의할 점은 매각년도를 기준으로 익년의 순운영이익(NOI)에 자본환원율로 나누어 산출된 자본환원가치를 매각년도의 매각수입으로 잡으며 매각에 따른 중개수수료(Brokerage Fee)와 법무수수료(Legal Fees), 그리고 부동산양도세를 공제한 나머지를 매각가격으로 산정한다.

표 3-2 자본환원가치(Capitalized Value) 산정

항목	Yr1	Yr2	Yr3	Yr4	~	Yr10	Yr11
1. 운영수입(Operating Revenue)	$						
2. 운영비용(Operating Expenses)	$						
3. 운영이익(Operating Income/1−2)	$						
4. 재산세, 장기수선충당금 등	$						
5. 순운영이익(Net Operating Income/3−4)	$	$	$	$	$	$	$
6. 매각수입(잔존가치)						$	
7. 현재가치@할인율(5+6)	$	$	$	$	$	$	
8. 순현재가치(감정가, Appraisal Value)	$						

자본화(capitalize)

Setion 08 자금조달방법

과거에는 해외부동산개발 주체는 사업기획을 하고, 사업추진을 위한 자금조달은 자금부서에서 담당하는 경우가 대부분이었다. 원활한 사업추진을 위해서는 자금부서의 사전승인 아닌 승인을 받아야 했다. 돈 가진 힘센 부서를 상대로 어렵게 설득시키다보면 사업이 지연되기도 하고 항상 변동가능성이 있는 프로젝트를 수행하는 데 일일이 정해진 과정을 거쳐서 가다보면 능동적으로 대처하기가 힘들다. 따라서 사업추진부서에서 자금조달업무의 주체가 되고 자금부서는 지원하는 형태로 업무영역을 조정하는 건설사들이 늘어나는 추세이다. 사업의 내용을 가장 잘 아는 부서가 일부 극히 전문적인 금융기법을 제외하고 필요한 금융지식을 갖추고 금융기관을 상대로 직접 협상할 때, 일의 추진속도와 효율 측면에서 훨씬 낫다고 본다.

부동산 개발사업 시 자금조달원(Funding Source)은 크게 세 가지로 나눌 수 있다. 자기자본(Equity), 타인자본(차입금), 분양대금, 선매각대금 혹은 운영수입으로 나눌 수 있는데, 자기자본은 말 그대로 자본금 납입과 관련하여 사업참여자의 자체자금으로 조달하는 경우가 대부분인데 근래에는 자기자본금융(Equity Financing)도 전체 사업자금 조달 측면에서 활발하고, 금융기관에서도 자금조달의 한 방법으로 메자닌 파이낸싱(Mezzanine Financing), 이익우선배당(Preferred Return)을 전제로 한 자기자본 참여 등을 통해 사업에 적극 참여하는 경우도 증가하고 있다.

자기자본은 통상 전체 사업비의 10~20% 범위 내에서 조달하게 되는데 대출금융기관의 요구, 사업성 및 사업참여자 등 사업내용에 따라 자기자본규모는 조정될 수 있다. 국내 프로젝트 파이낸싱 사업의 경우, 실제 자기자본은 최소화하는 경향이 있는데 이는 사업성에 기초한 진정한 의미의 프로젝트 파이낸싱(Project Financing)이 아닌 건설사의 책임준공이나 지급보증을 전제로 프로젝트 리스크를 대부분 전가하는 단순 대출(Project Loan)의 형태가 일반적이고 프로젝트의 안전성 확보를 위한 사업참여자가 일정수준의 자기자본 참여를 강요할 필요가 없기 때문이다. 물론 국내 프로젝트 파이낸싱사업의 경우 시행사 대표의 개인입보까지도 요구하는 것이 관행이고 최근 금융기관 내에서 다양한 자금조달방법들이 연구되고 있지만 아직 선진 금융기관들의 실력에는 훨씬 미치지 못하는 것이 현실이다.

타인자본은 부동산관련 프로젝트 파이낸싱 시 크게 토지대 및 초기사업추진비 충당을 목적으로 하는 토지 프로젝트 파이낸싱과 건설비와 사업운영비 등에 쓰이는 본 프로젝트 파이낸싱으로 나눌 수 있다. 토지 프로젝트 파이낸싱과 본 프로젝트 파이낸싱을 구별해서 토지 프로젝트 파이낸싱을 통해 토지확보 후, 인·허가 과정을 거쳐 공사착공 시 본 프로젝트 파이낸싱을 조달하는 2단계 파이낸싱 작업을 하는 경우도 있고, 아예 필요 사업자금을 하나의 프로젝트 파이낸싱 패키지로 묶어 사업초기에 한 번에 조달하는 경우도 있다. 2007년 현재 프로젝트 파이낸싱 조달수수료는 통상 대출금액의 1~3% 정도이고, 이자율은 대부분 변동금리로 6~9% 수준에 조달가능하다. 단, 차입자의 신용도에 따라 자금조달조건은 상이할 수 있다. 전체금융수수료로 약 7~10% 수준에서 자금조달이 이루어지는 것이 보통이다.

요즈음 금융기관이 금융구조를 짤 때, 메자닌 파이낸싱(Mezzanine Financing)을 활용하는 경우가 많은데, 특히 제2금융권에서 빈번히 활용된다. 메자닌 파이낸싱이란 선순위 담보를 설정하는 선순위 대출(senior loan)에 이어 무담보, 후순위채 혹은 우선주 등을 일컫는 광의의 금융용어이다. 특징은 무담보 후순위채 특성상 상대적으로 높은 리스크의 대가로 수수료 및 이자율이 높게 형성되고, 일반 자기자본보다는 상환 우선순위에 있는 금융방식이다. 메자닌 자본은 정해진 일정조건에 따라 일정기간(행사기간)에 일정가격(행사가격)으로 일정수의 주식을 매입할 수 있는 특권이 부여된 형태의 자기자본지분을 포함하는 것이 흔하며, 전환사채(Convertible Bond)와 같다고 할 수 있다.

자금력과 보증능력이 부족한 시행사들은 종전에는 시공사와 사업구조를 먼저 짜고 나중에 금융기관을 참여시켜 사업을 추진하는 경우가 많았으나, 해외개발사업의 특성상 시공사가 참여를 꺼리는 경우가 많고, 마침 금융기관들이 사업에 적극적인 자세로 전환하자 이를 활용하여 우선 금융기관과 사업구도와 금융구도를 짜고 나중에 시공사와 협의하는 방향으로 선회하고 있다.

이들 금융기관들은 시행사의 제한된 재정능력을 보완해주는 대가로 고위험 고수익(high risk, high return)인 메자닌 파이낸싱을 포함시켜 나중에 시공사에 사업제안을 하게 되는데 시공사의 입장에서는, 장점으로는 지급보증에 따른 익스포저(exposure)를 줄일 수 있는 장점이 있는 반면, 지분참여 시 나눌 수 있는 개발이익이 줄어들고 금융비용이 많이 발생하는 단점이 있다. 따라서 자금조달능력이 있는 대형 시공사는 굳이 메자닌 자본을 활용할 이유가 없고 제1금융권을 활용한 프로젝트 파이낸싱 시 훨씬 유리한 금융조건으로 자금조달이 가능하다. 그래서 제2, 제3금융권에서 주도하는 사업구도로는 대부분 대형시공사는 참여하기가 어려워 중견 시공사나 신용등급이 BBB 이하로 비교적 신용등급이 낮은 시공사들이 메자닌 파이낸싱을 수용할 수 있다. 통상 메자닌 조달 시 수수료는 2~4%수준이고, 금리는 10~14%선에서 이루어진다.

Tip

한국형 프로젝트 파이낸싱이 건설사 위기 자초 "시행사 자본확충과 시공사 리스크 분산 필요"

한국형 부동산 프로젝트 파이낸싱(PF)의 태생적 한계가 최근 건설과 금융산업의 위기를 가져왔다는 분석이 나왔다.

동시에 위기의 재발을 막기 위해선 시행사의 자본을 확충하고 시공사의 우발채무 부담을 완화할 수 있는 다양한 방책이 필요하다는 지적이다.

13일 한국신용평가는 한국형 프로젝트 파이낸싱의 문제점과 해결방안에 대한 제언 보고서에서 "건설사가 일종의 부외금융효과를 누리면서 다수의 프로젝트를 추진할 수 있도록 한 프로젝트 파이낸싱이 (건설경기 불황을 맞으면서) 이제는 금융회사와 건설회사 간 갈등을 조장하는 요인이 되고 있다"고 지적했다.

한신평은 한국형 프로젝트 파이낸싱이 지닌 ▲사업시행권 양도 약정 적용의 현실적인 어려움 ▲시공사에 편중된 사업위험과 시행사 신용위험 ▲시공사의 신용 이슈가 프로젝트 파이낸싱 지속 여부에 영향을 미치는 구조 등을 태생적 문제점으로 꼽았다.

전용덕 SF평가본부 연구원은 "시행사의 열악한 재무구조와 시공사에 지나치게 편중된 리스크가 문제"라면서 "시행사의 신용위험을 통제하고 시공사에 대한 리스크 편중성을 완화하기 위한 대안이 필요하다"고 말했다.

전 연구원은 가능한 대안으로 먼저 시행사 자본확충을 위한 PFV(Project Finance Vehicle)의 활성화를 제안했다. 시행사와 시공사, 금융회사가 PFV를 만들고, 금융회사에서 PFV에 자금을 제공하는 구조다.

그는 "PFV 사업방식에서는 금융권의 지분투자를 유도하고, 출자자 각자가 출자지분에 해당하는 리스크를 부담할 수 있게 된다"며 프로젝트 파이낸싱 활성화를 위해서는 제반 규제의 탄력적인 적용이 필요하다고 말했다.

전 연구원은 또한 시공사에 대한 리스크 편중을 완화시키기 위해 금융회사의 참여 확대를 유도하고 대체상품을 활용할 필요가 있다고 설명했다.

그 예로는 ▲벤처기업이나 담보제공이 어려운 인수합병(M&A) 거래에 주로 사용되고 있는 메자닌 파이낸싱(Mezzanine Financing)의 활용 ▲시행사 측의 주택사업금융 보증 상품의 가입 ▲부동산보장가액보험(AVI)의 활성화 등을 꼽았다.

전 연구원은 "바깥의 날씨는 이미 봄에 접어들었는데 프로젝트 파이낸싱 건설사업은 춘래불사춘(春來不似春) 상황"이라며 "과거의 관행으로 발생한 위기를 거울 삼아 미래에 대응할 수 있는 대책을 마련하는 혜안이 필요한 시점"이라고 덧붙였다. 〈이데일리, 2009. 4. 13〉

Tip

Loan의 종류 및 특징

- Term Loan(Straight Loan) : 차입기간 동안 이자만 지급하고 만기 시 전체 차입금 상환
- Amortized Loan : 차입기간 동안 균등분할상환. 이자를 감안하여 차입금액을 결정하고 만기 시까지 원금이 0이 될 때까지 줄여나감
- Balloon Loan : 최종 분할상환액이 이전 분할상환액보다 큼
- Construction Loan(Interim Loan) : 공사 진행에 따라 차입금 인출
- Take-out Loan : Construction Loan의 상환 목적. Permanent Commitment로 칭함
- Blended-rate Loan : 추후 refinancing 시 현재수준보다도 낮은 이자율을 적용
- Graduated Payment Mortgage : 이자율과 만기일이 정해져 있지만 월상환액은 점진적으로 증가됨
- Shared Appreciation Mortgage : 상대적으로 낮은 이자율을 적용하는 대신, 자산가치상승 시 일정부분을 차주가 대주에게 제공
- Equity Sharing : 파이낸싱 혹은 낮은 이자율을 적용하는 대신, 지분 일부를 대주에게 제공
- Wraparound Loan : 기존 Loan를 유지한 채 추가 파이낸싱을 할 때 활용. Wraparound Loan은 기존 Loan금액에 추가차입금을 더한 금액을 대출. 차주가 신규 Wraparound Loan을 상환한다는 전제하에 대주는 기존 Loan를 상환해주어, 차주가 기존 Loan뿐만 아니라 후순위대출(Junior Loan)의 상환까지 부담하지 않고 신규 Wraparound Loan만 상환함
- Package Mortgage : 부동산 모기지(Real Estate Mortgage)에 부동산뿐만 아니라 개인 재산을 담보로 포함
- Blanket Mortgage : 2개 이상의 담보물이 있는 모기지(Mortgage)
- Reverse(Annuity) Mortgage : 차주에게 월별로 Loan을 인출해주는 대신, 차주는 나중에 일시불(Lump-sum)으로 전액 상환
- Equity Mortgage : 대상 자산에 투입된 자기자본을 기초로 하여 Loan금액을 결정하는 방법
- Carryback Financing : 매도자는 매매가의 일부에 대해 매수자로부터 Deed of Trust나 모기지와 함께 매수자의 Promissory Note(일종의 Bond)의 형태로 제공받고 매매대금을 일괄 지급받는 대신 일정기간 동안 이자를 받는 방법

Setion 09 부동산펀드와 리츠

최근 해외부동산개발 자금조달 시 국내외 부동산펀드나 리츠(REITs)의 참여 및 역할이 확대되고 있다. 투자규모도 커지고 투자방식도 다양해지고 있고 실제로 필자도 현업에서 부동산펀드를 활용한 사업제안을 자주 받고 있다. 따라서 독자여러분께서 해외부동산개발을 위한 자금조달과 개발상품의 선매각 구도를 수립하기 위해 부동산펀드와 리츠에 대한 기본적인 이해가 필요하다.

국내법률상 부동산펀드(REF : Real Estate Fund, 부동산투자신탁 및 부동산간접투자기구 : 간접투자자산운용법 적용), 리츠(REITs : Real Estate Investment Trusts, 부동산투자회사 : 부동산투자회사법 적용)로 구분하여 명칭을 사용한다. 부동산펀드(REF)는 펀드형태로만 제한하고 종류에는 대출형부동산펀드, 임대형부동산펀드, 경공매형부동산펀드, 직접개발형부동산펀드 등이 있고, 리츠는 일반부동산투자회사와 기업구조조정부동산투자회사가 있다. 부동산이면 모두 가능하고 특별한 실체를 두지는 않는다. 리츠는 사모형태, 부동산펀드는 공모형태로 펀딩(Funding)하는 것이 일반적이다.

환매가능 여부에 따라 개방형 펀드(Open-End Fund)와 폐쇄형 펀드(Close-End Fund)로 구분하는데, 개방형 펀드는 언제든지 환매가 가능하며 펀드지분을 추가로 발행할 수 있는 펀드로 거래 시 기준가격이 중요한 의미를 갖는다. 단, 초단기투자를 억제하고 중장기투자를 유도하기 위해 대부분의 펀드는 일정한 기간을 정하여 환매수수료를 부과한다. 투자자들의 수익증권 매입 및 환매에 따라 투자신탁의 설정규모 및 신탁재산의 순자산가치가 지속적으로 변동한다. 반면 폐쇄형 펀드는 환매금지간접투자기구라고도 하는데 일정기간 또는 전기간 환매가 제한되는 상품으로 신탁계약기간(보통 3년, 5년 등)을 정하고 펀드지분의 추가발행을 안하는 형태의 펀드이며, 고정된 자금을 가지고 운용하기 때문에 환매청구에 대비한 유동성을 유지할 필요가 없어 적극적으로 운용할 수 있는 장점이 있는 반면 환금성이 제약되는 단점이 있다. 부동산펀드는 투자대상인 부동산의 특성상 대부분 폐쇄형 펀드로 운용되고 있다.

펀드의 추가설정 여부에 따라 단위형과 추가형 펀드로 구분할 수 있는데 단위형은 일정한 모집기간을 정하여 투자자로부터 자금을 모집하여 그 기간 중에 모집한 자금으로 펀드를 설정한 다음 원본의 추가설정이 불가능한 구조의 상품에 투자하며 보통 신탁계약기간을 정하여 운용되며 신탁계약기간의 종료 시 펀드도 청산된다. 추가형은 최초로 펀드를 설정한 후 투자자의 수요에 따라 신탁원본을 증액하여 수익증권, 주식을 추가로 발행할 수 있는 형태로서 펀드의 존속기간은 무한정 지속되어질 수 있으나 펀드규모가 정상적인 운용을 제한할 수 있는 규모로 축소되는 경우 펀드는 청산된다.

또한 부동산개발에서 많이 회자되고 있는 펀드방식 중 블라인드펀드(Blind Fund)가 있는데, 우리들이 흔히 접하는 공모(公募)펀드의 경우 대부분 투자대상이 정해져 있는 반면, 투자대상을 미리 정하지 않고 투자금을 모으는 펀드를 말한다. 투자자들로부터 일정한 규모의 투자금을 모았다가 적정한 물건이 나오면 투자해서 수익을 올리는 방식이다. 개략적인 투자계획만 짜여져 있을 뿐 구체적으로 어디에 얼마만큼 투자를 할지는 미리 정해 놓지 않는다. 따라서 펀드에 돈을 넣는 투자자들뿐만 아니라 심지어 이 펀드를 운용하는 운용사까지도 펀드를 모을 당시엔 구체적으로 어떻게 투자를 할지 알 수가 없다. 이유는 펀드를 모은 다음에도 시장 여건은 무수히 변동할 수 있고 좋은 투자기회가 언제 어디서 나올지도 모르기 때문이다. 블라인드펀드는 미리 투자안을 확정지어 놓지 않았기 때문에 이러한 변화에 보다 능동적으로 대처할 수 있는 장점이 있다.

2007년부터 국내에서도 블라인드방식의 리츠(REITs)가 선보이고 있으며 프라이빗 에쿼이펀드(PEF : Private Equity Fund), 사모펀드의 경우가 대표적인 블라인드라고 할 수 있다.

메자닌(Mezzanine)은 원래 이탈리아어로, 건물의 1층과 2층 사이에 어중간한 라운지 공간을 의미하는데 여기서 파생되어 금융쪽에서 널리 사용되고 있다. 담보(1층)대출과 신용(2층)대출의 중간형태를 적절히 섞은 대출방식을 말하기도 하고 투자영역으로 확대되어 채권(1층)과 주식(2층)의 중간형태의 투자를 일컫기도 한다. 채권과 주식의 중간형태란 투자당시에는 원금과 이자만을 받는 채권의 형태를 띠다가 해당기업이나 사업의 실적이 좋아지거나 주식시장에 상장되어 주가가 오르면 주식으로 전환할 수 있는 형태를 말한다. 전환사채(CB : Convertible Bond), 신주인수권부사채(BW : Bond With Warrant) 등이 대표적으로 이러한 투자이다. 여기에서 메자닌 펀드란 이러한 메자닌 투자를 전문적으로 해서 수익을 목적으로 만든 펀드를 말한다. 부채비율 산정 시 메자닌 자본(Mezzanine Capital)은 자본으로 인식되고 자기자본보다 시장유동성이 풍부한 장점으로 지니고 있다.

그림 3-1 메자닌 자본의 재무제표상 포지션

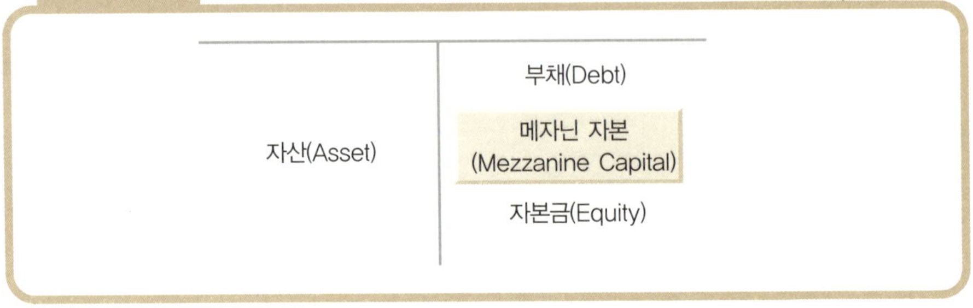

참고로, 펀드를 모으고 이를 운용하는 주체인 운용사를 업계에서는 GP(General Partner)라고 하고 펀드에 돈을 넣는 펀드투자자들을 LP(Limited Partner)라고 한다.

2008년 시작된 국제금융위기의 여파로 과거 한국 부동산펀드의 상당수를 차지했던 프로젝트 파이낸싱(PF)보다는 임대가 안정적으로 이루어지는 실물자산을 인수하는 것이 보통이며, 실물자산 중에서도 오피스가 가장 선호되는데 임차인(Tenant) 확보가 비교적 쉽고 일정기간 운영 후 매각을 통한 차익실현이 가능한 장점이 있기 때문이다.

Tip

자금조달방법

자금조달방법	특징
론(Loan)	• 프로젝트로부터 창출되는 미래의 현금흐름을 주요 상환재원으로 함 • 이해당사자와의 계약을 담보로 차주는 제한적인 책임을 부담할 수 있음
자산유동화대출 (ABL : Asset Backed Loan)	• 일정요건(적격기준)을 충족한 대상자산을 특수목적회사(SPC)에 양도 • 특수목적회사(SPC)는 양수받은 유동화 자산을 담보로 자금을 마련하여 양도대금을 지급
자산유동화증권 (ABS : Asset Backed Securities)	• 부동산 또는 그에 기초한 권리를 대상자산으로 하여 특수목적회사에 양도 • 주로 시공사의 신용보강을 전제로 하며 만기가 짧은 것이 특징
자산담보부기업어음 (ABCP : Asset Backed Commercial Paper)	• 상법상 주식회사인 콘두잇(Conduit)을 통해 자산을 매입하여 유동화하는 구조 • 반복발행, 구조의 유연성, 자산만기제약 극복 등의 특징이 있음 • 유동화어음의 성격
펀드(Fund)	• 수익성있는 부동산 혹은 부동산사업에 투자하여 그 수익을 투자자에게 배당 • 일반적으로 개인투자자의 비중이 높음
사모투자펀드 (PEF 혹은 PFV)	• 설비투자, 사회간접자본(SOC : Social Overhead Capital), 주택건설, 자원개발 등과 같이 상당한 자금과 시간이 필요한 특정사업을 추진
리츠(REITs)	• 부동산 소유지분 또는 저당담보부증권(MBS)에 투자하거나 부동산 관련대출 등으로 운용하여 얻은 수익을 투자자에게 되돌려주는 일종의 폐쇄형 뮤추얼펀드

Tip

부동산펀드 운영수익 2.6배, 올들어 11개 설립, 만기 청산 7개 리츠는 5년간 108% 수익

기업구조조정을 위해 도입한 부동산투자회사(리츠 · REITs)가 수익률에서 대박을 터뜨린 것으로 나타났다. 12일 국토해양부에 따르면 2002년 첫 리츠회사가 설립된 후 1회 이상 배당을 한 리츠(청산분 포함)는 총 21개로 이들 회사의 연평균 배당률은 8.34%로 조사됐다. 이는 펀드평가회사 제로인이 집계한 현재 운영 중인 국내 24개 부동산펀드의 평균수익률(3.18%)보다 2배 이상 높은 것이며, 2007년 기준 미국 지분형 리츠의 연평균 배당률(4.91%) 대비 1.7배에 달하는 수치다.

리츠의 경우 배당가능수익의 90%를 주주들에게 배당(연 2회)해야 하기 때문에 배당률이 높을수록 리츠의 수익률도 높은 것이다.

국내 리츠는 주로 업무용 빌딩과 대형 상업시설에 투자한다. 이 가운데 5년의 만기가 돼 투자 부동산을 매각하고 청산한 7개 리츠의 청산수익률은 연평균 21.6%에 달했다.

5년 동안 배당을 제외한 청산수익률만 108%로 매입금액의 2배가 넘는 시세차익을 올린 셈이다.

부동산 대출채권 형태로 설정했다 상환한 60여 개 국내 부동산펀드의 수익률이 평균 6~7%대로 10%에도 못 미쳤던 것을 감안하면 2~4배 높은 수준이다.

지난 2003년 8월 설립한 코람코자산운용의 '코크렙 3호는 작년 8월에 청산하면서 5년 만에 총 209%의 수익을 올렸다. 이를 연평균으로 환산하면 41.81% 수준으로 역대 리츠 가운데 청산수익률이 가장 높다. 이에 비해 배당률은 연 9.47%로 평균을 약간 웃돈다.

코크렙 3호의 경우 여의도 한화증권빌딩과 논현동 아이빌힐타운을 매입가 대비 비싼 값에 팔아 높은 시세차익을 올렸다.

2002년 10월 설립해 2007년 9월에 청산한 한국토지신탁의 '케이원(K1)' 도 청산수익률이 총 172.5%(연평균 34.5%)로 두 번째로 높았다.

이 회사는 신천동 시그마타워, 당산동 대흥빌딩, 신설동 동진타워, 충정로 케이원리트 빌딩 등에 투자했다. 연평균 배당률은 9.2%선이다.

국토해양부 관계자는 "리츠는 투자부동산의 매입 · 매도시점의 가격에 따라 청산수익률이 좌우되고 있다"며 "주로 5년 전인 2002~2003년 매입해 부동산 호황기인 2007~2008년에 청산한 리츠의 수익률이 높다"고 말했다.

현재 운용 중인 리츠회사는 주로 편입 부동산이 강북 도심에 있는 빌딩일수록 배당률이 높았다. 강북 도심은 다른 지역에 비해 상대적으로 임대료가 높고, 임차 수요도 많은 까닭이다.

충무로 극동빌딩을 샀던 '맥쿼리센트럴오피스'(청산 중)는 연 13.37%, 남대문의 STX 남산타워를 사들인 '코크렙 제11호' 는 연 11.25%를 배당했다.

리츠가 이처럼 높은 수익을 올리면서, 올 들어 새로 설립된 회사도 크게 늘었다.

국토해양부에 따르면 올 들어 제이알 1호, 우투하우징 2호 등 총 11개(자산규모 1조 8천 106억 원)의 리츠가 새로 인가를 받았고, 4개 회사가 인가를 신청했다. 2007~2008년 2년 연속 5개씩 설립된 것에 비하면 2~3배 높다. 〈매일경제신문, 2009. 10. 12〉

Setion 10

프로젝트 파이낸싱 시 신용보강 관련용어

국내에서 시행사, 시공사, 금융기관들이 개발사업과 관련하여 자주 사용하는 용어들이 있는데 원금이나 이자정도야 누구나 이해할 수 있는 단어이지만 개발사업을 처음 접하거나 프로젝트 파이낸싱(PF) 구도에 대한 이해가 부족한 사람들에게 아주 헷갈리기 쉬운 용어들에 대한 파악이 반드시 필요하다.

'지급보증'은 사업에 문제 발생 시 시공사(보증인)가 금융기관으로부터 대출받은 시행사의 대출원금 및 이자에 대해서 대신 돈을 물어준다는 뜻이다.

'채무인수'는 사업에 문제 발생 시 시공사가 금융기관으로부터 대출받은 시행사의 대출원금과 이자를 말 그대로 떠안는다는 의미이다. 즉시 물어주는 것이 아니므로 지급보증보다는 다소 약한 효과라고 할 수 있다.

'이자지급보증'은 사업에 문제 발생 시 시공사가 금융기관으로부터 대출받은 시행사의 대출원금은 제외하고 이자에 대해서만 돈을 물어준다는 뜻이다. 원금상환에 책임이 없으니 아무래도 원리금 지급보증보다는 효과가 약하다.

'책임준공보증'은 사업에 문제 발생 시 대출받은 시행사의 대출원금 및 이자에 대해서 돈을 물어줄 책임은 없으나 시공사는 반드시 책임지고 마지막 준공까지 마무리해야 한다. 일반적으로 시공사 입장에서는 발주처에서 공사기성에 따른 공사비 지급이 전제되어야만 공사를 수행하게 되고 공사비 지급이 지연되거나 중단될 경우 공사도 중단할 수 있는 권리가 있으나, 책임준공보증을 했을 경우엔 시행사에서 분양실적 저조 등의 이유로 시공사에 공사비를 지급하지 못해도 시공사는 반드시 준공해야 할 책임을 떠안게 된다. 따라서 금융기관이 신용보강을 위해 지급보증 없이 책임준공만을 요구한다 하더라도 시공사 입장에서는 결국 시행사가 단독으로 안아야 할 사업리스크(특히 분양리스크)를 분담하게 된다.

통상 국내 부동산 프로젝트 파이낸싱 사업의 경우 지급보증, 채무인수, 이자지급보증에서도 책임준공은 무조건 포함되는데 금융구조에 따라 책임준공보증만을 요구하는 경우도 심심찮게 나오고 있다.

상기와 같은 신용보강 장치들에 대해 보증의 효력이 강한 순서대로 나열하면 지급보증>채무인수>이자지급보증>책임준공보증 순으로 평가할 수 있다.

'대물인수'와 관련해서는 시행사가 시공사를 선정하여 사업을 진행 시 시행사에서 분양부진 혹은 예상 외의 사업비 집행 등으로 시공사의 공사비 지급을 하지 못해서 해당 물건 부동산(즉, 완공된 건물, 주택 등)으로 미집행 공사비를 정산할 경우, 시공사측에서는 현금수납이 아닌 대물인수를 한다는 표현을 쓴다. 시행/시공이 동일한 업체일 경우 하도급업체(즉, 하청업체)에 대물변제를 강요하는 경우도 종종 발생한다. 다시 말해 대물이란, 현금으로 지급하여야 할 보수를 물건으로 대신한다는 뜻이다. 국내의 경우 대물인수가는 대부분 분양가의 70~90% 정도로 책정되고 있다.

'책임분양'과 관련하여 금융기관이 대출채권 회수를 확실히 하기 위해 혹은 대출관련 리스크를 최대한 헷지(Hedge)하기 위해 시공사로 하여금 일정 정도의 분양책임을 부담하게 할 때 사용한다. 일정기간 내에 사전에 정해진 분양률(기준은 분양금액 혹은 분양세대 등으로도 정할 수 있음)이 미달하게 되는 경우 그 차이만큼 시공사가 대물로 인수하게 된다.

Tip

- 신용보강 장치들의 보증의 효력이 강한 순서
  ☞ 지급보증>채무인수>이자지급보증>책임준공보증

Setion 11 파이낸셜 익스포저 관리

일반적으로 국내 금융기관은 부동산 프로젝트 파이낸싱 시 건설사의 책임준공 이외에도 지급보증을 요구하게 된다. 아직 선진 금융기관의 다양한 금융기법을 적용하기에 초보 수준인 국내 금융기관은 자금제공에 따른 리스크를 최대한 시행사 및 건설사에 떠넘기려 한다. 국내 시행사의 경우 지급보증 여력이 극히 제한되어 있어 결국 시공에 참여하는 건설사의 역할이 관건인데 지급보증 시 우발채무 증가 등의 부담을 안고 가야 하는 문제가 있다. 단순도급공사의 경우 발주처의 공사대금 지급능력 및 공사조건만 문제가 없다면 공사참여가 가능하였는데 이제는 국내든 해외든 민간공사의 경우 시공참여조건으로 프로젝트 리스크의 일부 혹은 상당부분을 시공사가 안고 가야하는 구조로 환경이 변하고 있다.

시행사가 시공사에 요구하는 시공참여 조건 중 책임준공+지급보증 형태가 가장 일반적이고, 책임준공하에 공사비 30~80%선의 지급보장 등이 있다. 여기에서 사업이 당초 계획대로 진행된다면 문제가 없으나, 미분양이나 상업용 건물의 경우 사업의 전제로 삼은 선매각이 여의치 않을 경우 시공사로서는 공사비 100%가 확보되지 않은 상태에서 무조건 준공해야 하는 의무가 있으며, 일정부분 분양물량을 인수해야 하는 리스크를 짊어지게 될 수도 있다. 따라서, 이는 단순도급사업이 아니며 투자사업의 기준으로 사업을 바라보고 철저한 사업성 검증과정을 거쳐야 한다.

시공사입장에서는 지급보증에 따른 우발채무를 줄이는 노력의 일환으로 책임준공 조건이면 지급보증은 가급적 피해야 하며, 대신 일정부분 미분양물량을 인수하는 조건으로 추진할 수 있다. 아울러 지급보증의 경우에도 토지확보 후 담보설정이 되면 담보가치만큼 지급금액을 상쇄시켜야 되나, 한국금융기관에서는 프로젝트 파이낸싱 금액 회수 때까지 지급보증을 해소 내지 감액시켜 주지 않으려고 하는데 금융조건 협의 시 최대한 관철시킬 필요가 있다. 또한 분양대금 혹은 선매각대금 수령에 따라 지급보증액을 줄이는 조건도 반영해야 한다.

Setion 12 시공사 입장에서의 파이낸셜 익스포저 부담 경감방안

프로젝트 파이낸싱 대출기관의 입장에서야 대출금액에 대한 확실한 안전장치로 대출채권에 대해 시공사에 최대한도로 지급보증을 포함한 익스포저(Exposure)를 수용하도록 노력하는 반면, 시공사 입장에서는 익스포저(Exposure)를 최소화하려는 노력을 기울이게 된다.

과거 토지에 대한 담보설정, 주식 근질권[4] 설정, 사업자금이 예치된 예금에 대한 근질권 설정, 시공사의 책임준공 및 지급보증, 심지어는 시공사 대표의 인보증까지 요구하는 것이 일반적이었으나 요즈음은 금융기관들도 일정 부분 프로젝트 위험(Project Risk)을 부담하거나 자본투자도 일정부분 참여하는 정도까지 해외부동산개발사업에 적극적으로 참여하는 단계에 와 있다.

해외부동산 개발 시 많은 사업들이 크게 2단계로 진행되는데, 첫 번째 단계는 사업초기에 토지확보와 인 · 허가 완료까지 브릿지론(Bridge Loan) 형태로 비교적 초기 사업리스크를 감수하는데 적극적인 제2금융권이 참여하고, 두 번째 단계는 브릿지론(Bridge Loan) 상환 및 시공비를 조달하기 위한 본 프로젝트 파이낸싱에 주로 제1금융권이 참여하게 된다. 여기에서 제1금융권은 시공비의 30~80% 정도만 지급보장을 해주고 나머지는 시공사에 미분양물량 인수, 채무인수 등의 방법으로 분양리스크를 부담시키는 것이 일반적이다.

그러나, 진정한 의미의 프로젝트 파이낸싱까지 아직 갈 길이 멀지만 해외부동산사업을 위한 프로젝트 파이낸싱 시장에도 다양한 금융기법들이 도입되고 있고 시공사도 익스포저(Exposure) 경감을 위한 방법들을 동원하고 있어 독자 여러분의 이해를 돕기 위해 다음의 몇몇 사례들을 살펴보고자 한다.

| 사례 3-1 | K사의 베트남 복합빌딩 사업 Case

시공사가 자체개발사업으로 추진한 사업으로 총 프로젝트 파이낸싱 금액은 미화 4.5억 불이고 출자금 및 사업비에 대해 트렌치(Tranche)를 세 개로 구분하여 조달하였다. Tranche A는 선순위 차입으로 A1과 A2로 구분하여, A1은 건설자금용으로 대출금액이 미화 3억 불이고 책임준공 의무를 부과하였다. 그리고 A2는 상기 A1의 대환대출로서 조건부 채무약정을 맺어 준공 후 최대 담보인정비율(LTV : Loan To Value) 50%까지의 담보대출로 전환한다. Tranche B는 후순위 차입으로 초기사업비 충당목적이며 대출금액은 미화 1억 불로 채무인수 약정하에 집행된다. Tranche C는 베트남 법정 납입자본금(Charter Capital) 규정에 따라 자기자본 이외에 출자금대출로 채무인수 조건으로 미화 5천만 불을 조달했다.

여기에서 특징은 차주(시행시공)가 납입자본금과 초기사업비 충당목적으로 미화 1억 5천만 불을 조달한 Tranche B와 Tranche C에 대해 채무인수 조건을 받아들였으나, 공사비 조달을 위한 Tranche A는 지급보증 없이 책임준공을 하고 준공시점에 프로젝트 담보 대출로 전환하여 익스포저(Exposure) 부담을 제거하였다. 따라서 총 익스포저(Exposure) 금액은 미화 1억 5천만불로 총 미화 4억 5천만 불을 조달하였다.

4) 장래에 발생할 채권을 담보하기 위해 은행이 미리 질권을 수취하여 두는 권리

그림 3-2 자금조달사례 1

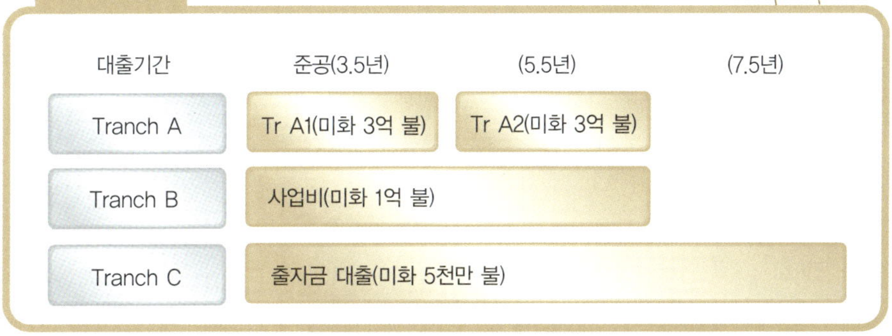

| 사례 3-2 | S사의 국내 골프장 사업

Case

본 사업은 시행사가 부지를 매입하고 시공사가 일정부분 익스포저(Exposure)를 맡는 대신 시공권을 확보한 사업으로 총 프로젝트 파이낸싱 금액은 1천억 원이다. 자금조달을 2단계로 나누어 토지매입 및 초기 사업추진비 충당을 위해 300억원의 브릿지론(Bridge Loan)으로 조달하는데 Tranche A 150억 원, Tranche B 150억 원으로 나누어 Tranche B에 대해 시공사가 이자지급을 보증하고 실시계획이 인가되는 시점에 본 프로젝트 파이낸싱을 조달하였다.

본 프로젝트 파이낸싱은 트렌치(Tranche)를 3개로 나누어 Tranche C는 조달금액이 400억 원으로 공사비 50%와 인·허가비용 등 사업추진비 충당을 목적으로 조달하는데 시공사의 지급보증이 없고 대신에 대주단이 1순위 우선수익권을 갖는 조건이다. Tranche D는 300억 원으로 브릿지론(Bridge Loan) 상환용으로 조달된다. 단, 시공사의 이자지급보증이 조건이며 준공 후 완성물을 대상으로 한 담보대출로 전환한다. Tranche E는 300억 원의 한도대로서 시공사가 원리금을 지급보증하며 공사비의 50%까지 충당할 목적으로 조달된다. 공사비 지급조건은 기성률 50%까지는 Tranche C를 통해 대주단 책임하에 지급하고 분양률에는 연동시키지 않는다. 기성률 51%에서 100%까지는 분양수입금을 재원으로 하며 분양저조 시 프로젝트 파이낸싱에서 인출할 수 있다.

브릿지론(Bridge Loan)에 대한 담보물로 대주단과 시공사가 공동으로 토지에 대해 1순위 근저당권과 시행사와 시행사의 모회사 주식에 대해 1순위 근질권을 설정하고 시행사 대주주의 인보증이 들어간다. 아울러 시행사는 시공사에서 지정하는 계좌에 브릿지론(Bridge Loan)의 6개월치 이자에 해당하는 금액을 예치한다. 상환순위는 Bridge Loan→Tranche C : Tranche D(비율 4:3)→Tranche E 순이다.

특징은 시공사는 브릿지론(Bridge Loan)의 절반인 150억 원에 대한 이자부분만 익스포저(Exposure)를 부담하면서 나머지 절반은 대주단이 리스크를 부담함으로써 초기사업 리스크를 줄였고 토지 및 사업권 환가로 상환시에는 브릿지론(Bridge Loan)의 각 Tranche별 대출금액 비율로 안분하여 상환하도록 했다.

본(本) 프로젝트 파이낸싱에 대해서도 Tranche C 400억 원에 대해 시공사의 지급보증 없이 분양률에 연동시키지 않고 공사비의 50%를 확보하였고 Tranche D 300억 원은 이자부분만 지급보증하고 이 또한 준공 시 완성물을 담보로 대체하여 익스포저(Exposure)를 줄이는 노력을 했다. 아울러 Tranche C와 Tranche D는 대출금액 비율로 안분 상환하여 분양이 진행됨에 따라 시공사의 지급보증이 없는 Tranche C가 전부 상환된 다음에 이자지급보증을 한 Tranche

D가 상환되는 것이 아니라 대출금액 비율로 순차적으로 상환함으로써 시공사의 익스포저(Exposure)를 줄여 나가고자 한 노력이 돋보인다. 여기에다 분양이 계획대로 되지 않아 공사비 지급 자금이 부족할 경우를 대비해서 시공사의 지급보증이 들어가지만, Tranche E를 통해 공사비를 100% 확보한 것은 주목할 만하다.

그림 3-3 자금조달사례 2

브릿지론 (Bridge Loan)	Tr A	150억 원(대주단 책임)
	Tr B	150억 원(시공사 이자지급보증)
실시 계획 인가		
본 프로젝트 파이낸싱	Tr C	400억 원(시공비 50%+인 · 허가비/시공사 지급보증 없음)
	Tr D	300억 원(브릿지론 상환/시공사 이자지급보증, 준공 시 완성물 담보로 대체)
	Tr E	300억 원(시공비 50%/시공사 원리금 지급보증)

사례 3-3 H사의 괌 주택사업

Case

본 사업은 시행사의 프로젝트 파이낸싱과 관련 시공사가 책임준공하에 일정부분 책임분양을 조건으로 시공권을 확보한 사업이며 총 프로젝트 파이낸싱 금액은 약 1,800억 원이다. 300억 원은 토지비와 초기 사업추진비를 조달하기 위한 브릿지론(Bridge Loan)으로 조달했다.

본 프로젝트 파이낸싱은 트렌치(Tranche)를 2개로 나누어 Tranche A는 선순위 조건으로 1,100억 원을 차입하여 공사비와 사업비에 충당하고 Tranche B는 후순위 조건으로 700억 원을 차입하여 브릿지론(Bridge Loan) 300억 원 상환과 나머지 400억 원은 공사비 선급금, 금융비용 등에 충당한다.

시공사의 익스포저(Exposure)를 살펴보면, 당연히 책임준공이 있고 대출기간 중의 금융비용 및 사업비 등 제반비용에 대한 현금보충 약정을 맺었다. 또한 조건부 채무인수가 있어 책임준공 기간 중 시행사 혹은 차주사의 부도나 파산 시, 시행사와 차주사의 트리거(Trigger) 조항(기한이익 상실관련) 미이행 시, 책임준공 및 책임분양 미행 시, 책임분양으로도 대출원리금 상환 부족분 발생 시 채무를 시공사가 인수해야 한다. 여기에 책임분양 의무가 있어 준공 시부터 대출원리금 만기 시까지 총매출액의 30%(약 1,500억 원)에 대한 책임분양 보증을 하였는데 여기에서 분양대금잔금의 완납책임이 시공사에 있다.

대주단은 상기 시공사의 익스포저(Exposure) 부담 외에도 사업부지에 대해 1순위 근저당권을 설정하되 권원보험[5]에 가입하고 차주의 지분에 대한 1순위 근질권 설정, 차주의 제권리에 대한 양도담보권 설정(대여금채권 양도승낙 절차 포함), 국내 자금관리계정에 대주를 1순위로 하는 근질권 설정, 시행사관계사 및 이사들의 연대보증, 차주의 사업시행권 포기각서, 시공사의 시공권 및 유치권 포기각서, 준공 후 미분양물건 1순위 담보취득 등을 통해 대출채권 보전 장치를 마련했다.

Setion 13 상업용 건물에 대한 선매각 구도

디벨로퍼는 부동산개발 시 사업 리스크 중 가장 부담이 되는 분양 혹은 임대리스크를 헷지(Hedge)하기 위해 그리고 자금조달 및 익스포저(Exposure) 경감을 위해 개발예정이거나 개발 중인 건물을 준공 전에 미리 매각하거나 임대하는 경우가 최근에 많이 증가하고 있다.

선매각은 주로 상업용 건물(오피스, 상가, 호텔, 서비스아파트 등)을 대상으로 이루어지며 그 중에서는 사무실이 한국 자산운용사 등 구매자들이 가장 선호하는 개발상품이다. 사무실은 비교적 운용 측면에서 가장 단순하기 때문에 아직 초보단계인 한국 자산매입자들이 쉽게 접근할 수 있다. 최근 동남아시아에서 불고 있는 오피스 시장의 활황을 계기로 해외에도 진출하고 있고 일정한 성과도 얻고 있다.

대표적인 사례로는 반도건설이 아랍에미레이트 두바이에서 시행하고 있는 '두바이 반도유보라타워'를 한국 자산운용사인 마이다스에셋자산운용에서 매입한 것이고, 이어 신성건설이 역시 두바이에서 시행시공하고 있는 신성타워 I & II를 독일계 투자회사인 ACI사에 매각한 바 있다. 두바이에서 성원건설, 베트남 하노이에서 경남기업이 시행시공하고 있는 하노이랜드마크타워, 호치민에서 금호건설이 시행시공하고 있는 금호아시아나플라자 등도 사무실 및 상가에 대해 선매각을 위

5) 부동산 권리나 하자의 상실, 보험계약 체결당시 부동산에 존재하는 우선 특권으로 인하여 부동산 저당권자나 소유권자 등의 피보험자가 받게 되는 경제적 손실을 보상해주는 보험

한 노력을 지속하고 있다.

빌딩 선매각 작업은 아주 어려운 과정이 될 수 있다. 통상 이미 준공된 건물을 매각할 경우 현 상태를 기준으로 매매계약이 체결되므로 돌발변수가 생길 가능성이 아주 작은 반면, 미래에 개발될 건물에 대해서는 건물품질 및 인도시점에 대해서 분란이 생길 소지가 아주 많다. 따라서 매매계약 시 정확한 빌딩 품질수준을 정하는 것이 중요한데 빌딩 스펙과 마감재(Finish Schedule)를 포함하여 기초 설계 단계부터 매입자의 요구를 참조로 세밀한 접근이 요구된다. 매입자의 요구수준에 따라 빌딩 매각가는 큰 차이가 발생할 수 있으며 애매한 기준 적용으로 인해 향후 매입자의 인수거부 내지 매도자가 수용할 수 없는 수정사항이 생겨 결국 소송사태로까지 비화될 가능성이 높다. 아울러 매입자 측에서는 특성상 최고 품질의 빌딩을 인도받기를 원한다는 점에서 매도자의 건축물에 대한 원가의식이 중요하다.

커튼월(Curtain Wall)이나 이중마루(Raised Floor, 사무실 같은 경우 전화선, 인터넷선, 전선, 냉방용 파이프 등을 위한 공간을 제공하는 바닥장식) 같은 공사비 구성상 비중이 큰 항목들은 수백만 불의 공사비 증액요소가 될 수 있으므로 주의해야 한다. 각종 전산, 전기케이블 등을 외부에 노출시키지 않고 일괄적으로 내부 수용하여 빌딩관리상 효율적인 이중마루(Raised Floor) 같은 경우 싱가포르 같은 선진국에서는 일반적인 요구사항이나 베트남 같은 개발도상국에서는 도입된 사례가 거의 없는 것처럼 시장에 따라 빌딩 스펙(Spec)도 달라서, 매수자의 정확한 요구사항을 파악하고 이에 따른 매도가격의 변동성을 이해하여야 한다.

디벨로퍼는 빌딩 매매협상 시 선매각 조건에 대해 상당한 주의를 기울어야 한다. 한국 내에서 선매각 시 매매대금 지불과 관련하여 계약금 10%, 건물 인도 시 90% 지불하고 지불하는 계약금에 대해서도 지급보증 제공이나 보증신용장[6](Stand-by L/C)만을 제공하여 매도자의 초기현금흐름에 도움이 되지 못하거나, 중도금 지급에 대해 이를 대출로 보아 일정률의 이자를 산정, 그 만큼 매매가격을 할인하는 등 매도자에 상당히 불리한 조건하에 계약하는 사례들도 있다. 이러한 경험을 바탕으로 한국 자산운용사들은 해외에서 개발되는 빌딩들도 비슷한 조건을 제시하는 경우가 많다.

6) 금융이나 보증을 위해 발행되는 특수신용장으로서 주채무자가 계약을 불이행할 경우 채권자가 보증인에 대하여 보증의 실행을 요구할 수 있는 신용장을 말함. 프로젝트 보증, 현지금융담보용, 선수금환급보증서(AP-Bond) 등 다양한 형태로 보증이 이루어짐.

그러나 디벨로퍼 입장으로서는 선매각의 장점, 즉 자금조달 부담 및 익스포저(Exposure) 감소를 위해 자산가치 상승혜택을 포기하고 금융비를 감안하여 매매가격을 인하해주고 품질유지 및 공기 준수 같은 시공 및 인·허가 리스크를 부담한다는 것인데, 한국 투자기관들과 협의 시 이런 원칙에서 벗어나 불리한 계약을 맺을 수도 있다. 따라서 매입가능성이 있는 다양한 투자자 풀(Pool)을 가지고 있는 것이 중요하다. 아울러 자산운용사, 보험사 등을 포함한 국내 투자기관은 자금조달방법 및 자금조달처, 매입경험에서 외국투자기관들에 비해서 한계가 있으므로 가장 유리한 매매환경 조성을 위해서 외국투자기관들과도 긴밀한 네트워크 형성이 필요하다.

최근 신성건설이 두바이에서 독일계 투자사에 매각한 신성타워 I & II의 경우 계약금 25%, 나머지는 공사기성에 따라 지급받는 조건으로 계약이 체결된 바 있다. 따라서 지급조건의 경우 계약금을 10~20%, 중도금을 30~40%, 잔금 명도 시 50% 정도는 받아야 사업추진이 원활하고 당초 매도자인 디벨로퍼가 목표로 하고 있는 자금부담 경감에도 도움이 된다. 물론 지급시기 및 규모에 따라 매수자의 입장에서 건물 인도까지의 금융비용을 감안하여 매입가격이 낮아지는 것이 동상이다.

한편 사무실에 집중된 매입대상도 이제는 상가, 서비스아파트 및 호텔 등으로 확대되고 있고 그간 관심 밖이었던 주택분야에서도 통매입하는 사례들도 늘어나고 있다.

단순한 주택 선분양을 통한 투입자금 조기회수가 가장 기본적이고 일반적인 개발형태라고 한다면 이제는 부동산개발의 형태가 다양화·대형화·장기화하는 경향에 따라 디벨로퍼들도 부동산 전문 플레이어들이 개발 초기단계부터 적극 참여하는 개발 구도를 제시하여야만 생존가능하고, 이와 같이 사전 선매각을 통해 개발참여자들의 자금부담을 완화하고 사업리스크를 경감시키는 것이 좋은 방안이 되고 있다.

국내에서 오피스빌딩의 일괄매각 시 적용되는 방식은 크게 두 가지로 나뉘는데, 포워드쉐어딜[Forward Share(Equity) Deal]과 포워드에셋딜[Forward Asset Deal]이 있다.

Forward Share(Equity) Deal은 법인을 인수, 즉 시행권을 인수하는 방식으로서 우발채무 문제가 생길 수 있다. 또한 매입사가 자본금 50억 원 이상 규모의 프로젝트 금융투자회사(PFV : Project Financing Vehicle)를 설립하여 시행법인을 인수하지만, 세무당국에서는 이를 토지에 대한 단순 양수도로 인식하여 부동산양도세 중과대상에 해당하는 것으로 해석할 수가 있다. 따라서 토지 매입가와 시행법인 인수가와의 차이를 명도용역계약 같은 방식을 도입하여 비용처리하고 시행이익은 공사 착공 이후 시현하고 시행이익의 지급시기도 조절하는 방법으로 이를 극복해나가는 노력이 필요하다.

Forward Asset Deal은 건물등기 후 소유권이 이전되는 방식(준공 후 자산매각 방식)으로 시행사, 매입사, 금융기관, 시공사가 당사자로 참여하며 대부분 매입사는 가장 나중에 프로젝트에 참여하게 된다. 여기에서 프로젝트 파이낸싱을 제공한 금융기관이 1순위 담보설정하게 되면 펀드를 조성해서 참여한 매입사가 시공사에 앞서 2순위 담보를 주장할 가능성이 커서 논란이 생길 수 있다.

Tip

- 부동산 상품(Product)에 대해 펀드나 기관투자자들이 대체적으로 선호하는 순서
  ☞ 오피스 > 상가 > (물류창고) > 분양형 서비스드레지던스 > 호텔 > 일반 콘도미니엄(아파트) > 골프장

Setion 14 개발관련 주요 계약서

해외부동산 개발사업 전개 시 계약당사자에 따라 관련 계약서의 언어는 크게 두 가지 형태로 구분된다. 첫째, 한국시행사, 한국시공사, 한국대주단이 주체가 되는 사업은 일부를 제외하고는 주계약들을 국문으로 체결하게 된다. 계약서의 종류를 살펴보면 토지매매계약서, 사업약정서, 공사도급약정서, 공사도급계약서, 대출약정서, 대출계약서가 주 계약서를 이루고 대주단의 채권보전 장치로서 책임준공확약서, 책임분양확약서, 시공권 및 유치권 포기각서, 예금근질권설정계약서, 주식

근질권설정계약서 등이 있다.

둘째, 외국파트너가 실질적으로 참여하는 사업에는 대부분의 계약서가 영문과 경우에 따라서는 사업지가 소재한 나라의 법적 유효 조건에 따라 현지어로 된 계약서도 준비하여야 한다. 이럴 경우 영문본과 현지어본의 법률적 내용이 상이할 경우 영문본이 우선해야 한다는 조항을 넣는 것이 유리하나, 현지국 법규에 따라서 현지어가 우선시 되는 경우도 있어 유의해야 한다. 계약서의 종류로는 Land Sale & Purchase Agreement(토지매매계약서), Shareholders Agreement(주주약정서), Joint Venture Agreement(합작계약서), Subscription Agreement(출자합의서), Construction Loan Agreement(공사비대출계약서), Payment Guarantee (지급보증), Cost Overrun Guarantee(자금보충약정), Construction Contract(공사계약서), Letter of Award(공사낙찰통지서) 등이 있다.

주요 계약서 내용에 대한 설명은 워낙 방대해서 본 서에서 다루기는 어려운데 관련 계약서 체결을 위해 담당 변호사를 고용하여 법률검토 및 협상, 문안작성 등의 대부분 업무를 맡긴다하더라도 디벨로퍼가 계약서에 반영될 핵심내용을 정확히 변호사에 전달하기 위해 주요 계약서의 틀에 대한 이해가 아주 중요하다. 또한 각종 계약서상의 법률용어, 금융용어, 건축용어 같은 개발용어들에 대한 상당 부분 지식이 있어야 계약 협의가 이루어질 수 있으므로 부단한 노력이 필요하다.

독자 여러분들의 이해를 돕기 위해 개발관련 각종 계약서 양식들을 부록으로 첨부하였으니 참조하시기 바란다.

Chapter 04

시장참가자(Market Player)로서 시공사에 대한 이해

Setion
01 공사계약 방식

해외개발사업을 수행하는 시행사의 경우 임직원들이 해외사업 경험이 없거나 그다지 많지 않고 공사계약에 대한 지식이나 노하우가 부족해서 많은 어려움을 겪는 것을 보게 된다. 지급보증이나 책임준공 등 시공사의 역할에 크게 의존하는 시행사로서는 시공사와 체결하는 공사계약이 분양만큼이나 아주 중요한 부분인데도 공사계약 협의 시 어쩔 수 없이 시공사의 의도대로 끌려가거나 시공사에 계약서 작성을 거의 일임하다시피 하기도 하는데 나중에 큰 문제로 비화될 수도 있다. 시행사가 개발비의 50~70% 정도를 차지하는 공사비를 다루는 도급계약을 잘못 체결하게 되면 개발이익은커녕 시공사만 좋은 일 시켜주고 자신은 결국 사업에 실패하기도 한다.

시행사 자신들이 한국에서 흔히 경험해본 공사금액을 사전에 확정하는 방식이 아니라 나중에 실행되는 공사원가에 일정 이익을 덧붙이거나 물가에 연동시키는 다양한 형태의 공사계약방식을 시공사로부터 제안을 받을 때 적잖이 당황하고 고민하는 경우를 많이 보아 왔다. 시공사 입장에서는 공사계약을 협의할 때, 이러한 점을 감안해서 사전에 철저히 공사계약방식의 의의와 효과에 대해 시행사와 상세하게 짚어보아야 하는데 시행사의 경험부족을 악용해서 시공사 자신의 이익을 극대화하는 쪽으로 계약을 체결하더라도 결국에 가서는 시행사와 극단적인 대립상황으로 악화될 가능성이 크기 때문에 사전에 충분한 협의를 거쳐 계약을 체결해야 할 필요가 있다.

공사계약은 대가지급방식에 의한 계약을 기준으로 크게 세 가지로 나눌 수 있는데, 첫째는 정액계약(Lump Sum Contract 혹은 Fixed Price Contract)이 있다. 계약도서(Drawing & Specification)가 완비된 상태에서 공사비 총액을 확정해 놓고 공사를 시행하는 방식으로 시공사(Contractor)로서는 리스크가 따르나, 공사계획상 재량을 발휘할 수 있다. 계약특징을 살펴보면,

① 최종비용(공사비 혹은 사업비)이 조기에 확정된다.

② 발주자의 프로젝트 참여도와 리스크가 최소화된다.

③ 경쟁입찰을 통해 최저가로 최단기간에 프로젝트를 완료할 수 있는 여건이 조성된다.
④ 도급자는 경영능력을 최대한 발휘하여 공기단축 및 비용절감으로 이익을 최대화할 수 있다.
⑤ 발주자는 설계변경에 따른 작업지연과 추가비용에 대한 보고를 즉시 받을 수 있다.
⑥ 도급자는 프로젝트에 수반되는 위험부담을 하도급자에 전가할 수 있다.
⑦ 도급자에 대한 보너스와 지체보상제도를 통해 작업수행 속도를 개선시킬 수 있다.
⑧ 도급자 선정 전에 발주자는 무엇을 얻을 것인가에 대한 정확한 지식을 가지고 있어야 한다.
⑨ 입찰 전에 프로젝트에 필요한 도면, 시방서 등이 준비되어야 하기 때문에 준비기간이 길어지고 준비비용도 많이 든다.
⑩ 건설공사의 경우에는 설계와 시공이 분리되어 있어 도급자의 경험이나 지식이 설계에 반영될 수 없다.
⑪ 과당 수주경쟁으로 부실공사의 원인이 될 수 있다.
⑫ 문제 발생 시에 책임이 설계와 시공으로 양분될 수 있다.
⑬ 위험부담이 많은 프로젝트의 경우에는 과다한 예비비를 입찰가에 포함시켜 낙찰가가 증가할 수 있으며, 유능한 입찰자의 수가 줄어들 수 있다.
⑭ 공사 착공 후에는 설계변경이 어렵고, 설계변경이 공사에 반영된 후에는 공사비 증감에 대한 발주자와 도급자의 의견 차이로 클레임의 원인이 될 수 있다.
⑮ 발주자, 도급자, 설계자 사이의 이해상충으로 대개 적대적인 관계가 존재한다.

둘째는, 실비정산식 계약(Cost-Reimbursable Contract)방식으로 발주자가 도급자에게 공사실비(Actual Cost)와 별도로 규정된 보수(Fee)를 지급하는 방식이다. 공사실비는 직접비(Direct Cost)와 간접비(Indirect Cost)로 구성되며 보수는 대개 도급자의 일반관리비와 이윤을 포함한다. 설계도서와 시방서 등이 명확하지 않은 상태에서 계약을 체결하고 프로젝트를 시작하며 조기완료가 필요한 대규모의 프로젝트나, 설계도서는 명확하지만 프로젝트 비용의 총액산출이 곤란한 경우에 채택된다. 프로젝트 비용이 과도하게 높아지지 않고 도급자는 손해를 볼 염려가 없기 때문에 양질의 프로젝트를 기대할 수 있다.

요즈음 시공사가 사업에 주도적으로 참여하는 해외개발사업의 경우 정액계약보다는 실비정산계약이 많아지고 있는데 이는 대부분 사업이 설계가 확정되지 않은 상태에서 시행사가 토지작업에 필요한 프로젝트 파이낸싱 대출을 위해 시공사와의 도급계약이 필요하고, 시공사로서도 공사비 상승에 대한 염려없이 공사를 확보할 수 있는 실비정산계약을 선호하기 때문에 상호 이해관계가 맞아떨어지는 측면도 있다.

실비의 정당성을 확인하기 위해서 발주자가 도급자의 회계장부에 대한 감사를 실시하는 경우도 있고, 드물지만 초기에는 실비정산 방식으로 시작하여 어느 정도 공사가 진척된 후에는 정액계약으로 전환하는 경우도 있다. 계약특징을 살펴보면,

① 설계-시공 동시시행(Fast-Tracking)방식에 의해서 설계-시공기간을 단축시킬 수 있다.
② 설계변경과 관련하여 발주자에게 최대한의 유연성을 제공한다.
③ 입찰을 위한 사전 준비와 입찰 후의 협상이 최소화된다.
④ 정액계약 특유의 도급자 리스크가 없다.
⑤ 기획 자문에서 프로젝트 완료까지 동일한 도급자를 사용할 수 있게 하여 품질과 효율성이 향상될 수 있다.
⑥ 주요 설계변경 사항에 대하여 도급자가 능동적으로 대응할 수 있다.
⑦ 발주자가 공사관리에 참여하여 주요 결정을 내리는 데 역할을 할 수 있다.
⑧ 프로젝트 진행 중에는 최종비용에 대한 확신이 없다.
⑨ 발주처 측 인사들에 의해서 고비용을 야기하는 시방서가 만들어질 수 있다.
⑩ 발주처 측 인사들에 의해서 과도한 설계변경이 시도되어 시간과 경비를 증가시킬 수 있다.
⑪ 도급자의 이윤에 직접 관련이 있는 도급자의 장비, 본사경비 등과 같은 실비정산 항목의 실비정의 등과 관련하여 분쟁이 있을 수가 있다. 최근 한국의 시행사와 시공사 간 가장 큰 문제가 되고 있다.
⑫ 설계-시공 동시 진행으로 기획, 조정, 인사 등의 일이 어려워진다.
⑬ 도급자의 고유권한으로 여겨지는 부분까지 발주자가 간섭을 하여 분쟁이 있을 수 있다.

⑭ 발주자와 도급자 사이에 특수한 관계가 있을 경우에 많이 사용된다.

셋째로는, 단가계약(Unit Price Contract)으로서 물량이 확정되지 않은 상태에서 각 공종별 단가를 정하여 공사를 시행하는 방식이 있다. 공사범위, 내용, 규모는 명확하나 수량이 불분명할 때 채용되는 방식으로 재료비 단가, 노무비단가, 또는 재료비와 노무비를 합산한 길이당, 면적당, 채적당 또는 시간당 단가만을 결정하여 프로젝트를 도급시키는 방식이다.

프로젝트가 비교적 적은 수의 요소작업으로 이루어지고, 각 요소의 단가 결정이 비교적 용이한 경우에 이루어진다. 단가가 고정되므로 임금이나 물가변동의 위험은 도급자가 부담하게 된다. 단가는 예상수량을 기본으로 하여 산출하게 되므로, 실제수량과 예상수량의 오차가 어느 범위 이상으로 커지게 되면 단가를 조정할 수 있도록 계약을 할 수 있다. 계약방식 특징으로는,

① 설계변경에 의한 수량 증감이 쉽다.

② 수량이 불명확할 때 간단히 계약을 하고 곧 프로젝트를 시작할 수 있다.

③ 프로젝트 완료시까지 총비용의 예측이 어렵다.

④ 투입수량 확인을 위해서 발주자가 현장감독을 광범위하게 실시할 필요가 있다.

⑤ 적정한 수량측정기준을 정해야 한다.

한편 계약고 결정 방식에 의한 계약을 분류하면, 첫째, 물량산출에 의한 계약(Measurement Contract)으로 공사완료 물량을 산출하여, 이 물량에 단가를 곱하여 계약고를 결정하는 방법이다. 물량산출은 공사성격에 따라 발주자나 도급자가 하게 된다. 최종공사비를 예측할 수 있으므로 발주자가 코스트관리(cost control)를 할 수 있는 장점이 있다. 물량산출 방법에 따라 여러 가지로 분류되는데,

① 도면과 시방서에 의한 방법 : 도급자가 입찰가를 결정하기 위해서 도면과 시방서에서 물량을 직접 산출하는 방법이다. 도급자가 물량산출의 정확도와 단가의 적정도를 모두 책임지게 되므로, 도급자는 큰 리스크를 부담하게 된다. 따라서 금액이 과다하게 책정될 가능성이 높다.

② 성능시방서(Performance Specification)에 의한 방법 : 발주자가 요구하는 성능을 간략하게 기술한 시방서에 의해서 입찰가를 정하는 방법이다. 도면과

시방서에 의하는 방법보다 더 막연한 방법으로 도급자가 공사를 수행하기에 적절한 자재의 시공방법을 정해야 한다.

③ 단가표(Schedule of Rate)에 의한 방법 : 공사의 특성과 공사의 범위를 사전에 정하기 어려운 경우에 적용하는 방법으로, 발주자가 제시하는 물량을 포함하지 않는 단가표에 입찰자가 단가를 기입하는 방법과, 발주자가 제시하는 단가가 기입된 단가표에 입찰자가 적용할 비율(Percentage)을 기입하는 방법이 있다.

④ 물량표(BQ : Bill Of Quantities)에 의한 방법 : 발주자가 제시하는 물량표에 입찰자가 단가를 기입하여 입찰가를 정하는 방법이다. 가장 자주 사용하는 방법으로 여러 입찰가를 비교하기 좋으며, 공사를 수행하기도 편리한 방법이다. 대부분의 경우 도면과 시방서도 동시에 제공되므로 입찰가 결정이 비교적 용이하다.

둘째로는, 상기에서 언급한 바 있는 실비정산식 계약(Cost Reimbursement Contract)으로 이를 3가지로 분류할 수 있다.

① 실비정산 비율보수 가산식 계약(Cost Plus Percentage) : 도급자는 계약수행에 투입된 실비(cost)와 이 실비에 비례하는 보수(fee)를 받는다. 도급자가 코스트를 절감해야 할 금전적인 인센티브가 없기 때문에 프로젝트 비용이 올라갈 여지가 다분히 있다. 발주자에게는 아주 불리한 계약방식이 될 수 있다. 도급자가 코스트를 증가시킬수록 보수도 증가하므로, 도급자는 코스트를 감소시키기보다는 증가시키는 방향으로 유인되기 쉽다.

② 실비정산 정액보수 가산식 계약(Cost Plus Fixed Fee) : 도급자는 계약수행에 투입된 실비(cost)와 정액의 보수(fixed fee)를 받는다. 프로젝트 수행능력에 상관없이 보수는 동일하다. 이 방식 역시 도급자가 코스트를 절감하게 되는 동기를 부여하고 있지 않다.

③ 실비정산 인센티브 가산식 계약(Cost Plus Incentive Fee) : 공사완료 시점에서의 최종 총 코스트(total cost)와 목표 코스트(target cost)를 비교하여 사전에 정해 놓은 방식에 따라서 보수를 조정하는 방식이다.

아울러 실비정산 보수 가산식계약(Cost Plus Fee)방식을 채택할 경우 디벨로퍼 입장에서는 공사비 상승에 대한 리스크에 노출될 수밖에 없고 시공사(Contractor)와 공사비에 대한 분란이 발생할 수 있기 때문에 보완책으로 GMP(Guaranteed Maximum Price)방식, 즉 공사비 상한선을 정해 놓고 그 한도 안에서 실비정산 보수 가산식 계약(Cost Plus Fee) 방식을 채택할 수 있다. 또한 동 방식에 발주자와 도급자가 코스트 절감 부분을 일정률로 나누는 방식(Cost Plus Guaranteed Maximum-Share Saving) 등으로 원가절감분 혹은 원가초과분에 대한 공유 내지 분담 방법에 따라 계약방식을 세분화할 수 있다.

최근 한국시행사들이 해외시장에서 개발사업을 추진하면서 한국 시공사들의 참여를 이끌어내기 위한 공사계약방식으로 실비정산보수 가산식 계약(Cost Plus Fee)방식을 많이 채택하는데, 통상 Fee는 10~15%선에 이루어지나 경우에 따라서는 20%선까지도 상승할 수 있다. 문제는 시행사들은 공사에 관한 노하우가 부족하고 공사비가 사전에 확정되지 않은 상태에서 시공사들에 끌려 다닐 가능성이 있고 이는 공사비 상승으로 이어져 전체 사업수지가 악화될 수도 있다. 시공사 입장에서는 가치분석(VE : Value Engineering) 등을 통한 공사비 절감에 소극적일 수 있다. 이를 방지하기 위해 전문 CM(Construction Management)업체를 고용하여 공사비를 예산 안에서 통제하거나 별도의 인센티브시스템을 도입하여 절감액의 일정부분을 시공사와 나누기도 한다. 그러나 공사비가 확정되지 않은 상태에서 나중에 공사비 정산 시 시행사와 시공사 간 분쟁가능성이 높은 관계로 양자 간 신뢰관계가 구축되어 있지 않으면 성사되기 어려운 계약방식이다.

Tip

부동산 개발사업의 성공을 위해서는 모든 분야가 중요하지만 그래도 크게 나누어서 인·허가, 시공사 선정, 금융조달, 분양/임대가의 선정이 특히 중요하다. 이와 함께 시공사의 역할이 강조되는 한국형 개발사업을 전개하기 위해서는 공사용어를 포함한 전반적인 시공분야에 대한 이해 없이는 많은 어려움이 따를 수 있다. 힘들더라도 꼭 확인하고, 배워나가야 하는 분야이다.

Setion

02 공사계약서 양식

대부분의 국내 시행사나 시공사, 금융기관들은 국문으로 된 공사약정서나 공사계약서에 익숙하지만, 현지파트너 혹은 제3의 참여자와 합작방식으로 사업을 추진할 때, 견적사(QS), CM 같은 국제용역사(International Consultant)를 고용하여 국제입찰방식으로 시공사를 선정하는 경우가 있는데, 이때 국제적으로 통용되는 영문으로 된 공사계약서 양식을 사용하게 되며 이에 대한 이해가 필요하다.

해외도급공사 시 체결하는 공사계약서는 국제적인 기준을 적용한 일정한 양식을 사용하는데 대표적으로 FIDIC, AIA, SIA, JCT Form등이 있다. FIDIC은 Federation Internationale Des Ingenieurs-Conseils(국제엔지니어링컨설팅연맹)의 약자로 가장 많이 통용되는 공사계약서 양식이다. AIA는 the American Institute of Architects(미국건축사협회)의 약자로 주로 미국기준의 건축공사에 적용되는 양식이며, SIA는 the Singapore Institute of Architects(싱가포르건축사협회)의 약자로 싱가포르지역이나 싱가포르 디벨로퍼들이 추진하는 사업에서 많이 사용되고 있다. JCT는 The Joint Contracts Tribunal Limited의 약자고 그밖에 ICE(Institution of Civil Engineers), NEC(the New Engineering Contracts) 등이 있다. FIDIC의 경우 New Edition 1999년이 발간되었으나, 최근까지도 1988년판을 자주 사용하고 있다. 또한 1999년 개정신판을 바탕으로 최근 건설환경을 고려하고 금융기관의 요구사항을 반영하여 국제건설공사 표준계약조건을 제공할 목적으로 MDB Harmonised Edition(MDB : Multilateral Development Bank)이 2006년 발간되었는데 세계은행(World Bank)나 아시아개발은행(Asian Development Bank)에서는 MDB판을 표준계약조건으로 사용할 것을 의무사항으로 규정하고 있다.

상기 계약서 양식의 종류에 따라 발주자 혹은 시공자에게 유리한 조항들이 반영될 수 있기 때문에 각 공사계약 양식별로 계약내용에 대한 면밀한 검토가 필수적이다. 향후 클레임제기나 건설 분쟁 발생 시에 대비해서 가급적 유리한 조항을 반영시킬수 있도록 노력해야 하며 실제로 공사계약 시 대수롭게 생각하지 않은 조항이 수억 원에서 수백억 원까지 손실을 보게 하는 뇌관이 될 수 있다.

해외건설계약 주요 검토사항을 정리해 보면 다음의 표와 같다.

|표 4-1| 해외건설계약 주요 검토사항

<table>
<tr><th>항목</th><th>검토사항</th></tr>
<tr><td rowspan="5">발주방식에 부합하는 계약 조건명시 여부</td><td>• 발주자(시행사) 또는 시공사의 책임 및 면책범위</td></tr>
<tr><td>• 발주자 요구사항의 정확성에 대한 책임</td></tr>
<tr><td>• 계약문서의 구성 및 상충 시 우선해석 순위</td></tr>
<tr><td>• 준거법(Governing Law), 주 언어(Ruling Language)</td></tr>
<tr><td>• 발주자 인원의 권한, 담당업무 및 답변기한</td></tr>
<tr><td rowspan="6">공사비 지급과 관련된 계약조건 여부</td><td>• 물가변동(Escalation)</td></tr>
<tr><td>• 공기연장에 따른 추가간접비</td></tr>
<tr><td>• 기타 천재지변(Force Majure)에 따른 보상책임</td></tr>
<tr><td>• 선수금의 비율, 지급과 방법 및 시점</td></tr>
<tr><td>• 중간 기성금(Interim Payment) 또는 최종 기성금(Final Payment)의 신청절차 및 지급기한, 지급지연에 따른 이자</td></tr>
<tr><td>• 유보금(Retention)의 지급방법</td></tr>
<tr><td rowspan="3">발주자 재정상태 및 공사 관련 인 · 허가 사항 명시 여부</td><td>• 발주자 재정상태(Financial Arrangement) 증빙</td></tr>
<tr><td>• 공사 관련 각종 인 · 허가 및 승인의 취득 책임</td></tr>
<tr><td>• 현장 통행권의 확보</td></tr>
<tr><td rowspan="3">공사변경 (Variation or Change) 관련조항 명시 여부</td><td>• 변경의 주체 및 요건</td></tr>
<tr><td>• 추가 공사금액 및 공사기간 변경 요건 및 산정(Evaluation)</td></tr>
<tr><td>• 상호 미합의 시의 절차 및 방법</td></tr>
<tr><td rowspan="4">하도급(Sub-Contractor) 관련 명시 여부</td><td>• 지명하도급자(NSC : Nominated Subcontractor)
- 원청계약과 동일한 계약조건(Back to Back 등) 명시 여부 검토필요
- 공사비 지급과 관련된 계약조건(Pay when Paid) 여부 검토필요
- 현지 하도급업체의 공사포기(give-up) 대비 조항 명시 여부 (현장에 반입된 하도급업체의 기자재 몰수)
- 작업범위(Work Scope) 관련 조항 명시 여부
- 하도급 업무의 절차 명시 여부</td></tr>
<tr><td>• 하도급자 선정 승인 및 절차</td></tr>
<tr><td>• 지명하도급자(NSC)의 계약불이행 시 시공사의 책임 및 교체 요건</td></tr>
<tr><td>• 시공사의 지명하도급자 거부 요건</td></tr>
</table>

Setion

03 해외공사관련 본드(Bond)의 종류

해외건설용어 중 가장 많이 접하는 단어 중 하나가 본드(Bond)일 것이다. 일반적으로 본드 하면 정부, 공공단체와 주식회사 등이 일반인으로부터 비교적 거액의 자금을 일시에 조달하기 위해 발행하는 차용증서로서의 채권을 말하는데, 해외공사의 경우 주로 도급사업에서 시공사가 필수적으로 발주처에 제공해야 하는 보증서이며 가장 큰 특징은 본드제출자가 의무이행을 안하거나 태만히 하는 경우 본드수령자가 본드를 발급한 금융기관에 본드금액의 지급을 청구할 수 있는 본드 콜(Bond Call) 기능이다. 본드는 아래와 같이 구별할 수 있다.

첫째, 입찰보증서(Bid Bond)는 공사입찰 시 입찰참여업체가 입찰기간 중 적절한 이유 없이 중도에 입찰을 포기하는 것을 방지하기 위한 보장장치로서 발주처가 요구하게 된다. 입찰참여사의 기본적인 재정능력을 간접적으로 참조하는 효과도 있다. 보증금액은 예상입찰금액의 2~4% 정도이고, 보증수수료는 통상 연간으로 보증액의 1% 내외에서 결정된다. 보증기간은 입찰기간에 1~3개월 정도, 경우에 따라서는 6~12개월 정도로 길어질 수 있다.

입찰서 제출사가 입찰규정을 위반하여 입찰진행에 심각한 악영향을 줄 경우 발주처나 입찰보증서를 수령한 주체에서 입찰보증금 몰수를 위해 보증서 발급기관에 지급을 요구하는 본드 콜(Bond Call)을 한다. 이때, 본드 콜을 할 수 있는 조건에 따라 해석상 이견이 생겨 소송으로까지 진행되는 경우도 생기기 때문에 보증서 제출자는 가급적 본드 콜의 대상이 되는 경우를 제한적으로 적용하기 위해 노력하고 보증서 수령자는 조건을 최대한 삭제하여 향후 발생할 수 있는 입찰규정 위반에 대비하려고 하는데 보증서 문구를 가지고 자신에게 최대한 유리하도록 하기 위해 노력하기 마련이다. 그러나 경쟁 입찰 시 발주처의 의도에 따라 입찰참여자(입찰보증서 제공자)는 불리한 본드 내용을 수용해야 하는 경우가 많다.

다음으로 P-Bond(Performance Bond, 계약이행보증서)인데 낙찰됐을 경우 계약이행보증을 위해 제출하는 보증서이다. 보증금액은 통상 계약금액의 10% 내외가 되며 계약체결과 동시에 또는 그 직전에 납부돼 계약이 완전히 체결된 후 효력을 발생하게 된다. 여기에서 발주처는 일단 계약이행보증서(P-Bond)를 수령한 상태에서 계약조건을 변경하여 발주처가 수용한 낙찰자의 입찰서류 및 오퍼내용과 배치되는 결과를 초래하는 경우가 있는데 여기에서 분란이 생길 수도 있다. 계약이행보증서(P-Bond)의 연간 수수료는 통상 보증금액의 연 1~3%에서 결정된다. 보증기간은 프로젝트에 따라 다를 수 있는데 통상 3~5년이 되며, 플랜트 같은 장기 공사의 경우에는 5년 이상도 적용될 수 있다.

AP Bond는 Advance Payment Bond(선수금환급보증서)의 약자로 계약자(낙찰자)가 공사진행 전 발주처로부터 수령하는 선수금에 대해 계약자의 계약위반으로 중도에 반환하게 되는 경우를 대비하여 그 반환을 보증받기 위해 발주처에서 수령하는 보증서를 말한다. 싱가포르 시장에서는 대부분 공사선수금이 없는 경우가 많으나, 대형 토목공사 같은 경우는 착공 전 자금이 많이 소요되는 중장비 조달 등의 문제로 공사선수금을 수령하는 경우가 많다. 선수금은 계약금액의 5~10%가 일반적이며, 보증금액은 선수금에 해당하는 금액 전액인 경우가 대부분이다.

그 외에도 W-Bond(Warranty Bond, 하자보수보증서), R-Bond(Retention Bond, 유보금환급보증서) 등이 있고 대부분의 본드는 금융기관의 보증서(Letter of Guarantee) 형태를 갖춘다. 그러나, 발주처에 따라서는 일반은행이 아닌 보험회사에서 발행하는 Insurance Bond를 인정하는 경우도 있다.

Setion 04 국제입찰과정과 견적업무에 대한 이해

건설사에서 해외견적관련 부서나 해외영업부서의 수주업무에 종사하지 않는 경우에 해외건설공사 입찰과정이나 내용을 알기란 어렵다. 국제공사입찰과정에 대한 이해는 해외부동산개발사업 수행 과정에서 디벨로퍼가 발주처로서 공사업체를 선정하고 관리하는 데 필수적인 사항이나, 한국 시행사는 한국에서의 시행경험만을 바탕으로 시공사 선정을 하는 경우가 많고, 금융사들도 입찰 과정에 대한 충분한 이해 없이 금융주선이나 투자업무를 수행하는 경우도 종종 있다.

한국시공사를 선정하는 경우에는 국내기준을 가지고도 시공사 선정이 가능하지만 점점 한국 시공사들이 가격경쟁력을 잃어가고 있는 현실에서 현지 시공사를 대안으로 선정하게 되는 경우가 많아지고 있다. 또한 수의계약보다는 공개입찰로 시공사 선정을 할 경우, 국제적인 기준과 룰에 따라 일을 진행해야 하며 국내 금융사가 아닌 외국 금융사로부터 프로젝트 파이낸싱 시 더욱더 공정하고 명확한 시공사 선정이 요구되고 있다. 시공에 대한 노하우가 부족한 디벨로퍼의 경우 이를 보완하기 위해 CM(Construction Manager)이나 PM(Project Manager)을 고용하여 사업을 추진하는 경우가 많은데 시공사 선정의 최종적인 책임은 결국 오너인 디벨로퍼가 지게 되므로 입찰과정이나 시공사 선정과정에 대한 이해가 필수적이다.

일반적인 입찰을 통한 시공사 선정과정을 살펴보면 우선 디벨로퍼는 CM[1](Construction Manager), PM(Project Manager), 견적사(Q/S : Quantity Surveyor) 혹은 설계사(Architect)를 통해 입찰을 준비하도록 지시한다. 통상 견적사를 통해 동 작업이 이루어지나 간혹 설계사가 맡기도 한다. 디벨로퍼를 대신해 전 입찰과정을 관장하는 견적사는 입찰에 참여하는 시공사로서는 잘 관리해야하는 대상이며 향후 공사과정에서도 반대편에 서서 많이 부딪치는 역할을 하게 된다. 공사 기성을 인정받는 절차상 선도용역사(Lead Consultant)인 견적사(Q/S)는 기성증명서(certificate)를 발급하는 막강한 권력을 행사하기 때문에 시공사 직원들은 항상 신경을 쓰게 된다.

시공사 선정을 위해 견적사가 입찰공고를 하면서 참여할 수 있는 시공사의 자격요건을 명시하게 되는데 이를 사전입찰자격심사(PQ : Pre-Qualification) 단계라 한다. 주로 PQ는 시공사의 공사수행능력에 초점을 맞추어 재정능력, 유사실적(track record) 등의 제시를 요구한다. PQ 서류제출기한은 PQ의 내용에 따라 다르지만 통상 공고일로부터 약 1~2개월 정도이고, 경우에 따라 2주 정도로 아주 짧을 수도 있다. 참여시공사를 제한하기 위해 PQ 서류 준비를 불가능하도록 의도적으로 기간을 짧게 할 수도 있다. PQ를 통과한 시공사들을 대상으로 초청장을 발송하게 되는데 이를 입찰초청장(ITB : Invitation To Bidding)이라 한다. 제한경쟁입찰 구도에서는 이런 PQ 심사과정을 생략하고 디벨로퍼가 사전에 염두에 둔 몇

1) CM의 업무영역이 기획단계부터 설계, 발주, 시공, 사후관리 등 건설사업의 전 분야를 관리하지만, PM은 CM의 업무영역을 더 확장해 사업기획, 타당성조사, 사업성분석, 마케팅, 파이낸싱, 분양 등 총체적이고 종합적인 수행능력을 요구한다.

개 시공사에게만 입찰초청장을 발송할 수도 있다. 너무 많은 업체들을 참여시키면 시공사 입장에서는 '들러리'로 전락할 가능성과 과도한 경쟁으로 인해 적정한 공사이익을 확보하기가 어려울 수 있기 때문에 경쟁업체들을 파악하여 입찰참여 여부를 결정하게 된다.

따라서 견적사는 사전에 내정된 시공사가 있는 경우에도 연막을 치기도 하고 이를 파악한 시공사가 입찰참여를 포기할 경우 향후 발주되는 공사에 참여시키지 않겠다는 '협박'을 하기도 한다. 아무래도 견적사는 참여업체가 적으면 자신이 만든 예산범위 안에 경쟁력 있는 공사견적을 받을 수 없기 때문에 참여업체를 적절하게 조정한다. 견적사는 설계사와 협력하여 입찰도서들을 준비하고 시공사는 입찰도서들을 구입하여 본격적인 입찰준비에 들어가게 된다. 이때 발급되는 입찰도서들은 최종적인 것은 아니고 설계변경에 따라 추가되는 경우가 일반적으로 설계가 최종적으로 확정될 때까지는 추가부분(Addendum) 형태로 수차례 더 발급되는 것이 보통이다.

입찰 초청된 업체들을 대상으로 현장설명회를 개최하는데 이때 공사에 대한 내용 및 일정 등에 대해서 자세히 파악할 수 있다. 입찰도서를 바탕으로 시공사에서는 견적팀을 구성하여 현지에서 견적작업에 들어간다. 2~3개월 정도의 입찰 준비기간이 주어지며 경우에 따라서 길어질 수가 있다. 주요 입찰도서에는 설계도면, 빌딩 스펙(SPEC), 수량조서(BOQ 혹은 BQ, Bill Of Quantities)이 있으며 이를 바탕으로 견적팀은 현지 시공업체를 대상으로 견적을 받기 시작한다. 견적 경쟁력은 하루 아침에 이루어지는 것이 아니어서 아무래도 기 진출한 경험이 있거나 실제 공사 중인 업체일수록 유리하다.

현지 시공업체들은 견적서를 제출할 때, 공사물량, 과거 거래관계, 향후 공사확보 가능성 및 원청사 재정능력 및 유대관계 등을 고려하여 같은 대상(item)이더라도 견적가를 달리 적용하는 경향이 있다. 또한 원청사 입장에서는 아무리 견적가가 낮다고 하더라도 실제로 적정한 시공 능력이 있는지가 가장 중요하기 때문에 양질의 하도자 네트워크를 구축한 업체가 상당히 유리하다. 견적작업을 하다보면 한 하도업체가 경쟁입찰에 참여한 복수의 원청사들로부터 견적의뢰를 받게 되는데 경쟁력인 견적가를 기존 관계가 있는 원청사에 제공하고 다른 원청사에는 다소 높은 가격을 제시하는 사례가 많다.

일반적인 견적순서를 살펴보면 수량조서(BOQ)에 단위량 단가 산정을 해서 단가를 뽑고 수량에 단가를 곱하여 가격을 산출하는데 과목별, 비목별로 집계를 한다.

그림 4-1 공사금액 견적순서

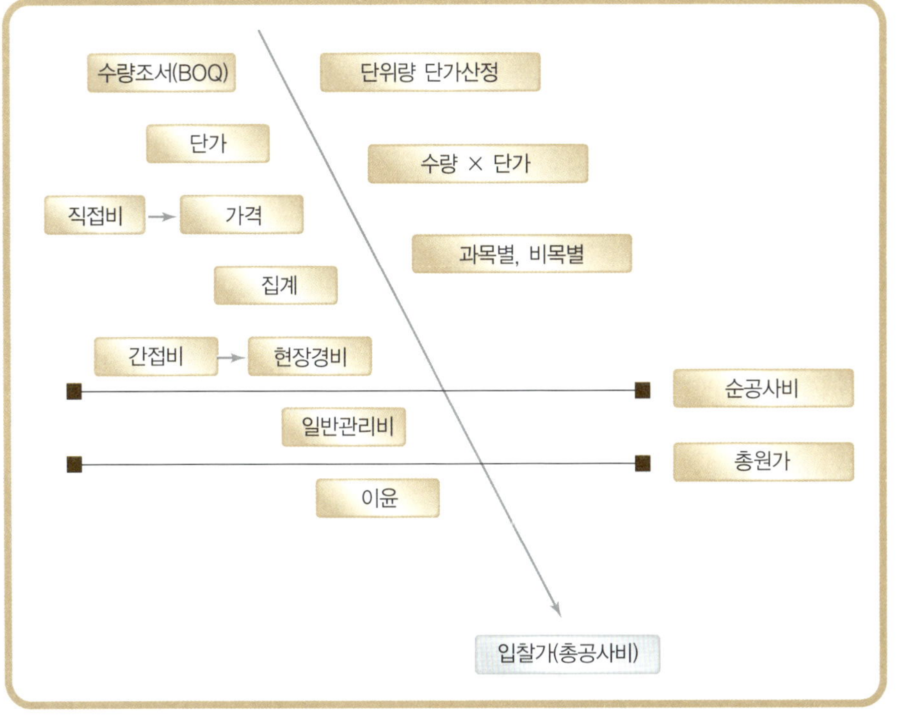

여기에 현장경비를 더하면 순공사비가 되고 순공사비에 일반관리비(Overhead)를 더하면 총원가가 된다. 총원가에 이윤(Profit)을 더하면 총공사비가 산출된다. 그림으로 나타내면 [그림 4-1]과 같다.

여기에서 일반관리비는 도급금액의 5~7%선이고 이윤은 프로젝트마다 천차만별이나 2~10%선에서 결정된다. 그러나 경쟁이 치열하면 이윤을 포기한 견적가를 제시하는 경우도 있으며 해외의 도급건축공사인 경우 일반관리비 및 이윤(O&P) 기준으로 대략 7~10%선이 가장 일반적이다. 2008년처럼 중동이나 동남아시아에서 공사물량이 동시에 쏟아져 나오는 특수상황이면 O&P 10% 이상 확보도 가능하다.

공사견적서 중 우선 공사비요약(Summary of Construction Cost)을 보면 다음과 같다.

| 표 4-2 | 공사비 요약

번호	항목	금액
1	Preliminaries(간접비)	
2	Sub-Structure(하부구조)	
3	Super-Structure(상부구조)	
4	External Works(외부공사)	
5	M&E Services(기계 · 전기)	
6	Contingencies(예비비)	
계		

사무실 빌딩을 예로 하여 좀 더 자세히 견적 항목을 들여다보면 다음과 같다. 개발상품(Development Product)에 따라 다른 항목들이 있을 수 있으나, 가장 대표적인 항목들을 정리한 것으로 입찰 견적서상 공사비 내역을 이해하는 데 도움이 되리라 판단된다.

| 표 4-3 | 견적서 1

번호	항목	금액
1	Foundation Works(기초공사)	
a) b) c)	Piling(파일링) Anti-Termite Treatment(방의 (흰개미) 처리) Other Works(기타) I) Retaining Wall(옹벽)	
	소 계	
2	Structural Works(구조공사)	
a) b) c) d) e) f) g) h)	Excavation(흙파기) Lowest Slab & Foundation(하부슬라브 및 기초) Columns(기둥) Upper Floor Slabs(상층부 슬라브) Roof Structure(지붕) Staircase(계단) Internal Walls(Structural)(내벽(구조)) Other Works(기타)	
	소 계	

3	Architectural Works(건축공사)	
a) b) c) d) e) f) g) h) i) j) k) m) n) o) I)	Roof Finishes(지붕마감) External Finishes(외부마감) Windows(창문) Doors(문) Internal Walls(내벽) Floor Finishes(바닥마감) Fittings(피팅) External Cladding & Curtain Wall(외부피복 및 커튼월) Signages(간판) Raised Floor(이중마루) Sanitary wares & Accessories(위생도기 및 부속물) Gondola(곤돌라) Builder's Works in connection with M&E Installation (기전부문 연결공사) Other Works(기타) Painting(도장)	
	소 계	
4	M&E Works(기전공사)	
a) b) c) d) e) f) g) h) I) j) k)	Plumbing & Sanitary Installation(배관 및 위생배관 설치) Air–Conditioning & Mechanical Ventilation(ACMV) (냉방 및 기계환기 시설) Electrical Installation(HV & ELV)(전기시설공사) Vertical Transportation Installation(양중시설설치) Fire Protection Installation(소방시설설치) Building Automation System (BAS)(빌딩자동화시스템) Car-parking Equipment(주차시설) External Facade Lighting(외부 파사드 조명) Water Feature Equipment(워터피처 설비) Authority/Service Connection/Contributions (서비스 접속 및 제공) Other Works(기타)	
	소 계	
5	External Works(외부공사)	
a) b) c) d) e)	Canopy at Drop Off(드롭오프상의 캐노피) Driveways and Ramps(진입로 및 램프) Drains(배수시설) Walkways(보도) Landscaping(조경)	

f)	Other Work(기타)	
	소 계	
6	Preliminaries(간접비)	
a)	General Conditions & Preliminaries(일반조건 및 예비비)	
	소 계	
7	Design Consultancy Fee(설계용역비)	
a) b) c) d) e) f) g)	Architect(설계사) Structural Engineer(구조설계사) M&E Engineer(기전설계사) Quantity Surveyor(견적사) Cladding/Facade Consultant(클래딩/파사드 전문가) Landscaping Architect(조경설계사) Other Consultants(기타용역사)	
	소 계	
8	Contingencies(예비비)	
a)	Contingencies(예비비)	
	소 계	
	합 계	

| 표 4-4 | 견적서 2

번호	항목	금액	단가(M2당)
 1.01 1.02	SUB-STRUCTURE(하부구조) Foundation(기초) Work Below Lowest Floor Level(최하층 이하 작업)		
	소 계		
 2.01 2.02 2.03 2.04	SUPER-STRUCTURE(상부구조) Frame(프레임) Upper Floor(상층부) Staircase Construction(계단공사) Roof Construction(지붕공사)		
	소 계		
 3.01 3.02 3.03	ARCHITECTURE(건축공사) Internal Wall(내벽) Door & Ironmongeries(문 및 철물) External Cladding(외부피복)		
	소 계		

	FINISHES(마감)		
4.01	External Finishes(외부마감)		
4.02	Wall Finishes(벽체마감)		
4.03	Floor Finishes(바닥마감)		
4.04	Raised Floor System(이중마루시스템)		
4.05	Ceiling Finishes(천정마감)		
4.06	Painting(도장)		
4.07	Signages(간판)		
4.08	Gondola(곤돌라)		
4.09	Builder's Works in connection with M&E Installation (기전부문연결공사)		
	소 계		
	FITTING AND FURNITURE(피팅 및 가구)		
5.01	Sanitary Fittings(위생피팅)		
	소 계		
	EXTERNAL WORK WITH LOT(구역별 외부공사)		
6.01	Boundaries(경계)		
	수 계		
7.01	M&E SERVICES(기전공사)		
	소 계		
8.01	CONTINGENCIES(예비비)		
	소 계		
	PRELIMINARIES(간접비) %		
	TOTAL CONSTRUCTION COST(총공사비)		

견적서의 내용을 보면 여러 가지 용어가 나오는데 이 중에서도 가장 혼동되는 용어들이 있다. 간접비(Preliminaries), 지명하도급자(NSC), 프라임 코스트(Prime Cost), 잠정금액 또는 추정금액(Provisional Sum) 및 예비비(Contingencies)의 의미와 차이점을 분명히 파악해야 한다.

간접비(Preliminaries)는 총공사금액을 이루는 한 요소로서 인건비, 장비비, 금융비, 복리후생비, 의료비 등을 의미한다. 공사를 진행하기 위한 각종 부대비용에 대해 언급해두는 수량조서(BQ)의 한 부분으로서 세세하게 구분은 되어 있지 않다. 예를 들면 시공사가 입찰 시에는 인건비, 의료비, 교육비, 주택보조비 등을 상세하게 구분해서 금액을 만들고 입찰하게 되지만 실제로 수량조서(BQ)에 이런 부분은 간접비(Preliminaries) 한 개의 항목으로만 잡혀있기도 한다. 대개 수량조서(BQ)에서 간접비가 차지하는 비율은 현지업체의 경우 8~9% 수준이나, 외국 시공사의 경우 간접비(대부분 인건비)가 높은 관계로 13~15% 수준에 육박하기도 한다. 따라서 현지업체와는 금액기준으로는 경쟁력을 확보하기가 아주 어려워서 이윤을 직접 공사비에 뿌려 넣는 마크업(Mark-up)도 하는 경우가 있다.

지명하도급자(NSC)란 Nominated Sub-Contractor의 약자로 발주처나 감독관이 승인하는 지정업체로서 기계전기(M&E), 커튼월(Curtain Wall), 가구(Furniture), 엘리베이터(Elevator) 등의 마감공사에 주로 적용한다. 보통 발주처가 선호하는 업체, 자재 등에 대해서 발주처가 지정권을 가지되 그에 대한 관리를 시공사(Main Contractor)가 맡고 일정 관리보수(Attendance Fee)를 받는다. 발주처에서 승인한 기성금액에 대해서 시공사는 그대로 지명하도급자(NSC)에게 지급해야 하기 때문에 때로는 발주처의 비자금 조성 시의 유용한 수단으로 악용될 수 있다.

프라임코스트(Prime Cost)는 상기 지명하도업체(NSC업체) 혹은 특정 자재에 대해 발주처가 적용하는 금액을 말한다. PC Sum이라고도 하며, 발주처에서 지정하되 시공사의 계약 아래에 존재하는 부분이다. 대부분의 해외 공사에는 계약서에 PC/PS(Prime Cost / Provisional Sum)로 별도 분리된 페이지가 있으며 동남아시아는 견적가의 10~15%, 중동은 40~60% 정도를 차지한다.

추정금액(Provisional Sum)은 발주처가 공사를 계획함에 있어 어떤 부분에 대해서 임의로 잡아두는 금액을 말한다. P Sum 혹은 PS라고 한다. 공사를 발주하여야 하나, 전체 공종 중에서 설계가 아직 확정되지 않은 공종이나, 해당 공종을 할지 안할지 확실치 않은 경우 임의로 잡는 금액을 의미한다. 향후 공사금액 변경 혹은 삭제가 있을 수 있다. 설계 및 공사확정 여부에 따라 PC항목에 지명하도 대상으로 잡히면서 시공사가 보수만 받는 경우, 시공사에게 직접 공사를 주는 대신 발주처가 업체의 선정권을 갖고 이익을 산정해 주는 경우, 시공사가 공사이익을 포함한 공사비를 제출하는 경우, 또는 향후 테넌트공사(Tenant Work)로 바뀌면서 (예를 들어 카펫, 부엌가구 등) 공종이 삭제되어 계약금액 변경이 일어나는 경우가 있다. 추정금액의 경우도 관리보수(Attendance Fee)를 받는데 대개 5~10%선이다. 중동에서는 동 추정금액으로 아파트 분양 시 분양금액을 올리는 편법으로 사용하기도 한다. PC부분을 확정하고 남은 많은 부분을 PS로 잡아서 분양을 하는데, 이때 PS를 예정금액보다 높게 책정해 면적당 공사비를 높게 만들어 분양가를 높여 분양하고, 향후 설계를 확정하여 해당 공종의 공사금액을 실제로는 낮추어 추가이익을 도모하는 경우도 있다.

예비비(Contingencies)는 향후 발생할 수 있는 사건에 대비해 잡아두는 금액을 말한다. 발주처에서 공식적으로 계약 수량조서(BQ)상에 언급을 해서 공사 금액으로 잡을 수도 있는 부분으로 시공사로서는 있어서도 그만 없어도 그만인 항목이다. 분양가의 인위적인 조정수단으로 이용할 수 있으나, 물가변동이 심할 경우 에스컬레이션(Escalation)에 대비해 간접비 작성 시 임의로 잡아 두고 입찰 시나 공사금액 산정 시 포함하기도 한다.

이렇게 견적작업을 통해 마련한 최종 입찰가격을 제출하면 약 1~2개월 내에 한정된 업체를 대상으로 낙찰가능 후보군을 선정하는 숏리스팅(Short-listing)을 하게 된다. 통상 2~3개 업체를 선정하는데, 프로젝트 추진 일정이 빠듯하거나 낙찰업체가 내정되어 있는 상태에서 그 업체가 디벨로퍼의 예산안에 견적금액이 들어올 경우에는 숏리스팅(Short-listing)을 생략하고 직접 가격 네고로 들어갈 수도 있다. 입찰에 참여한 시공업체로서는 이때부터가 본격적인 게임에 들어가게 된다. 발주처에서는 수차례에 걸쳐 입찰내용에 대한 설명회(clarification meeting)을 통해 입찰가 산정 및 기준에 대한 확인 작업에 들어간다. 발주처는 자신들이 책정해 놓은 예산범위 내에서 원하는 가격에 도달할 때까지 시공사의 가격인하를 유도하는 경우가 많고 복수의 업체들을 경쟁구도로 몰아넣고 끝까지 입찰가 인하의 여지를 찾아낸다. 물론 이런 것을 대비해서 시공사는 최초 입찰가격 산출 시 나름의 여지를 남겨놓는 것이 안전하며 원가를 절감할 수 있는 설계변경, 자재변경 등 가치분석(Value Engineering)에 의한 제안을 통해 발주처가 원하는 가격대를 맞추기도 한다.

입찰서에는 입찰가격 산정기준을 정확하고 빈틈없이 명시해야 나중에 입찰가격에 대한 해석 및 적용에 문제가 없게 된다. 특히 물가변동을 감안한 가격인지 아닌지에 따라 입찰가격이 상당히 다르게 되는 점을 유의해야 한다. 전반적인 물가변동으로 인한 공사 계약가 조정이 인정되는 경우는 많지 않으며, 주요 기기 및 자재에 대해서만이라도 공사 계약가 조정이 가능하도록 계약 시 최대한 반영하는 것이 좋다.

이렇게 제출된 입찰서에 대한 내용 및 기준을 확인한 후 보통 2개 업체와 최종 네고에 들어간다. 시공사입장에서는 피가 말리는 과정이다. 시행사(발주처)에서 상대편 가격을 의도적으로 흘리면서 가격 양보를 유도하면 시공사는 최대한 정보망을 가동하고 여러 가지 경우의 수를 살핀다. 세계입찰시장에서 특히 한국업체끼리 가격경쟁을 하게 되면 가장 치열할 뿐만 아니라 결국 덤핑입찰의 참담한 결과를 낳는 경우가 종종 있다. 타국의 경쟁자들과 붙게 되면 그나마 국가이익에 일조한다는 애국심과 사명감 같은 것도 있을 수 있고 해볼만한데 한국업체들이 싸우면 발주처만 좋은 일 시켜주는 경우가 많다. 유독 한국업체끼리 경쟁하면 꼭 이겨야 한다는 이상한 분위기가 조성된다.

이렇게 해서 발주처에서 최종적으로 낙찰자를 선정하게 되는데 낙찰사에게 L/I 혹은 LOI(Letter of Intent)나, L/A(Letter of Award 혹은 Letter of Acceptance)를 발급한다. 여기에서 L/I는 낙찰의향서로 번역할 수 있는데, 큰 변수가 없는 한 실질적으로 낙찰통지서에 가까운 효력을 발생한다. 그러나 개발사업 시 사업참여를 위한 초기 검토단계에서 한국시공사가 발급하는 사업참여를 위한 L/I는 말 그대로 법적 구속력이 없는 단순의향수준이서 이와는 구별해야 한다. 금융시장에서도 대출의향서(LOI)와 대출확약서(LOC : Letter of Commitment) 는 큰 차이가 있어 대출의향서는 말 그대로 의향수준이며 대출확약서가 실질적인 법적 효력을 지닌다.

다음으로 발주처와 시공사는 공사계약서를 작성하는데 이미 입찰서류에 포함된 FIDIC이나 AIA 같은 국제 표준공사계약서의 내용에 특기사항들을 추가하여 공사계약을 하게 된다. 낙찰통지일로부터 통상 2~3개월의 공사준비(Mob)기간을 거치며 시공사는 발주처의 착공지시서(NTP : Notice To Proceed 혹은 Notice To Commence)를 받고 정식 착공에 들어간다.

그림 4-2 해외도급공사 업무절차도

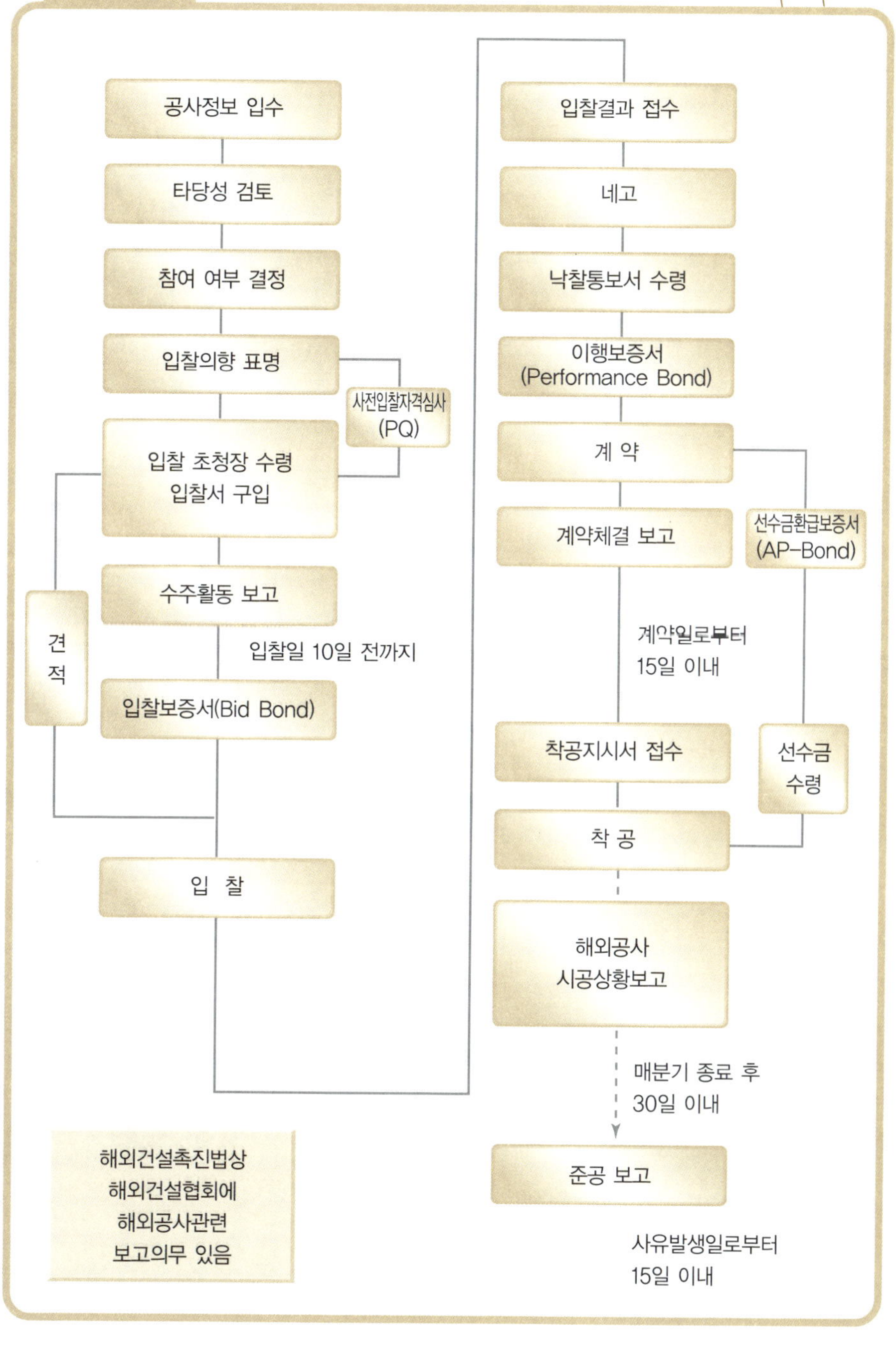

Chapter 05

맺음말

제1절 해외부동산 개발사업 발달과정

제2절 해외부동산 개발사업에 대한 시공사와 시행사의 시각차이

제3절 시공사가 종합 디벨로퍼로 성장하기 위해서는?

제4절 디벨로퍼로서의 자세

제5절 타이밍열전과 공간창조의 첫걸음

제6절 싱가포르 Marina Bay Integrated Resort–디벨로퍼의 꿈

Setion 01

해외부동산 개발사업 발달과정

한국의 해외부동산 개발시장 진출 역사는 약 20년 정도로 짧다. 그 이전에도 여러 형태의 해외부동산 투자사업이 있었으나, 1986년 쌍용건설이 미국 샌프란시스코에서 전개한 Bayview Plaza Shopping Center사업이 최초의 해외부동산 개발사업으로 회자되고 있다. 20년 동안 해외부동산시장은 많은 부침이 있어 왔고 이에 따라 다양한 시장참여자(Market Player)들이 생겨나고 사라졌다. 1986년을 시작점으로 현재까지의 해외부동산 개발활동을 다음과 같이 크게 5기로 나누어볼 수 있으며, 가장 큰 영향을 미쳤던 사건으로 1997년 국제통화기금(IMF) 구제금융신청과 함께 한국을 비롯해 아시아를 휩쓸고 간 국제금융위기와 2008년 미국 서브프라임 모기지(Sub-Prime Mortgage) 사태에 따른 글로벌금융위기를 들 수 있다.

1. 첫째, 태동기(1986~1990년)

당시 정부의 엄격한 외국환관리 체제하에 있어 개인이나 기업의 해외부동산 취득은 상당히 제한적이었다. 투자목적의 해외부동산 취득이 금지되었고, 해외부동산개발업 자체가 허용되지 않았다. 외화유출이나 기업의 비자금 조성 우려 같은 부정적인 인식 때문에 정부당국에서는 고운 시선으로 보지 않았다.

단, 건설업체의 시공을 수반한 해외부동산투자일 경우에만 허용되었는데, 건설을 주목적으로 하고 부동산개발은 부대사업의 성격일 때만 예외적으로 인정되었다. 당시 투자허가기관이었던 한국은행의 투자허가심사는 적게는 6개월, 많게는 1년을 넘는 경우가 허다했다. 이 시기는 쌍용건설의 호텔, 쇼핑센터 같은 상업시설 개발과 함께 일부 건설업체들이 미국주택시장을 중심으로 해외부동산개발사업의 가능성을 검토하는 단계였다.

2. 둘째, 건설사의 본격 진출기(1991~1996년)

일부 국내 건설업체들이 1980년대 후반 공급과잉상태인 미국주택시장에 진출함으로써 극히 일부 프로젝트를 제외하고는 시행착오를 겪어야 했는데 이러한 시행착오를 바탕으로 지역다변화, 상품다양화, 자금조달능력 제고, 참여형태의 다양화를 통해 한 단계 도약하게 된 시기이다.

이 시기의 해외부동산 개발활동의 특징을 살펴보면, 거대 기업집단, 즉 그룹을 배경으로 한 건설사의 진출이 두드러진다. 쌍용, 기아, 한라, 삼성 등 상당수의 그룹들이 앞다투어 해외부동산개발사업에 참여하였는데 그룹 내 종합상사의 다양한 해외네트워크와 풍부한 자금조달능력, 건설사의 시공능력을 결합하면 시너지효과를 극대화할 수 있다는 판단하에 적극적으로 진출하였다.

미국을 중심으로 중국, 동남아시아, 동구권, 호주 등으로까지 진출지역도 다변화되었고 주택사업 위주에서 사무실, 호텔, 상가, 복합개발 등 개발상품도 다양화되고 투자규모 면에서도 대형화되었다. 또한 자금조달 측면에서도 비소구 건설금융(Non-Recourse Construction Loan), 소구 건설금융(Recourse Construction Loan), 무역금융 크레딧라인(credit line), 국내원화자금송금, 해외 전환사채(CB) 발행, 해외 금리연동부사채(FRN) 발행 등 조달처가 다양화되었다.

3. 셋째, 1차 조정기(1997~2005년)

이 시기에 필자는 인도네시아 최대규모의 복합개발사업을 위해 자카르타 현지법인에 근무하고 있었던 시기이다. 1997년 태국, 인도네시아, 한국이 연이어 외환위기에 따른 구제금융을 IMF에 신청하면서 아시아 개발도상국의 기업들이 하나둘 추풍낙엽처럼 쓰러지기 시작했다. 기업들이 자구노력의 일환으로 손을 대는 1순위가 해외투자사업이었다. 건설사도 예외는 아니어서 해외부동산개발사업은 직격탄을 맞았다. 투자금 회수는커녕 건설사의 존망이 위태로웠고 대규모 구조조정의 대상이 되었다.

당시 위기를 맞은 한국금융기관들은 기 제공하고 있던 건설금융(Construction Loan)도 중단시켰고, 공동투자를 했던 참여사, 현지파트너들도 시장에서 탈출하기 위해 발버둥쳤다. 이때 해외부동산개발의 주역들은 심지어는 회사를 어렵게 만든 장본인으로 낙인이 찍혔고, 쓸쓸하게 무대 뒤로 사라지게 되었다. 이때에 미래를 대비해 그간 축적해온 경험들을 체계적으로 관리하고 해외부동산개발인력들을 중요한 기업자산으로 포용했더라면 해외부동산개발 분야가 한층 업그레이드될 기회가 있었는데 이를 살리지 못한 것이 못내 아쉽지만, 그래도 이 시기에 잠재적 시장참여자(Market Player)들이 육성되는 토대가 마련된 것은 의미가 크다 하겠다.

이후 시장에서 탈출하지 못하고 해외에 부동산 투자자산을 그대로 보유하고 있던 업체들을 중심으로 개발기회를 모색해 왔으며, 부동산펀드, 금융권 등의 시장참여자들의 활동도 점차 늘어나게 되었다.

4. 넷째, 호황기(2006~2007년)

이 시기는 다양한 소스(Source)에서 다양한 형태로 해외부동산 개발사업들이 동시다발적으로 추진되었던 호황기였다. 국내의 풍부한 외화유동성으로 인한 원화절상에 적극적으로 대처하기 위한 외환당국의 해외부동산투자 규제철폐, 포화상태인 국내주택시장의 한계를 절감한 국내주택업체들의 공격적인 해외시장 진출, 국내 프로젝트 파이낸싱 사업방식을 해외개발사업에 적용하여 이익의 극대화를 추구한 국내금융기관의 적극적인 참여, 저렴한 금융비용, 국내 부동산개발에 자신감이 붙은 시행사의 공격적인 해외진출 등으로 그야말로 해외부동산 개발시장은 짧았지만 최고의 호황기를 맞이했다.

건설사는 시공자금융(Contractor Financing)을 제공하고 수의계약으로 원가율이 좋은 공사를 확보하게 되었고, 시행사는 시공사나 금융기관을 참여시켜 프로젝트 파이낸싱에만 성공하면 소규모 자금으로 해외에서 대규모 사업을 벌일 수 있게 되었고, 금융기관은 상대적으로 대규모 프로젝트 파이낸싱을 통해 막대한 수수료 및 이자수입을 거두어들이게 되었고, 설계사, 견적사(Q/S), PM, CM, 회계사, 부동산컨설턴트(Real Estate Consultant) 등도 많은 용역비 수입을 거두어들였다. 나아가서 금융기관이 해외부동산사업에는 좀처럼 하지 않았던 PI(Principal Investor, 자기자본으로 채권이나 주식에 직접 투자하는 자기자본투자자를 말함)로서 시장에 적극 참여하는 정도까지 이르게 되었고 각종 국내외 부동산 펀드들도 시장 활황에 일조하였다. 여의도 금융가에는 돈이 넘쳐났다.

이 시기에 많은 시행착오가 있었지만 국제부동산시장에 한국업체의 위상이 한층 강화되었고 해외부동산 개발에 대해 체계적으로 접근하려는 움직임들이 가시화되었다. 치밀한 사업구조 및 금융구조, 선매각구도 등 다양한 사업방식도 도입되었고 공사이익에만 초점을 맞추었던 건설업체도 사업 전체를 바라볼 수 있는 눈을 갖게 된 것은 큰 의미가 있다 하겠다.

그러나, 하루가 멀다 하고 대규모 사업 추진 소식이 언론매체를 도배한 만큼 부작용도 만만치 않게 발생했다. 경험이 부족한 시행사들의 무리한 사업추진으로 현지정부의 신뢰를 잃고 현지파트너와도 분쟁이 자주 발생하는 등 한국업체에 대한 부정적 인식이 고개를 들게 되었고, 한국의 투자자들이 시장을 교란하여 현지부동산 가격을 폭등하게 만들고 서민들을 더욱 어렵게 만든 측면도 있었다. 더욱 심각한 것은 한국업체 간 과당경쟁으로 한국업체가 끼면 현지나 제3국가 업체는 경쟁을 포기하는 경우가 많았다.

5. 다섯째, 2차 조정기(2008년~현재)

자산버블 붕괴의 우려는 2008년말부터 현실화되기 시작했다. 금융위기가 국지적인 현상이 아닌 전 세계에 걸친 글로벌 위기라는 데에 문제의 심각성이 있었다. 한 시장이 안 좋으면 다른 대체시장을 찾을 수도 있는데 글로벌금융위기는 어떠한 돌파구도 시장참여자(Market Player)들에게 허용하지 않았다.

필자가 본 서를 집필하고 있는 2009년 9월 현재 해외부동산개발을 위한 국내은행의 해외 프로젝트 파이낸싱 창구는 실질적으로 막혀있는 상태다. 기존 프로젝트 파이낸싱의 리파이낸싱(Refinancing)은 거의 불가능하거나 어렵사리 리파이낸싱에 합의해도 수수료가 종전보다 2~3배 인상되었고 이자율도 10%를 상회하는 상황이다.

시행사의 경우는 더욱 심각하다. 상투에 부지를 매입하여 계약금을 치른 시행사의 경우 중도금과 잔금을 치르기 위해 시공자금융(Contractor Financing)이나 프로젝트 파이낸싱을 통해 자금을 마련해야 하나 시공사나 금융기관에서 움직여줄 상황이 아니어서 토지소유주로부터 디폴트(Default) 선언을 당하고 계약금도 잃을 위기에 있다. 다행히 토지소유권을 확보한 상태라면 일정부분 손해를 감수하고라도 염가, 즉 폭탄세일(Fire Sale)이라도 시장에 내놓고 퇴장할 수 있는데 상기 경우엔 문제해결이 어렵다. 설상가상으로 국내 개발사업의 추진도 여의치 않은 상황이라 코너에 몰려 있는 많은 시행사가 부도직전이거나 부도가 난 상태이다.

금융기관도 예외는 아니어서 그렇게 적극적이던 투자은행업무(IB : Investment Banking) 부분도 대폭 축소되거나 대규모 구조조정의 대상이 되었다. 해외 건설업계에 제공해준 크레딧라인(Credit Line)도 축소 내지 철회하기 바쁘다.

그러나 이번 2차 조정기의 도래가 긍정적인 측면도 있다. 지난 호황기 때 무분별하게 해외부동산시장에 진출했던 시장참여자들의 옥석이 가려지고 있고, 내부체질이 개선되는 계기가 되고 있다. 철두철미하게 사업성에 근거한 시장접근이 이루어지고 치고 빠지기식의 단기적 사업추진이 아닌 중장기적인 투자활동이 자리잡는 기회가 될 것이다.

최근 필자가 베트남에 진출한 싱가포르의 선도디벨로퍼(Leading Developer)로부터 전해들은 이야기는 시사하는 바가 크다. 한국업체들 때문에 부지확보가 대단히 어려운 상태였는데 한국업체들이 대부분 철수한 지금이 적극적인 투자활동을 전개할 절호의 기회라고 인식하고 있었다. 2~3년이 아닌 10~20년 장기적인 안목으로 적정한 사업전개 시점을 면밀히 검토하고 준비하는 모습은 우리가 꼭 배워야 할 점이다.

다행히 2009년 하반기 들어 한국은 어느 나라보다도 빨리 금융위기를 극복하고 있고 호의적인 시장 시그널들이 나오고 있다. 고통스러운 시간을 보내온 시행사들

그림 5-1 해외부동산 개발사업 발달과정

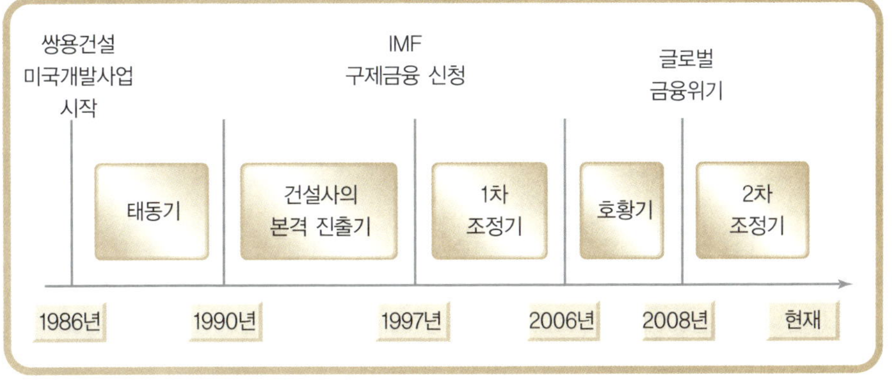

이 발빠르게 다시 움직이기 시작했으나, 아직은 너무 이른 상황이다. 물론 2009년 하반기야말로 투자의 적기로 향후 해외부동산 시장의 회복 시에 대비해야 한다는 주장에는 설득력이 있으나, 한국의 시장참여자들에겐 조금 더 어려운 시기를 지내야 할 것 같다.

Setion 02 해외부동산 개발사업에 대한 시행사와 시공사의 시각차이

부동산개발에 있어 한국에서는 일반적으로 통용되고 있는 국제적 기준에서 벗어나 아주 독특한 개발과정을 거친다. 특히 해외부동산 개발과 국내부동산 개발간의 추진방식이 상이해서 많은 오해를 불러일으키고 아까운 시간을 낭비하는 일이 많다.

국내와 해외시장에서의 근본적인 차이는 토지확보 및 인·허가를 위한 시행사의 역할과 사업리스크에서 온다. 국내에서는 부동산 개발을 위한 민간 부지를 확보하는 데 상당히 어려움이 있는데 건설사가 여러 개의 필지를 직접 매입하게 될 경우 지역을 기반으로 한 웬만한 지주들은 부동산 시장흐름을 꿰뚫고 있어서 소문이 나면 건설사의 약점을 잡아 매도호가를 높이고 사업추진 자체를 불가능하게 만들 수 있다. 이런 상황에서 시행사들은 특유의 영업활동으로 비교적 빨리 토지매입 작업을 하고 인·허가 업무에 있어서도 강력한 추진력을 발휘하는 장점을 지니고 있다. 따라서 토지매입과 인·허가 업무를 시행사에 의존하면서 시공사는 프로젝트 파이낸싱을 위한 책임준공 및 지급보증을 제공하고 공사에 참여하는 한국만의 독특한 사업구조가 일반화되어 있다.

아울러 프로젝트 파이낸싱 시 건설사가 지급보증을 하여 우발채무 부담을 진다하더라도 차주가 대부분 시행사가 되어 가시적인 부채비율 상승 부담을 덜 수 있고,[1] 만일 사업 추진에 문제가 생길 경우에는 직접 시행권을 시행사로부터 인수하

---

1) IFRS(국제회계기준)의 2011년 도입에 따라 그동안 우발채무로만 인식돼 부채로 잡히지 않던 시행사에 대한 신용공여가 즉각 부채로 인식되게 된다.

여 사업을 진행시킬 수 있기 때문에 그간 주택사업을 중심으로 이러한 독특한 방식이 널리 보편화되어 왔다. 보통 분양사업의 경우, 선분양을 통해 분양성공 시에 시행사가 기투입한 비용과 개발이익을 조기 회수할 수 있고, 시공사로서는 상대적으로 높은 시공이익을 확보할 수 있다는 점에서 사업추진이 가능한데, 이는 시행사나 시공사가 국내 시장을 훤히 꿰뚫고 있어 비교적 낮은 리스크 프리미엄(Risk Premium)으로 사업추진이 가능한 반면, 해외시장에서는 상당히 다른 환경에서 접근해야 한다.

우선, 국내에서는 시행사가 직접 토지작업 및 인 · 허가 업무를 담당하게 되는데 누구보다도 절차 및 핵심을 잘 파악하고 있는 반면, 해외에서는 이 역할을 현지합작사나 파트너가 수행하게 된다. 한국시행사는 초기 사업추진비의 일부만을 부담하고 사업을 건설사에 소개하는 가교역할, 즉 단순 브로커 역할에 국한되는 경우가 흔하다. 초기사업추진비도 자체자금이 아닌 개인적인 차입을 통해 조달하는 경우가 많아 지분양도 약속 등 복잡하게 사업 추진주체가 얽혀있어 설사 건설사 참여로 사업이 추진된다 하더라도 본격적인 사업추진 이전에 분란이 생기는 경우도 허다하여 건설사는 시행사를 불신하는 경향이 강하다. 따라서 사업성이 확보되는 사업에 건설사가 참여할 경우에도 시행사가 갖고 있는 지분을 일정 프리미엄을 주고 모두 매입하여 사업에서 시행사를 배제시키려고 노력한다.

그러나, 이 또한 현지 사정에 밝지 않은 건설사인 경우 리스크가 커지게 되어 아무래도 불안한 경우가 많다. 아울러 유연한 자금집행도 어려워 인 · 허가 진행이 어려워지게 되면 사업추진이 불투명해지기도 한다.

해외시장에서의 리스크도 시행사 입장에서는 국내처럼 자신들이 토지확보와 인허가 작업을 하면 아무런 문제가 없다고 보고 건설사의 적극적인 시공참여를 원하는데 건설사는 사업, 국가, 파트너, 분양리스크 등을 감안 시 시공이익만을 바라보고 책임준공 또는 지급보증 같은 신용보강 역할을 하고 시공참여하는 것을 꺼리게 된다. 시공사는 적정이익을 확보할 수 있는 실비정산 보수 가산식 계약(Cost+Fee) 방식이나 일정 개발이익을 요구하거나, 어차피 사업리스크를 상당부분 부담할 바에야 사업에 관여하거나 주도할 수 있는 지분참여 후 개발이익을 공유하여 총이익을 크게 하려고 노력한다. 이래야만 사업 참여에 따른 리스크 부담에 대한 대가로 시공사의 사업 참여가 가능하게 된다.

그러나, 여기에서 시행사와 시공사 간 갈등이 커질 가능성이 있고, 시행사 입장으로서는 국내의 경험에 비추어볼 때, 시공사가 지나친 욕심을 부리고 있다고 판단해서 여기저기 사업을 세일즈하게 된다. 사업이 아무리 좋아도 몇 군데 소개하다보면 업계에 소문이 나게 마련이고 다른 업체가 불참한 사업에 대해서는 아무래도 색안경을 끼고 사업을 보는 경향이 있어 최악의 경우 아무도 거들떠보지 않는 천덕꾸러기 취급을 받게 될 수도 있다.

이러한 구도를 타파하고자 단순 재원조달창구로서만 역할을 해온 국내 금융기관들의 자본참여 등 새롭고 적극적인 움직임들을 활용하여 시행사는 우선 금융기관과 사업구도를 짜고 나중에 시공사를 참여시키는 방법을 모색하기도 한다. 그러나 이러한 노력도 자체 자금조달이나 지급능력이 없는 시행사 입장에서는 금융기관에 사업이익의 상당부분을 넘겨주고 주도권을 빼앗기는 결과를 초래하기도 한다. 이미 금융기관에 확실하게 보장된 이익(예를 들어, 높은 이자율과 일정 지분을 인정해주는 메자닌 파이낸스(Mezzanine Finance) 등을 포함)을 제외하고 나머지 제한된 부분만을 시행사와 시공사가 나누어야 하는데, 시공사 입장에서는 책임준공 혹은 지급보증 부담을 일정수준까지 완화하지 않는 한 사업 참여를 하지 않게 되어 결국 사업추진이 더욱 어렵게 된다. 분명 해외부동산 개발사업에 있어서 시행사가 개발주체로서 역할을 수행하기 위해서는 다음과 같은 사항들에 대한 입장을 명확히 하고 사업에 대한 체계적 접근이 이루어져야 한다.

첫째, 단순한 사업소개자로서 중개(brokerage)만을 염두에 둔 것인지, 아니면 사업리스크도 사업기간 동안 일정부분 나누어지고 자본참여까지 할 것인지를 제시하여야 한다. 후자의 경우 자기자본(Equity) 투자에 한계가 있을 수 있지만 실제 자본참여를 함으로써 시공사 및 금융기관에 신뢰를 줄 수 있고 사업에 대한 기반도 마련할 수 있다. 단순 중개(Brokerage)는 시공사로서는 별로 환영할 만한 방식은 아니고 실제 사업이 진행되어도 문제의 소지가 높다.

둘째, 시공사에 사업제안 시 시공사의 익스포저에 대해 정확히 설명할 수 있어야 한다. 시행사는 사업제안 시 사업진행을 위해 시공사의 역할이 단순시공인 것처럼 포장하거나, 프로젝트 파이낸싱은 이미 확정되어서 시공사 위험이 없는 사업구조임을 강조하여 참여를 유도하는 경우가 많다. 여기에서 사업위험을 국내기준으로 보는 관점이 문제이다. 결국 상당부분 시공사의 신용 및 책임준공에 의존하여 사업이 추진될 수밖에 없는데 아직까지는 국내 금융기관은 프로젝트 파이낸싱 제공 시 사업리스크를 상당부분 시공사가 부담하도록 하는 한계에서 벗어나지 못하는 것이 현실이다. 사업리스크만을 보고 대출해주는 프로젝트 파이낸싱과는 거리가 멀다.

셋째, 사업 및 현실에 대한 이해가 필요하다. 사업내용도 정확히 파악치 않은 상태에서 "낚시밥을 던져주는" 형태의 사업소개로는 시공사와 금융기관을 설득하기 아주 어렵다. 아울러 국내방식에 익숙해져 사업에 대한 과욕을 부릴 때가 있다. 이는 사업 진행을 불가능하게 한다. 해외시장에서의 리스크는 국내시장에서의 리스크와는 내용 및 질적으로 아주 다르다. 한 몇 억 정도의 초기사업 추진비를 투입해 놓고 상당부분의 리스크는 시공사에 부담시킨 상태에서 대부분의 개발이익을 가져가는 구조를 제안해서는 사업추진이 어렵다. 50억에서 100억 정도의 실제 자금을 투입해서 사업주체로서 책임감 있게 사업을 주도한다면 메이저건설사로서도 시행사의 존재를 무시할 수 없다.

시행사가 사업 전체를 책임지고 꾸려나갈 수 있는 진정한 디벨로퍼로 발전하는 것이 가장 올바른 방향임에는 틀림없고 그런 목표를 위해 뛰고 있는 선구적 한국 시행사들이 계속 늘어가고 있는 추세이다. 미국처럼 부동산개발 시 정확한 역할분담과 이를 뒷받침해주는 금융 및 시공시스템 노입이 섬자 이루어질 때, 온갖 비리의 온상으로 일확천금의 투기대상으로 점철되어온 부동산개발 활동도 제자리를 찾아가리라 믿는다.

Setion 03 시공사가 종합 디벨로퍼로 성장하기 위해서는?

2007년 들어 급격하게 침체된 국내건설경기는 2009년 들어서도 개선될 기미가 전혀 보이지 않고 있다. 건설물량도 지속적으로 감소되고 있고 국내 건설업체에게 가장 큰 버팀목이었던 주택사업도 정부의 전방위적인 규제정책으로 비관적인 전망이 우세하다. 이에 주택시행사와 주택 위주 사업을 전개해온 건설업체를 중심으로 좁은 국내시장을 벗어나 해외에서 자구책을 마련하려는 노력들이 있어왔다. 동남아시아, 중앙아시아, 중동국가, 중국, 러시아, 괌 등 다양한 지역에서 개발활동을 활발하게 전개하고 있다.

그러나 경험이 없는 상태에서 막연한 기대감만을 가지고 한국적 사고방식으로 사업에 접근하는 경우가 많아 실패하기 쉬우며, 해외에서 가장 큰 적은 타국이나 현지업체가 아닌 한국업체일 정도로 과당경쟁을 일삼아 결국 현지업체나 브로커, 지주들만 이득을 보게 하는 씁쓸한 모습을 보이기도 한다. 현지 기반이 없거나 부족한 시행사나 건설사는 중간에 브로커를 두고 사업진행을 하게 되는데 대부분 현지거주 한국인들이나 한인동포를 통해 현지파트너를 만나고, 정부 인사나 인·허가기관들과 협의하게 되는데 이들 중개를 하는 한인들은 문제의 소지가 될 수 있어 각별한 주의가 필요하다. 사업 초창기에는 상당히 긴밀한 관계 속에 우호적으로 사업이 진행되다가도 일단 사업이 가시화되고 개발이익이 크다고 판단될 때에는 이들 브로커들이 당초 약속에도 없는 일정 지분을 요구하거나 인·허가비, 업무추진비 등을 과도하게 요구하는 경우가 빈번하다.

건설사들도 다방면의 리스크에 대한 철저한 분석 없이 국내보다 높은 시공이익을 기대하고 책임준공과 지급보증을 제공하고 사업 참여를 결정하는 경우가 많은데 해외개발사업을 수행하기 위해서는 실전에 많은 준비가 절실히 요구된다.

우선 건설사의 인식의 전환이 필요하다. 단순 도급공사에 의한 시공이익만을 목표로 사업위험성이 높은 해외투자사업을 전개하지 말아야 한다. 큰 그림에서 사업을 이해해야 한다. 시대흐름상 단순 도급시장은 해외에서 경쟁력을 잃은 지 오래되었다. 토목, 건축뿐만 아니라 현재 활황인 플랜트 분야도 곧 터어키, 인도, 중국 등 후발주자에게 자리를 내어주게 되어 있다. 단지 리스크가 낮다는 이유로 단순도급을 선호해서는 해외건설시장에서의 미래는 없다. 큰 그림이란 '이익의 극대화'란 목표를 위해 사업참여 방식을 다양화해야 한다는 것이다. 단순도급공사에 익숙한 건설사들은 시공이익이 적은 반면 높은 개발이익이 기대되는 사업일지라도 시공이익이 작기 때문에 사업 참여를 꺼리는 경향이 있다. 돈에는 명함이 없다. 궁극적으로 내 호주머니에 얼마나 들어올지가 중요하지 그것이 시공이익이든 개발이익이든 내 자신이 처한 환경에서 최적의 결과를 도출하는 것이야말로 시대에 부응하는 것이다.

다음으로 해외부동산개발 전문가 양성을 위해 단계별 노력을 기울여야 한다. 국내와 달리 해외부동산개발 전문가는 언어능력과 함께 체력과 적극성, 판단력이 훨씬 더 요구된다. 그러나 이런 요소들을 두루 갖춘 전문가들이 많이 부족하다. 단시

일 내에 양성되는 것이 아니어서 2007년부터 본격적으로 추진하기 시작한 해외개발사업을 추진할 인재가 턱없이 부족하게 되어 인력확보 또한 어렵다. 대안으로 영어도 못하는 국내인력을 해외에 데려다 놓고 통역이 없으면 한 발자국도 못가는 상황으로는 해외사업을 영위하기 어렵다. 필자 생각으로는 해외개발 전문가란 집중적으로 10년 이상 최소 3~4개의 프로젝트에 직접 그리고 주도적으로 참여하여 다양한 경험을 축적할 때 나올 수 있으며, 설계, 회계, 자금, 영업, 관리능력 및 부동산 지식이 겸비되어 있어야 한다. 독자 여러분이 해외개발 전문가라면 해외에 나가서 현지파트너, 컨설턴트들과 주도적으로 협상에 임하여 사업을 진행할 수 있는지 냉정하게 판단해야 한다. 따라서 건설사 입장에서는 해외개발 전문가 양성을 위해서는 상당한 시간과 인내가 필요하다.

해외부동산개발 전문가라고 해서 다 잘할 수는 없다. 점점 더 복잡하고 다양해지는 금융기법들이 해외부동산개발에 접목되고 있고 개발상품(Development Product)의 진화, 시장참여자(Market Player)의 탈영역화 등에 발맞추어 디벨로퍼 당사자가 부단한 노력을 기울이지 않으면 안 된다. 참으로 어려운 작업이다.

Setion 04 디벨로퍼로서의 자세

디벨로퍼가 된다는 것은 한마디로 '종합예술인' 이 되는 것이다. 진부한 표현 같으나, 팔방미인이 될 것을 요구하는 것이 부동산개발사업이며, 특히 해외부동산개발사업은 언어적 능력과 이문화에 대한 적응력 및 응용력 등이 요구되는 험난한 여정이다. 누구나 다 할 수 있을 것 같은 사업이 부동산개발이며, 특히 한국인들에게 부동산은 일상생활과 너무나도 밀접하여 전문가수준의 식견을 무기로 적극적인 개인투자활동의 대상이며 공인중개사 자격증 취득 등을 통해 한자락을 깔고 있는 사람들은 수십만 명은 족히 될 듯 싶다.

그러나 부동산개발, 특히 해외에서의 부동산개발은 자기 집을 사고팔 때와는 아주 다른 너무나도 많은 투자 및 위험요소들을 챙기고 파악하지 않으면 결코 성공할 수 없는 분야이다. 한 분야에서의 알아주는 전문가이더라도 사업을 자신있게 이야기할 수 없으며, 많은 시간과 부단한 노력없이는 진행이 안 되는 사업임을 깨닫고 다음과 같은 디벨로퍼로서의 자질을 갖출 수 있도록 노력해야 한다.

첫째, 필자가 해외부동산개발사업에 임하는 후배들에게 항상 강조하는 사항으로 이것이 없으면 결코 해외부동산개발사업에 종사해서는 안 된다고 생각한다. 오너십(Ownership), 즉 주인의식이 있어야 한다. 직장인들의 경우, 자기가 하고 있는 일이 자기사업이 아닐지라도 사업추진과정에서 조직의 발전 및 사업의 성패에 자신의 보람을 찾는 자만이 오너십을 가질 수 있다. 월급쟁이로서의 한계를 기회주의적 자리보전차원에서 자족하면서 직장생활하는 사람들을 흔히 만날 수 있으나, 오너십을 가지고 해외부동산개발사업을 추진하는 사람들을 발견하기란 어렵다. 오너십은 사업에 대한 적극성과 긍정적인 사고방식을 필히 수반한다. 매사에 부정적 인식을 바탕으로 소극적 자세로만 일관하는 부류들이 사업을 추진할 때, 그 사업의 앞날은 뻔한 것이며 몸담고 있는 조직에도 큰 누를 끼칠 가능성이 크다.

둘째, 책임의식과 추진력이다. 결정은 항상 외롭다. 결정에 책임지지 않고 빠져나갈 궁리만 하는 자가 추진하는 사업은 순조로이 진행될 리 만무하다. 수레바퀴가 굴러가는 것은 누군가 무엇인가 추진하는 힘이 있어서이다. 항상 추진객체가 아닌 추진주체가 되도록 노력해야 한다. 나의 결정이 항상 훌륭한 결과를 낳는 것만은 아니지만 나로 인해 추진력이 발휘될 때, 비로소 사업의 수레바퀴가 굴러갈 수 있음을 항상 인식해야 한다. 실패를 두려워해서는 안 된다.

셋째, 숫자에 대한 해독능력이 있어야 한다. 이는 선천적인 것이 아니며 노력을 통해 얼마든지 개발해나갈 수 있는 것이다. 사업의 추진 여부는 말로만 가지고 되는 일이 아니며, 현금흐름분석 및 손익계산 등을 통해 얻는 수치들을 디벨로퍼 입장에서 얼마만큼 파악하고 해석할 수 있느냐가 부동산개발 주체로서 갖추어야 할 기본적이고도 객관적인 능력이다.

넷째, 언어능력이다. 해외부동산개발에 있어 디벨로퍼가 되기 위해서는 필히 언어능력이 있어야 한다. 필자는 국내 시행사 대표들을 자주 만날 기회가 있는데 대부분은 한국어만 가능해서 현지통역을 통해서 의사소통하는 것을 흔히 볼 수 있다. 이는 사업추진 시 심각한 장애요소가 될 수 있다. 현지파트너와 계약 등 주요조건 협의 시 통역의 실수로 사업에 차질을 빚고 심지어는 사업이 실패하는 경우도 종종 볼 수 있는데 최소한 영어는 필요한 것이 아니라 필수적인 것이다. 일부

국가를 제외하고는 대부분 영어로 의사소통이 가능하고 계약도 영문이 주종을 이루고 있어 영어를 모르고서는 안 된다. 자기사업의 경우는 직원들을 통해 이러한 언어능력의 약점을 보완할 수 있다고는 하나, 해외개발사업에 종사하는 직장인들의 경우는 필히 영어능력을 가지고 있어야 한다. 조건 협상, 계약관리, 공사 등도 국제적 기준에 따라 추진되는 경우가 많고, 다국적 사업파트너와 프로젝트 추진 시에도 한국어로 진행할 수는 없지 않는가?

다섯째, 체력이다. 프로젝트 추진 시 밤을 새우고 촌각을 다투며 일을 해야 할 때가 많다. 더군다나 국내도 아닌 해외에서 진행하는 사업이다 보니 음식과 잠자리도 불편한 경우도 생기고 술자리도 비교적 많다. 아울러 출장의 경우 불규칙적인 회의와 예측하기 어려운 변수들도 많아서 신경이 보통 쓰이는 것이 아니어서 건강을 유지하기가 어렵다. 건강을 잃으면 모든 것을 잃는다. 아무리 강조해도 지나치지 않다.

그 밖에도 영업마인드, 설계도면 해독력, 현금흐름표 작성능력 등을 들 수 있으나, 상기 다섯 가지 사항이 디벨로퍼 자질의 핵심이다.

Setion 05 타이밍열전과 공간창조의 첫걸음

지금 필자가 이 글을 쓰고 있는 2009년은 해외부동산개발에 종사하는 분들에게는 정말로 지옥과도 같은 혹독한 고통의 시간이 되고 있다. 2008년부터 시작된 전례없는 전 세계적인 금융위기로 그동안 누구나 인정하고 통용되던 거의 모든 금융시스템, 경제이론, 기업가치들이 무너지고 있다. 부동산시장도 예외는 아니어서 국내든 해외든 직접적인 타격을 받고 있다. 우리가 통상 계약을 체결할 때 면책조항 중 국가변란, 재난 같은 불가항력적 사항(Force Majeure)들을 열거하는데 우리가 제어할 수 없을 정도의 재난상황이 되버렸다. 아무리 인과응보적인 버블 붕괴과정에 있다지만 어디 하나 피난처를 찾을 수 없는 지경이다.

그런데 이렇게 어려울 때, 가장 큰 위험에 노출되는 것이 해외투자사업, 그중에서도 해외 부동산개발 사업일 것이다. 원화절하, 이자율 상승, 미분양 발생 등 모든 투자관련 리스크가 일시에 몰려오다 보니 손 쓸 겨를이 없다. 비교적 단기적 접근방식으로 해외투자를 해온 디벨로퍼의 경우에는 죽을 맛이다. 실제로 전 세계 부동산시장을 휩쓸던 한국의 부동산 프론티어들이 쓰러지고 있고 건설사에서는 미래의 캐시 카우(Cash Cow)의 창출자로서 대접받던 투자담당자가 내일을 기약하지도 못하고 벌인 일에 대한 대가를 톡톡히 치르고 있다.

여기에서 필자는 모든 일이 그렇지만 타이밍(Timing)의 중요함을 뼈저리게 느끼게 된다. 아무리 좋은 프로젝트라도 타이밍을 잘못 만나면 애물단지 취급받을 수 있고 그저 그런 프로젝트도 타이밍만 맞으면 보석이 된다. 부동산개발에 있어 입지도 매우 중요한 성공요소이지만 타이밍만 못하다. 필자도 타이밍을 잘못 잡아

그림 5-2 부동산 개발사업 성공요소

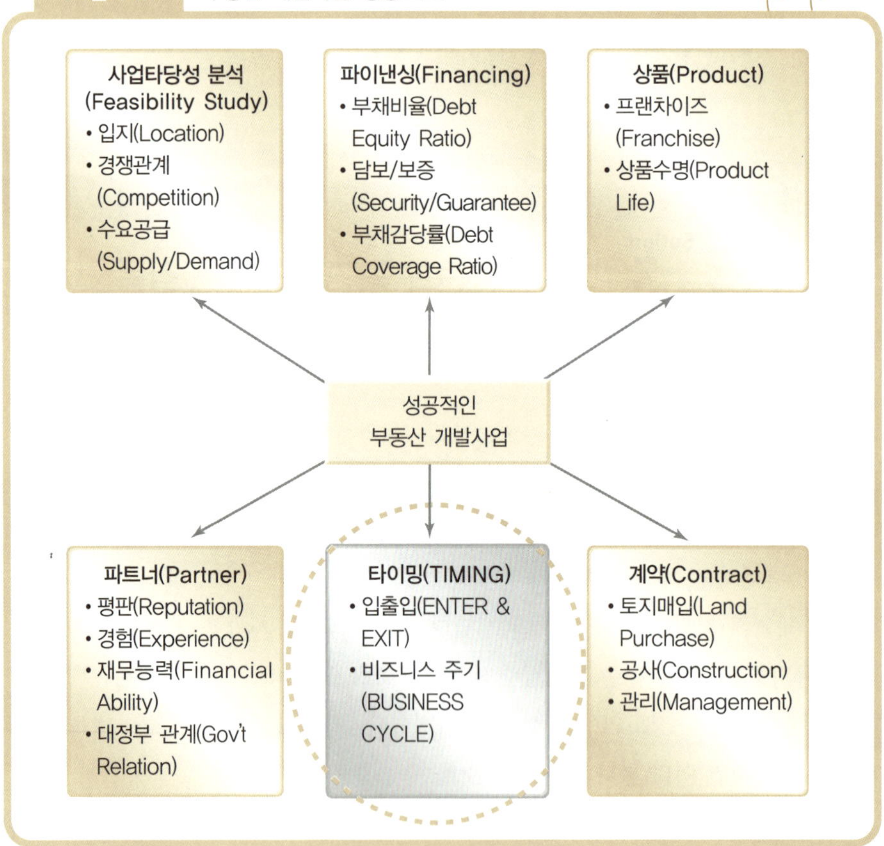

지금 마음고생을 하고 있는데 말이 쉽지 최적의 타이밍을 잡기란 참으로 어렵다는 것을 느낀다. 동산과는 달리 위치의 고정성, 비이동성, 불변성, 부증성 등의 부동산 고유의 물리적 특성과 공급의 한정성 등 경제적 특성 때문에 부동산은 의도한 대로 실행할 수 있는 적정 타이밍을 잡기가 어렵다.

부동산사업의 성공을 위한 요소들을 [그림 5-2]와 같이 나타낼 수 있는데 사업타당성 분석(Feasibility Study), 파이낸싱(Financing), 상품(Product) 개발, 파트너 선정, 각종 계약 및 타이밍이 프로젝트 성공요인이라 말할 수 있고 한 가지만 잘해서는 안 되고 모두 잘 이행되어야만 성공할 수 있다.

2009년 요즈음 한국 시행사나 시공사, 나아가서 금융기관들의 모습들을 들여다보면 필자가 겪었던 1998년 IMF사태 당시의 모습과 아주 흡사하다. 유동성 확보가 지상과제가 된 건설사의 경우 최우선적으로 해외투자사업 관련 인원을 줄이고 투자자산을 손절매해서라도 회수하는 데 정신없다. 시행사는 거의 망하기 직전이다. 개발이익은 커녕 투자비 회수만 해도 천만다행이다. 거의 엑소더스 수준으로 썰물처럼 해외시장에서 빠지고 있다. 금융기관의 경우 국내 프로젝트 파이낸싱뿐만 아니라 해외 프로젝트 파이낸싱에 대한 우려가 커지고 있고 프로젝트를 담당했던 부동산금융 부서들은 여의도를 중심으로 한파가 몰아치고 있다. 풍전등화 같은 지경이다. 중장기적인 접근보다는 단기적 투자 및 금융방식을 즐기던 시장이 먼 과거로 회귀하여 좀처럼 움직이질 않는다.

이번 세계금융위기는 그 저점이 어디인지도 모를 정도로 깊고 길 전망이다. 천정부지처럼 치솟기만 했던 부동산가격 추이 덕분에 추격투자 끝에 상투를 잡았던 투자자들은 최악의 타이밍을 경험하고 있다. 여기에서 설익고 무모하고 준비가 안 된 상태에서 해외부동산 시장에 참여했던 플레이어들에겐 미래를 준비하고 중장기적 관점에서 인재를 육성하고 시스템을 개발하려는 모습을 찾아보기가 어렵다. 다시 시장이 회복되면 또다시 우리의 '냄비근성'이 빛을 발할 수는 있겠지만 성공보다는 실패할 확률이 높다.

따라서 시장이 냉각되어 있는 지금 넓고 깊게 준비해야 한다. 해외부동산개발 전문가는 1~2년 사이에 육성될 수가 없다. 지속적인 인적투자와 관심이 필요하며 해외부동산개발 업종에 종사하고 있거나 하고자 하시는 분들은 지금 상황에 좌절하지 말고 앞으로 펼쳐질 무대의 주인공으로서 자기계발에 매진하여야만 한다. 해외부동산개발을 위한 최적의 타이밍을 제대로 잡기 위해서는 사전준비를 해야 한다는 점에서 우리는 지금 최적의 타이밍을 맞이하고 있다.

아무것도 없는 허허벌판에 내가 기획하고 나의 피와 땀이 어려 있고 후손에게까지 물려줄 수 있는 반영구적인 창조물을 세울 수 있는 디벨로퍼로서의 꿈은 분명 도전해볼만 한 가치가 있다.

독자 여러분께서는 '공간창조' 의 첫걸음을 지금 세상에 들여놓고 있다.

Setion 06 싱가포르 Marina Bay Integrated Resort-디벨로퍼의 꿈

필자가 재직하고 있는 쌍용건설은 지난 2007년 싱가포르에서 공사금액 미화 약 6억 65백만 불 상당의 Marina Bay Sands Hotel 공사를 수주하였다. 지하 3층, 지상 57층의 호텔 3개동을 신축하는 사업으로 건축연면적이 300,000m²를 넘고 객실수만 2,500실이나 되는 초대형 공사로 공기가 781일에 불과한 살인적인 일정에도 불구, 24시간 돌관작업 속에 불가능하리라던 공사를 기적처럼 수행하고 있다. 피사의 사탑보다 약 10배 더 기울어진 건물구조에 축구장 약 2배 크기(약 12,000m²)의 하늘공원(Sky Park)이 건축될 예정으로 2009년 3월 타워 I, II, III의 52도 기울어진 동편 건물과 서편 건물을 지상 23층, 70m 높이에서 연결하는 데 성공하여 최대의 난관을 극복하고 새로운 건축역사를 써내려고 가고 있어 조직의 한 사람으로서 무한한 자부심을 느끼고 있다.

여기에서 건설인으로서의 강한 자부심과 함께 이 거대한 리조트사업을 추진하는 디벨로퍼의 강력한 추진력과 능력에 대해 경외감을 감출 수 없다.

싱가포르 남단 바닷가의 Marina Bay 매립지 570,000m²의 부지 위에 대형호텔, 컨벤션센터, 쇼핑몰 및 카지노 등이 어우러진 Marina Bay Integrated Resort 개발은 싱가포르 정부가 차세대 성장동력을 확보하기 위해 야심차게 추진하는 국가사업이다. 여기에 과감하게 뛰어든 것이 미국의 Las Vegas Sands Group이다. 총 사업비로 미화 38억 불을 투입하여 2010년에 오픈하여 2012년 추정 영업이익(EBITDA)이 미화 12억 불을 상회하는 매머드사업이다. 동 Las Vegas Sands

Group을 이끌고 있는 Sheldon Adelson 회장은 미국의 카지노사업을 기반으로 미식축구경기장 56개를 합친 면적의 마카오의 The Venetian Macau를 2007년 개장한 바 있다.

2008년 불어닥친 세계 금융위기 속에 그룹의 사업수행능력에 대한 의문이 제기되었을 때, 동시에 진행하고 있던 미국 Las Vegas, Pennsylvania, Macau 개발사업을 연기하는 대신, 싱가포르 정부와의 약속을 지키기 위해 싱가포르의 Marina Bay Integrated Resort사업에 오히려 증자 및 회장 사재를 투입하여 적극적인 사업추진 의지를 보여주었다. 여기에서 Adelson 회장의 지도력과 결단력은 디벨로퍼로서 갖추어야 할 최고의 덕목으로서 많은 점을 시사해주고 있다. 시공이 불가능해 보이는 설계에 대해 과감히 추진할 수 있는 힘, 편안한 사업에 안주하지 않고 끊임없이 도전하는 자세는 많은 부러움과 함께 스스로를 돌아보게 만든다.

디벨로퍼라면 이런 원대하고 인류의 역사에 남을 기념비적 건축물을 개발하고 싶은 꿈을 지녀야 하지 않을까?

Appendix

부 록

1. 동남아시아 4개국에서 반드시 알아야 할 사항들
2. 해외부동산개발을 위한 참고자료
3. 해외부동산개발 체크리스트
4. 사업타당성 보고서
5. 합작계약서(Joint Venture Agreement)
6. 토지매매계약서(Land Sale & Purchase Agreement)
7. 도급약정서
8. 분양대행계약서(Marketing Consultancy Agreement)
9. 설계계약서(Design Consultancy Agreement)
10. 이행보증서(Performance Bond)
11. 호텔개발절차(Hotel Development Process)

부록 1 동남아시아 4개국에서 반드시 알아야 할 사항들

1. 싱가포르 부동산개발 시장

대부분의 한국 건설사들이 주요 진출지역으로 삼고 있는 상기 동남아시아 4개국의 부동산 환경을 비교하여 해당지역에서 부동산개발사업을 전개하고 있거나 계획을 가지고 있는 독자들에게 도움이 되었으면 한다.

각국마다 부동산 투자환경은 부분적으로 상당한 차이점이 있어 진출지역을 선택할 경우 각국 시장 환경의 장 · 단점을 비교해봄으로써 기회비용을 최소화하고 사업을 성공으로 이끄는 토대가 될 수 있으므로 유의 깊게 살펴볼 필요가 있다.

싱가포르하면 고도로 선진화된 시스템으로 부동산개발 시 디벨로퍼가 염두에 두어야 하는 국가위험(Country Risk), 인 · 허가 위험(Risk), 토지명도 위험(Risk)이 타국에 비해 아주 낮아 투자하기엔 상당히 매력적이다. 그러나 미국이나 캐나다, 호주 같은 선진국 시장에 간헐적으로 한국시행사나 건설업체들이 진출했다는 소식들이 들리지만 유독 싱가포르 개발시장에는 한국 업체들의 이름을 찾아볼 수 없다. 입찰을 통한 도급사업에는 쌍용건설이나 현대건설 같은 대형업체들이 활약하는 것을 볼 수 있지만 개발시장에는 뚜렷한 실적이 없다.

이는 싱가포르 부동산개발사업 구조상 다른 나라와는 확연한 차이점이 있다는 점에서 이유를 찾을 수 있다. 사업비 중 토지비가 차지하는 비중이 아주 높다는 점에 유의해야 한다. 일반적인 시장에서는 전체 사업비 중 토지비가 차지하는 비중이 10~20%선이라고 볼 때, 싱가포르에서는 약 50~80% 정도를 차지하는 것이 보통이어서 디벨로퍼 입장으로서는 초기 자금부담이 상당하다. 토지비가 적어도 1,000억 원 이상 넘어가는 것이 보통이고, 규모 있는 사업을 진행할 때는 5,000억 원에서 1조 원까지도 넘는 사업들도 많다. 따라서 약 몇 억 원에서 몇 십억 원 정도의 초기 사업추진비를 들고 한국시행사가 시장에 접근하기는 어려운 것이 현실이다. 싱가포르 개발시장은 Keppel, CapitaLand, CDL, Mapletree와 같은 세계적으로 유명한 대형 디벨로퍼들이 과점하고 있는 상태이다.

(1) 싱가포르의 토지공급제도

싱가포르에서는 대부분 토지를 국가가 소유하는 토지공개념을 도입하고 있다. 토지에 대한 권리도 대부분 99년 혹은 999년 임차권(Leasehold)이고 기존 주택을 중심으로 일부 소유권(Freehold)이 인정되고 있다. 주택 분양 시 토지권리가 소유권(Freehold)이냐 임차권(Leasehold)이냐에 따라 분양가 차이가 많이 나므로 토지권리 종류와 임차권일 경우 사용권 기간을 점검해야 한다.

한국시행사나 건설사가 싱가포르에서 사업부지를 확보할 수 있는 방법은 크게 두 가지가 있다. 싱가포르 정부(URA : Urban Redevelopment Authority)에서 진행하는 공매를 통하거나, 사유지에 대한 매매를 통해서 부지확보가 가능하다. URA의 공매부지는 비교적 규모가 큰 경우가 많고 치열한 경쟁과 입찰가격이 상당히 높아서 한국시행사나 건설사가 참여하기는 현실적으로 어려워 보인다. 한편 사유지에 대한 매매, 특히 주택사업을 위한 사업부지를 마련할 때, 기존 아파트단지를 통째로 매입하는 일괄매매(En Bloc Sale)를 이용한다. 한국에서는 노후주택에 대해 지주공동사업으로 재개발 혹은 재건축사업을 추진하는 경우가 많은 반면, 싱가포르에서는 지주공동사업방식 도입은 아직은 초기단계이고 관련 법령이 정비되어 있지 않다. 따라서 상기 두 가지 방법 모두 현재 한국업체의 입장에서는 추진하기가 어려운 상황이다.

(2) 싱가포르 주택시장

현재 싱가포르 주거상황을 보면 전체 국민의 85%가 주택개발청(HDB : Housing Development Board)에서 지은 아파트에서 살고 있고 나머지 15%만이 민간에서 건설한 고급아파트나 고급 단독주택에서 살고 있다. 주택개발청이 공급한 아파트의 약 90%는 개인소유이고 나머지 10%는 저소득층을 위한 임대아파트이다. 아울러 싱가포르 주택시장을 이해하기 위해서는 싱가포르 주택정책을 잘 살펴보아야 한다.

가용토지가 적은 싱가포르는 토지 공개념에 의거, 공공 소유중심의 토지제도를 구축하여 공공주택 공급을 적극적으로 추진해 왔다. 공공주택의 분양가격은 구입자의 2년 연평균소득보다 낮게 하고, 또한 분양가격을 건축비보다 낮게 책정하는 대신 그 차액은 정부에서 보전해주며 저소득층의 소득에 비례하는 임대료를 부과하는 등 주택보급률을 획기적으로 높이는 데 성공했다. 주택개발청 아파트 구입 시 주택가격의 80% 범위 내에서 주택구입자금을 융자해주고 있으며 저소득층 임대세입자들이 주택개발청 주택 구입시 분양가의 30%까지를 할인하여 판매하고 있다. 따라서 이러한 주택개발청 주택을 통한 부당이익을 방지하기 위해 생애에 걸쳐 2회의 주택개발청 주택 구입만 허용하고 최초로 분양받은 주택개발청 주택의 경우 5년 의무거주기간이 끝나면 시장에 자유롭게 매각할 수 있지만, 의무거주기간 이내에 판매하려면 당초 분양가격 그대로 주택개발청에 환매해야 한다. 또한 두 번째로 분양받은 주택개발청 주택은 5년이상 거주한 후 매각하는 경우에도 주택개발청이 지정하는 가격(동일한 규모 주택의 현재 분양가 수준)으로 주택개발청에 환매해야 한다.

주택의 자가소유 촉진을 위해 연기금도 활용하고 있다. 중앙연금준비기금(CPF : Central Provident Fund)은 1955년부터 시행된 모든 근로자에 대한 강제저축제도로서 월소득의 33%를 국가주관 저축에 가입하되, 사용주가 13%, 근로자가 20%를 각각 부담하도록 하고 있다. 원칙적으로 55세까지 적립한 후 인출하여야 하나 주택구입, 주택저당 융자금의 상환 등의 목적으로 중도인출이 가능하도록 했는데 최저 중앙연금준비기금 금액만 남겨두고 인출할 수 있다.

(3) DC와 DP

싱가포르 부동산관련 제도 중 가장 독특하고 주목해야 할 것이 있다면 DC (Development Charge)와 DP(Differential Premium)를 들 수 있는데, 일종의 개발부담금이라고 할 수 있다. 이 제도를 통해 주택개발사업을 죽이기도 하고 살리기도 하는 강력한 기능을 가지고 있다.

DC는 1965년에 도입된 제도로서 현재 용적률(Plot Ratio)보다 상향조정되거나 현재보다도 가격이 높은 용도로 변경될 때 부과되는 개발부담금으로, 관련법규는 Planning(Development Charges) Rules이다. DC 부과방식은 싱가포르를 총 118개 권역 및 총 10개 용도로 나누어 DC Rate를 매년 2회(3월과 9월)에 고시하여 적용한다. DC Rate는 토지감정가에 대해 일정률을 적용하는데 1965~1985년은 70%, 1985~2007년은 50%, 2007년 7월부터는 다시 70%로 반영하고 있다. 여기에서 주목해야 할 점은 싱가포르 정부가 부동산 시장이 과열되거나 침체되었을 때, 동 DC Rate를 변경하여 시장을 통제하는 강력한 수단으로 삼고 있다는 것이다. 실제로 2007년 싱가포르 부동산 시장이 급격한 활황장세를 보이면서 부동산 가격이 앙등하자 이를 긴급히 조정하여 주택시장 분위기를 가라앉히는 데 성공했다.

DP는 정부소유 토지의 임대기간을 연장하거나 토지에 부과된 용적률(Plot Ratio), 용도, 임대기간, 기타 개발제약 사항을 제거 혹은 연장할 경우 납부하는 것으로 Differential Premium이란 토지의 기존 가치와 변경 후 가치의 차이를 의미한다.

DC와 DP의 차이점으로는 DC는 증가된 토지가치의 일정비율(70%)을 정부에서 회수하나, DP는 증가된 토지가치의 100%를 정부에서 회수하는 것이 원칙이라는 점을 들 수 있다.

(4) 싱가포르 부동산 개발사업 환경

한마디로 선진국다운 제도가 완비되어 있다고 할 수 있다. 통계는 상당수 공개되어 있고 인 · 허가 절차도 투명하고 예측가능하다. 부동산 양도소득세가 없고 과실송금이 자유롭고 미등기 전매가 가능하다. 2006년 한국과 싱가포르 간 자유무역협정(FTA)도 발효되어 비즈니스 활동에 큰 제약이 없다. 외국인의 부동산 소유와 관련, 6층 이상의 아파트나 콘도는 소유제한이 없으나, 외국인이 전체 단지를 매입할 경우에는 정부의 허가를 받아야 한다. 일괄매매(En Bloc Sale)를 포함하여 주택개발을 위해 외국인 혹은 법인이 토지를 매입할 경우 정부의 승인을 받아야 한다.

여기에서 싱가포르 법인은 모든 인사(Director)가 싱가포르인들로 구성되어 있지 않으면 외국법인으로 분류한다. 외국법인의 경우, 주거용 토지거래에 대한 자격증명서(Qualifying Certificate)를 받아야 하는데 토지매매가격의 10%에 해당하는 은행보증서(Bank Guarantee)를 제출해야 한다. 또한 임시사용허가(TOP : Temporary Occupation Permit) 발급 후 2년 내 주택을 100% 분양 완료해야 하며 2년 이상 보유할 경우 정부의 사전승인을 받아야 된다. 4세대 이상 주택개발 시 주택개발면허(Housing Developer's License)가 필요하다.

싱가포르는 조기 유학붐을 타고 한국 사람들에게 가장 인기 있는 지역으로 최근 2~3년간 급부상하였다. 전술한 바와 같이 부동산 투자에도 별다른 제약이 없어 2006년 말부터 앞 다투어 주택구입에 나서 일부 투자자들은 상당한 시세차익을 거두었고 이에 한국 업체들이 개발 기회를 잡기 위해 2007년부터 본격적으로 시장에 접근하기 시작했다. 필자는 싱가포르 개발사업을 위한 여러 제안들을 받거나 건설업체의 문의를 받아오고 있는데 시장진출을 타진하기 전에 알아두어야 할 점이 몇 가지가 있다. 우선 싱가포르 시장에서 건설업체가 개발사업을 전개하고자 할 때는 철저히 디벨로퍼의 입장에 서야 한다는 것이다. 싱가포르에서는 시공사 겸 디벨로퍼(Contractor & Developer)로서 시행시공을 같이 할 때 시공이익 위주의 사업전개는 어렵다.

총사업비에서 차지하는 토지비의 비중이 월등히 높고 20~30% 내외가 되는 공사비의 이익 부분에 매달리다 보면 큰 부분을 간과할 수 있다. 개발이익 규모를 보면 공사이익은 상대가 되질 않는다. 흔히들 한국 건설업체에서는 공사이익 규모를 가지고 익스포저(Exposure)를 계산해서 사업추진 여부를 결정하는데, 싱가포르에서는 전체 사업리스크 관점에서 일을 추진해야 한다. 예를 들어, 사업비가 1조 원일 경우 공사비 2천억 원 내외이고 공사이익이 공사비의 10%일 경우 200억 원 정도의 이익을 기대할 수 있는 반면, 개발이익을 보면, 개발수입이 사업비의 120% 수준일 경우 1조 2천억 원, 여기에 매출액 대비 경상이익률을 10% 정도라 해도 경상이익이 1천 2백억 원을 기대할 수 있어 개발이익이 공사이익의 6배에 달하게 된다. 개발사업 관점에서 보면 공사부분은 부대사업 내지 굳이 직접 시공을 하지 않아도 무방하다고 할 수 있다.

싱가포르는 세계적으로 유명한 디벨로퍼와 시공사(Contractor)가 치열한 경쟁 속에 생존해야 하는 선진 시장이다. 어설픈 개발경험이나 시공경험을 가지고 싱가포르 시장에 접근할 수 있는 시장이 아니다. 그래서 어지간한 한국업체들이 진출하지 못하는 상황이고 건설 및 개발관련제도가 너무나도 투명해서 속속들이 각자 가지고 있는 장 · 단점이 드러나게 되어 실력이 없으면 당장 도태되는 것이 현실이다. 진출을 결정할 때, 이 부분도 필히 스스로 냉정하게 점검해야 한다.

2. 말레이시아 부동산개발 시장

말레이시아는 과거에는 크게 주목받는 시장이 아니었다. 시장규모도 작고 그다지 활성화되지 않았던 지역이라서 한국의 건설사나 시행사가 눈여겨 보지 않는 시장이었다. 한국 건설사로는 2008년 현재 쌍용, 현대, 대림, 삼성, 대우 정도가 진출한 상태로 대림, 삼성, 대우는 주로 플랜트공사 위주의 영업활동을 하고 있고, 현대는 도급사업, 쌍용은 건축 개발 및 도급사업 중심으로 활동하고 있다.

말레이시아가 본격적으로 투자처로서 각광받은 시기는 2007년부터이며, 2006년부터 일기 시작한 싱가포르 부동산시장의 활황의 여파로 상대적으로 상당히 저평가되어 있던 말레이시아 부동산시장을 주목하게 되었다. 말레이시아 정부의 적극적인 금융 및 부동산시장 개방정책과 중동의 오일머니의 안정적인 투자처로 회교국가이면서도 이슬람금융 등의 적극적인 수용으로 금융 중심지로 떠오른 것이 배경이 되었다.

말레이시아에서 부동산과 관련해서 가장 특징적이고 주의해야 할 사항은 부미푸트라(Bumiputra)정책을 들 수 있는데, 말레이원주민을 위한 각종 우대정책을 말한다. 회사설립 시에 특별한 경우 혹은 지역을 제외하고는 최소 지분의 30% 이상을 말레이원주민이 보유하고 있어야 하고, 주택사업의 경우 분양물량 중 최소 30% 이상을 말레이원주민들에게 우선 배정하고 일정 할인율을 적용하여야 한다. 소수인 중국인들이 대부분의 국부를 차지하고 있는 현실 속에 말레이원주민의 경제력을 유지 · 발전시켜 궁극적으로는 정치뿐만 아니라 경제부분도 주도하도록 유도하기 위해서 마하티르정권이 도입하였다.

좀 더 자세히 살펴보면, 개발사업의 경우 부미푸트라 지분의 최소 30% 할당의무를 지키기가 어려운 현실을 감안하여 외국인 투자허가기관인 외국인투자청(FIC : Foreign Investment Committee)의 투자승인 시 승인일로부터 1년간 동 의무를 유예시켜 주고 추가로 1년 연장이 가능했다. 주택사업처럼 단기사업인 경우 부미푸트라 지분의 배정 전 분양이 완료되고 조기 사업이 마무리될 경우 동 의무의 면제도 가능할 수 있었다. 아울러 주택분양 시 부미푸트라에 대한 할인율 적용은 통상 분양가의 10~15%를 적용하며 디벨로퍼의 계획에 대해 분양 허가기관(지자체)에서 평가하여 최종 할인율을 확정하게 되었다. 회사지분의 30% 이상 지분배정에 있어 상당히 자세하게 규정하고 있는데, 예를 들어 부미푸트라 지분이 70%인 A사가 B사의 지분 40%를 보유한다고 했을 때 상기 지분규정인 30% 이상이 아니라 70%×40%로 하여 B사의 최종 부미푸트라 지분이 28%로 산정되어 결국 추가로 2% 이상의 부미푸트라 지분을 확보해야 하는 어려움이 있었다. 현실적으로 신뢰할만한 부미푸트라 출신 파트너를 구하기가 상당히 어렵기 때문에 외국투자자로서는 항상 부담이 될 수밖에 없는 정책이다. 따라서 외국인 투자를 보다 활성화하기 위해 동 원주민 우대정책을 폐지하도록 요구하는 목소리도 높았다. 단, 싱가포르에 인접한 조호르바루 Iskandar개발지역에 대해서는 동 의무가 면제되어 왔다.

그러나, 2009년 Badawi 수상의 뒤를 이어 Najib 수상이 집권하면서 2008년부터 몰아닥친 국제금융위기에 따라, 경기침체 상황을 극복하기 위해 내수진작 및 외자유치를 환경개선의 일환으로 대부분의 부미푸트라 지분 유지규정이 폐지되게 되었다. 단, 외국인의 부지매입과 관련하여 거래금액이 2천만 링깃(약 76억 원) 이상이면서 부미푸트라 혹은 정부소유부지일 경우에 한해 총리실 산하 경제기획국(EPU : Economic Planning

Unit)에 승인을 받아야 한다.

또 하나 특징으로는 말레이시아 법률이 말레이시아 전역에 통용되질 않는다는 점이다. 말레이시아는 연방국가로서 수도인 쿠알라룸푸르가 있는 서말레이시아와 사바(Sabah)주와 사라왁(Sarawak)주로 구성, 보르네오섬에 위치한 동말레이시아로 구분되는데 동말레이시아는 상당한 자치권을 확보하여 부동산개발과 관련하여 주택법의 경우 서말레이시아에만 적용되고 동말레이시아에는 별도의 법률이 적용된다는 점에 유의하여야 한다.

부동산개발환경과 관련하여 좀 더 살펴보자. 주택사업 시 선분양 및 미등기 전매가 상당히 자유로운 점에서 한국과 차이가 있다. 그러나 분양대금의 수령일정은 한국의 경우 일정범위 내에서 디벨로퍼 마음대로 책정할 수 있는 반면, 말레이시아는 주택법상 계약금 10%를 필두로 중도금 및 잔금을 건축공사의 공정에 따라 약 12단계 정도로 세분화하고 있고 분양대금도 금융기관의 지정 에스크로우 계좌(Escrow Account)를 통해 납부하고 사업비용의 유출도 동 계좌를 통해 관리하는 등 한국보다도 수분양자 보호장치가 한층 강화되어 있다.

인 · 허가에 있어서는 한국보다도 투명하지 못하고 더딘 편이다. 주택사업의 경우 통상 1년에서 2년 정도의 인 · 허가기간이 필요한데, 전자정부의 혜택을 누리고 있는 한국 시행사의 입장에서는 인 · 허가관련 서류를 발급받는데도 변호사나 에이전트를 통하여만 하는 경우가 많아 곤혹스러울 때가 한두 번이 아니다. 인 · 허가 진행속도와 절차의 가이드라인이 없어 사업일정을 정하기가 항상 어렵다. 또한 외국인이 직접 인 · 허가 기관을 상대하기가 어려워 통상 현지 에이전트를 고용하여 대처하게 되는데 이도 확실한 답을 구할 수 있는 것은 아니다. 말레이시아 공무원 조직은 말레이원주민 출신들이 다수를 차지하는데 공무원 접촉 시에도 같은 말레이원주민의 협조를 얻으면 비교적 원활하게 진행할 수 있는 여지가 있다.

인 · 허가과정을 혁신적으로 단축하기 위해 2007년 말레이시아 정부에서 원스톱서비스(One Stop Service), 즉 일정기한(Deadline)을 정해놓고 각 인 · 허기관들의 유기적인 협조 속에 통상 부동산개발관련 인 · 허가기간을 6개월에서 1년 사이에는 모두 완료할 수 있도록 한 혁신조치, 즉 인 · 허가일몰제를 도입하겠다고 의욕적으로 발표했는데 그 효과는 아직 피부에 와 닿지 않는 상황이다. 다만, 정부의 레드테이프(red-tape)는 점차 줄어드는 추세인 것은 확실하다.

토지와 관련된 제반 업무는 등기소(Land Office)라는 기관에서 관장하는데 한국의 경우 법원산하 등기소가 등기업무를 담당하는 데 반해, 말레이시아 등기소는 등기업무뿐만 아니라 토지 용도제한 등 건축규제(zoning) 부분도 등기를 통해 공시하고 있다. 한국처럼 실시간으로 어디에서든 등기부를 열람할 수는 없고 직접 본인이 방문하거나 변호사를 통해 발급받는 것이 일반적이다. 최초 등기의 경우 소요시간을 가늠할 수 없는데 약 6개월에서 1년, 심지어는 2년도 걸리는 상식적으로 이해가 되지 않는 과정을 거치게 된다. 한국의 경우 구비서류만 갖추면 2~3일이면 가능한 것을 마냥 기다려야 하는 상황에 처하게 된다. 물론 이러한 문제점을 일부 보완해서 QT(Qualified Title)라는 가등기제도와 비슷한 제도가 있지만 프로젝트 파이낸싱 등에서 문제점이 생길 수 있는 소지가 있다.

토지의 권리는 한국의 소유권과 같은 개념의 소유권(Freehold)이 있고 30년, 60년, 99년, 999년 임차권(Leasehold)이 있다. 정부소유의 토지를 민간에 매각하거나, 체계적인 도시개발이 필요한 지역과 같은 경우 99년 임차권 토지가 증가하고 있다. 디벨로퍼 입장으로서는 당연히 소유권 부지를 선호하게 되는데 임차권 부지를 개발하여 분양하거나 매각할 경우 그 가치는 상대적으로 떨어지게 마련이다.

말레이시아에서 부동산사업을 할 경우 가장 강점으로 들 수 있는 것이 변호사와 영어이다. 한국에 비해 변호사비용이 훨씬 저렴하고 언제 어디서나 비교적 손쉽게 변호사의 조력을 받을 수 있어 유리하다. 한국 대비 약 5분의 1 수준의 변호사 비용이 소요되며 영어가 공용어로 사용되어 별도의 현지어(마인어) 계약서를 작성할 필요가 없다. 단, 관공서에 제출하는 각종 신청서 및 양식은 현지어로 작성해야 한다. 변호사는 역할에 있어서 단순 법적 검토 및 의견을 내는 데 그치지 않고 토지매매 시 매매대금의 집행에 깊숙이 개입하게 된다. 매도자와 매수자의 변호사가 필히 있고 매수자가 토지 매매대금 중 중도금 및 잔금의 지급을 매도자 계좌 혹은 직접 지급하지 않고 반드시 매수자나 매도자 변호사가 지정하는 계좌에 입금하여야 한다. 일종의 에스크로우 계좌(Escrow Account)라 할 수 있는데, 통상 에스크로우 계좌라 하면 신뢰할 수 있는 제3의 금융기관에 개설하여 쌍방의 의무 이행사항을 최종확인 상태에서 등기서류와 매매대금이 교환되게 되는데 말레이시아에서는 매수자나 매도자의 변호사 계좌로 입금하게 되니 참으로 모르는 사람으로서는 가슴 떨리는 일일 수도 있다. 최소한 제3의 변호사를 지정해서 상기 금융기관의 역할을 시킬 수도 있음에도 불구하고 말레이시아 현지에서는 아주 당연한듯이 여기고 있으니 혹시 상대편 변호사가 나쁜 마음을 먹고 매매대금을 가지고 도망가면 어떻게 되나 하는 걱정을 하게 되는 것은 당연하다. 필자의 경우 말레이시아에서 첫 번째 개발사업을 위해 토지매매계약을 체결하게 되었는데 이러한 걱정 때문에 며칠 밤을 설친 기억이 난다.

(1) 이슬람금융

최근 말레이시아에서 부동산개발 사업 진행시 크게 성장하고 있는 금융분야인 이슬람금융에 대해 주목할 필요가 있다. 이슬람교를 국교로 삼고 있는 말레이시아 정부는 중동국가들이 미국 9·11테러 이후 서방 금융기관에 예치해 놓은 투자자금을 이동하고자 하는 수요와 상당히 자유로운 금융시장을 갖추고 있는 자국의 이점을 살려 적극 유치정책을 편 결과 세계에서 가장 유망한 이슬람금융의 중심지로 급부상했다.

이슬람금융이란 간단히 말해서 이슬람교의 샤리아(Shariah)[1]에 근거하는 금융거래로서 금융거래에 있어서 거래방법과 당사자가 샤리아 적격성을 갖추고 샤리아 컴플라이언스(Compliance)를 지키는지가 이슬람금융 여부의 기준이 된다.

이자수취(RIBA), 불확실성이 많은 거래(GHARAR), 투기적 거래(MASIR, 즉 제로섬 게임), 금지된 거래(도박, 주류, 돼지고기, 무기제조, 포르노 등)에는 이슬람금융의 적용은 불가능하다. 이슬람금융의 종류로는 은행이 고객 대신 상품을 구매해서 고객에 전매하는 방식인 무라바하(Murabaha), 비이슬람권의 리스에 해당하는 이자라(Ijarah), 투자신탁(Fund)에 해당하는 무다라바(Mudaraba), 합작투자(J/V)에 해당히는 무샤라카(Musharaka), 이슬람채권인 수쿠크(Sukuk), 이슬람보험인 타카풀(Takaful) 등이 있다.

최근 중동자금의 중요성이 증대하고 말레이시아 이슬람금융시장이 급성장하자 서방의 대표적 금융기관인 HSBC나 Citi Bank조차도 이를 취급하기 시작했다. 필자의 경우 2006년 현지의 은행업자들을 만나 상기 이슬람금융을 이용한 상당한 저리의 금융자금 이용을 제안받은 적이 있는데 그 개념이 도저히 이해가 가지 않아서 사기꾼들로 오해한 적도 있었다.

(2) 법인설립 및 유지 대행자인 법인관리대행사

말레이시아의 지사와 법인의 설립 및 운영과 관련하여 법적으로 현지의 법인관리대행사(Secretary Company)를 통해 행정적 사무를 처리해야 한다. 법인관리대행사의 주요 업무는 법인 설립등기, 주권발행, 이사회 구성 및 운영사무 등에 대해 행정적 절차를 대행해주는 역할을 한다. 수수료는 연간 유지수수료 1만링깃(약 3백8십만 원) 이하와 업무 내용에 따라 변동되는 변동수수료로 구성되나 그리 큰 금액은 아니다.

---

1) 코란과 마호메트의 가르침에 기초한 이슬람의 법률

(3) 말레이시아 부동산시장 상황

2009년 8월 현재 말레이시아 주택시장은 정점을 지나 하향 추세에 있다고 파악된다. 필자가 재직하고 있는 회사에는 공동개발사업 혹은 신용보강을 전제로 한 사업제안을 많이 받는데 상당부분은 한국시행사나 금융기관으로부터 제안을 받는다. 그런데 유행처럼 일정시점에 밀물듯이 제안이 많은 지역은 상당히 시장이 '뜨거운' 상태임을 감지하게 되며 디벨로퍼로서는 이런 현상을 기대감보다는 오히려 신중 혹은 우려 모드로 전환하는 시점으로 삼을 수도 있다. 이제까지 한국 업체들이 지나간 자리는 거의 대부분 부동산가격을 비정상적으로 끌어올린 전력이 있어 시장이 진정될 때 거품이 급격히 빠질 위험도 상존해 있다. 다행히 시장참여자들이 다양화되고 전문화 과정을 거치면서 부분적으로는 시장에 대해 체계적으로 접근하는 모습도 보인다.

말레이시아 주택개발 시 항상 염두에 두어야 하는 것은 시장이 크지 않다는 점이다. 세대수로는 보통 수십 세대 혹은 100~200세대, 아무리 많아봐야 300~500세대 정도를 분양하는 데 한국시행사나 건설사가 추진하는 규모는 1,000세대 이상인 경우가 종종 있다. 또한 분양속도도 한국의 경우와는 달리 느려서 계획수립(Projection) 시 보통 1~2년 정도의 기간을 설정하게 되는데 한국업체는 3~6개월 정도의 최적안(Best Story)으로 사업에 접근하는 경향이 있다. 시장에서 소화할 수 있는 물량은 한정되어 있기 때문에 이를 감안해야 한다.

한편 한국업체나 투자자가 냉정하게 분석해야 하는 부분으로 세컨홈(Second Home) 제도가 있다. 말레이시아 정부에서 정책적으로 적극 추진하는 제도로서 요즈음 국내 투자자를 대상으로 한 마케팅 포인트(Marketing Point)로 동 제도를 부각시키고 있는데 주택개발 시 실질적으로 세컨홈(Second Home) 제도를 투자결정의 주된 요소로 삼는 것은 바람직하지 않다. 나아가서 해외부동산 개발, 즉 주택개발 시 한국으로부터의 수요는 사업성공의 주된 요소가 될 수 없으며, 단지 일정부분 도움이 되는 수준의 역할만을 고려해야 한다.

세컨홈이라는 것이 은퇴자가 한국보다 저렴한 비용으로 따뜻한 나라에서 여유롭게 생활을 영위할 수 있는 환경을 제공할 수 있는 훌륭한 제도로 오인할 수가 있으나, 이는 잘못된 판단일 가능성이 높다. 세컨홈의 장점을 강조하는 사업들을 보면 대부분 수도 쿠알라룸푸르에서 20~50km 정도 떨어진 외곽지역으로 골프코스가 그림 같이 펼쳐진 곳에서 그린피(Green Fee)가 2~3만원대로 원하는 대로 골프를 즐길 수가 있다. 여기에다 국제학교가 소재하고 있으면 교육열이 높은 한국인들 눈에는 금상첨화로 보이지 않겠는가? 여기에서 한국인의 생활특성과 말레이시아 지역여건을 고려해야 한다.

많은 한국사람들은 '도회적' 주거문화에 익숙해져 있다. 필자는 이를 '네온사인'에 비유해서 한국 사람들은 그래도 네온사인이 번쩍번쩍 빛나고 술이라도 한잔 걸칠 수 있는 친구나 친지가 있는 환경에서 자라온 터라 인구밀도가 낮고 언어도 잘 통하지 않는 먼 타국에서 시간을 보낸다는 것은 독특한 혹은 강인한 몇몇 사람들을 제외하고는 어려운 일이다. 골프도 하루 이틀이지 2~3개월이면 질릴 것이고 은퇴자인 경우에는 외로움에 지칠 것이다. 더군다나 서울로부터 30km 내에 있는 분당수준의 거리는 말레이시아에서는 같은 거리라도 상당히 먼 거리로 느껴진다. 개선여지가 별로 없어 보이는 도로망에다 대중교통 수단이라고는 거의 없고 대부분 자가용으로 움직여야 하는 상황을 고려 시 한국적 기준을 가지고 거리계산을 해서는 안 된다.

투자를 한다면 세컨홈이 아닌 쿠알라룸푸르 시내 서비스아파트를 분양받아서 관리는 전문운영자에 맡기고 주기적으로 자신이 1~2개월을 사용하고 나머지 기간은 일반인을 대상으로 운영하여 수익을 얻는 방식을 고려할 필요가 있다. 지역적으로는 쿠알라룸푸르 이외에 싱가포르와 인접한 조호르 바루 이스칸다르(Iskandar) 지역이나 페낭, 혹은 동말레이시아 사바주의 코타키나발루 사라왁주의 쿠칭을 주목할 필요가 있다. 개발상품으로는 쿠알라룸푸르의 오피스, 배타적 토지소유권이 인정되는 부동산(Landed Property) 혹은 저층형 콘도미니엄이나 타운하우스, 코타키나발루의 리조트형 풀빌라(Pool Villa) 혹은 콘도, 사라왁의 호텔이나 콘도를 검토할 필요가 있다.

쿠알라룸푸르의 고급 주택시장을 보면 페트로나스빌딩(KLCC) 주변 고층콘도미니엄, 대사관거리(Embassy Row)의 저층콘도미니엄, 방사(Bangsar)와 다만사라(Damansara)의 빌라 같은 배타적 토지소유권이 주어지는 부동산이나 저층콘도미니엄, 제2의 한인타운이 형성된 몽키야라(Monkiara)의 고층콘도미니엄을 들 수 있다. 방사지역은 말레이시아 원주민 부유층이나 유럽인들이 많이 거주하고 있고 몽키야라는 원래 일본인 거주지역이었으나, 한국인들이 합류하면서 오히려 한인타운화하고 있다. 주변 미국, 영국, 프랑스 국제학교가 밀집해 있어 한국의 조기유학생들이 몰리다보니 자연스럽게 한인타운이 형성되었다. 말레이시아인들은 한국과 같은 아파트형보다는 독립적인 토지소유권을 확보할 수 있는 부동산(Landed Property)을 선호하나, 사무실과 가깝고 쇼핑이 가능한 경우 다운타운 내 고층콘도도 점차 많아지고 있다.

오피스시장의 경우 페트로나스빌딩 주변 중심상업지역(CBD : Central Business

District)과 신흥 사무, 상업중심지로 형성되고 있는 쿠알라룸푸르 센트럴 지역이 있고 말레이시아 국가적으로 추진하고 있는 행정도시 푸트라자야(Putra Jaya)지역이 장기간에 걸쳐 사무, 주거지로서 속도는 느리지만 꾸준히 성장하고 있다.

개발상품 중 아직 한국의 오피스텔 개념은 활성화되지 않고 있는데, 요즈음처럼 사무실 임대료가 높아지고 교통체증으로 인해 외곽의 주거지로 출퇴근하기가 어렵운 점을 고려시 주거형 오피스텔 개발을 적극 검토할 필요가 있다.

3. 인도네시아 부동산개발 시장

인구 2억 3천만 명의 대국으로 고무, 석탄, 목재, 석유 등 없는 게 없는 자원부국인 인도네시아는 투자자 입장에서는 한번 들어가서 사업을 제대로 키워 보고 싶은 지역일 것이다. 2008년 7월 현재 인도네시아는 전 세계 부동산시장을 휩쓸어온 한국시행사들이 새롭게 관심을 두고 있는 시장으로 1997년부터 시작된 IMF사태의 후유증이 아직도 남아 있지만 머지 않아 중심시장으로 부상할 것이 분명하다. 그러면 왜 이런 거대한 시장에 한국업체들의 시장진출이 지지부진한 것일까? 불투명한 인 · 허가과정, 정정불안, 외국인에 대한 부동산시장 진입장벽 구축 등을 요인으로 들 수 있는데, 여기에 더해 디벨로퍼로서 가장 염두에 두어야 하는 부분은 토지확보의 불확실성이 아주 크다는 점이다. 토지에 대한 권리가 아주 복잡하고 다양해서 이에 대한 철저한 사전검토와 대책이 필요하다.

(1) 인도네시아 토지제도

토지에 대한 권리가 다양하고 내국인과 외국인에 따라 권리에 대한 인정여부 및 인정기간이 다른 점을 유의해야 한다.

첫 번째로, Hak Milik(HM, 소유권)이 있는데 인도네시아 국적의 자연인 및 특수 공공법인에게만 허용되는 권리이다.

두 번째로, Hak Guna Usaha(HGU, 개발권 혹은 사업권)으로 토지 자체를 생산수단으로 하는 농장, 양식장 등에 적용되며 국유토지를 대상으로 한다. 최소면적이 5ha 이상이고 자연인에겐 최대 25ha까지 허용된다. 권리기간은 최초 35년, 이후 25년, 35년씩 연장가능해서 최장 95년간 가능하다. 일시에 60년간 인정되기도 한다.

세 번째로, Hak Guna Bangunan(HGB, 건설권)으로 토지 위에 건축 및 시설물을 건축할 수 있는 권리이다. 권리기간은 최초 30년, 이후 20년, 30년 연장가능해서 최장 80년간 가능하다. 일시에 50년간 인정되기도 한다. 외국인이 부동산개발사업을 할 때, 토지에 대해 동 HGB를 근간으로 사업을 전개한다.

네 번째로, Hak Pakai(HP, 사용권)으로 권리기간이 최초 25년, 이후 20년, 25년씩 연장가능해서 최장 70년이 가능하다. 일시에 45년간 인정될 수도 있다. 상기 토지권리 연장은 허가받은 토지용도대로 사용시 가능하다.

이외에 토지제도 중 살펴보아야 할 내용들이 많다. 우선 상기 소유권, 개발권, 건설권, 사용권 토지 모두 정부의 승인없이 자유매매 및 담보설정이 가능하다. 사용권 토지위 아파트는 외국인이 소유가 가능한 반면, 소유권이나 건설권 토지위 아파트는 외국인의 소유가 불가능하다. 외국인 출자법인은 내국인으로 분류, 개발권, 건설권, 사용권 토지위 부동산에 대한 소유가 가능하지만, 외국회사의 지점은 외국인으로 분류하여 사용권 토지위 부동산만 소유가 가능하다. 단독주택의 경우 소유권이나 건설권 토지위의 주택을 외국인이 매입가능한데 토지권리를 사용권으로 변경해야만 한다.

등기제도와 관련, 1960년 토지법이 개정되면서 토지등기제도가 변경되었는데 개정 전에는 인도네시아의 전통적인 토지소유권인 에겐덤(Eigendom)으로 법원이 소유권 유무를 인정하는 제도였는데, 법 개정으로 현대적 의미의 토지등기제도가 도입되었다고 볼 수 있다. 에겐덤으로 공시되던 토지들을 두 차례에 걸쳐 소유증명서(Certificate of Ownership)로 전환하는 기회를 부여했고, 이때까지 등록 누락한 토지는 현재 원칙적으로 국가소유이지만, 원소유자가 국가에 신청하고 조건충족 시 소유권을 복귀시켜주고 있다. 단, 현재 해당토지를 실제 통제하고 있어야 한다. 2008년 현재 약 10%만이 소유증명서(Certificate of Ownership)로 전환하였고 아직도 에겐덤 상태의 토지가 많다. 여기에서 문제는 에겐덤 토지는 대부분 소송문제가 걸려 있거나 상속인이 수백 명에 달하는 경우가 많아 각별히 조심해야 한다. 요즈음 진출하는 한국시행사들은 이러한 복잡한 토지권리관계를 간과하고 사업을 추진하다가 낭패를 보는 경우가 생겨나고 있다. 따라서 소위 든든한 뒷배경을 가지고 있지 않은 외국인들에게는 토지확보가 최대의 걸림돌이 되고 있고 소송을 통해서 토지에 얽힌 권리문제를 풀기가 어렵고 등기의 공신력도 현지 민법과 상치되는 문제가 있어 실제 소유권상환 판결이 나는 경우도 있다.

인도네시아 등기제도에서 또 하나 독특한 점은 건물에 대한 등기는 집합건물에만 있고 단독주택 같은 경우 별도의 건물등기 없이 토지에 대한 등기만 있다는 점이다.

(2) 인도네시아 부동산 개발사업 환경

우선 자기자본 규정과 관련, 디벨로퍼에게 큰 제약이 있다. 베트남의 경우처럼 총사업비의 25% 이상을 자기자본으로 납입해야만 사업이 가능하다. 법인의 인수합병(M&A), 감자 및 청산에도 제약이 많이 있다. 외환거래는 자유로우나 다만 관련 공무원들의 부패로 이익배당 송금에 차질을 빚을 수도 있다. 외국인의 부동산 소유를 허용하는 관련법 개정이 수년전부터 공론화되었으나, 외국자본의 진출을 경계하는 현지인들의 이해관계로 반대하는 의견이 다수여서 근시일 내에 개정이 이루어지기는 힘들 수도 있다. 관련 법령이 영문번역되지 않은 것이 많아 외국투자자들에게 어려움이 있고 심지어는 인도네시아 민법은 아직까지도 식민지시절 네덜란드어로 만들어진 것을 그대로 사용하고 있을 정도다.

부동산 세제와 관련하여 우리의 특별소비세에 해당하는 고급품판매세가 부동산에 20%씩 적용되는데 대상 부동산의 기준을 보면, 면적이 150m^2 이상, 가격이 m^2당 4백만 루피아를 초과하는 아파트, 콘도미니엄, 타운하우스와 면적이 400m^2 이상, 가격이 m^2당 3백만 루피아를 초과하는 고급주택에 부과된다. 부동산개발 시 한국업체들이 간과하기 쉬운 항목이다.

법인설립과 관련하여 외자투자는 반드시 주식회사 형태의 법인(PMA)만 가능하다. 존속기간은 30년이며 투자확대 시 30년 연장이 가능하고 사업확장의 형태로 지속적으로 존속가능하다. 법인 설립은 투자허가 즉시 가능하고 투자허가서 취득 후 3년 이내에 투자의무가 주어진다. 외국인에 대한 지분한도가 업종에 따라 설정되어 있는데 호텔 · 여관은 50%, 건설 및 건설 컨설팅은 55%, 부동산개발은 100% 가능하다.

아직은 외국인이 투자하기엔 장벽이 많은 것은 사실이며 현지 대형 디벨로퍼가 부동산 개발시장을 주도하고 있어 진입하기 어렵고 1998년 IMF사태 시 투자사업에 나섰던 대우, 현대, 쌍용 같은 한국건설업체들이 어려움을 겪은 과거의 기억 때문에 선뜻 진출하기가 어려운 상황이나, 2억 3천만 명이 넘는 인구와 자원부국 등 시장잠재력은 상당히 크다. 어느 나라에 가거나 한국시행사나 건설사들이 진출하지 않은 지역이 없을 정도로 경쟁이 심화되고 있는 요즈음 인도네시아는 투자자의 관심을 끌기에 충분하다.

4. 베트남 부동산개발 시장

베트남에 대한 부동산개발사업을 이야기하면 크게 두 가지 반응이 있다. 인 · 허가 및 그에 따른 부대비용 등 불투명한 절차를 고려하면 아주 위험한 시장이라는 인식과, 86백만 명에 이르는 무궁무진한 가능성을 가진 유망한 시장이라는 인식, 너무나도 다른 모습이다.

최근 진출업체 수로나 투자금액을 보면 가히 한국판이라 할 수 있다. 국내 부동산 경기침체로 인해 국내에 대안이 없던 국내 시행사나 건설사들이 앞다투어 진출한 지역이 베트남이고 한국특유의 승부근성과 시행, 시공경험을 토대로 적게는 수백 세대에서 수만 세대에 이르는 대규모 개발사업을 과감하게 추진하는 모습들도 많이 보인다. 한국에 있다보면 일주일에 수십억 달러 규모의 사업들을 여러 건 제안도 받는다. 동일 사업을 여러 명이 자기 사업이라고 들고 오는 경우도 있다. 이러다보니 대부분 그렇듯이 문제가 생겨나고 있다. 현지브로커나 현지파트너를 통해 대규모 투자약속을 하고 계약체결은 많이 했는데 최근까지 이행실적은 아주 드물다. 베트남 당국에서는 특히 한국 시행사나 시공사의 사업추진능력을 뒤늦게 점검하고 나섰다. 한국시행사에서 몇 억에서 몇 십억 원 정도의 초기자금을 투입하여 사업권을 확보한 다음 한국시공사의 보증을 통한 자금조달로 전체 사업을 꾸려나가는 방식을 이용했는데 대부분의 사업이 제대로 진행되지 않아 많은 문제점을 일으켰다.

디벨로퍼 입장에서 분명 베트남은 매력적인 시장이다. 인 · 허가 리스크가 높고, 파트너 리스크, 토지명도 리스크도 높은 점을 감안하면 정말로 쉽지 않은 시장인데 기를 쓰고 진출하고 싶어하는 이유가 있다. 86백만 명의 인구, 한국과의 지리적 접근성, 베트남인들의 근면함, 24세 이하가 절반인 인구구성, 2007년 현재 도시화율 27% 수준, 폭발적으로 증가하는 구매력, 풍부한 부존자원, 한국인들과의 비슷한 기질, 과거의 한국과의 역사, 한국의 개발모델 적용, 외국인직접투자 증가속도, 해외거주 베트남인(Viet Kieu)의 국내 투자열풍 등으로 폭발적인 관심의 대상이 되고 있다. 물론 2010년 1월 현재 베트남 금융위기설이 다시 나오고 세계경제가 불황기에 접어든 상황에서 베트남도 예외일 수가 없으나, 그 잠재력은 아주 크다.

(1) 베트남에서의 부동산 개발사업 환경

베트남에서 부동산 개발사업 하는 업체나 사람치고 쉽게 가는 경우가 아마도 거의 없을 것이다. 사업기간 내내 가슴 졸여야 하는 상황이 한두 번이 아니다. 무슨 계획을 세우면 제대로 집행되질 않고 변수가 어찌나 많은지 '빨리빨리'에 익숙한 한국사람들에겐 인고의 시간이 아닐 수 없다.

2006년 WTO 가입에 따라 많은 제도들이 개선되고 있지만 아직 먼 길을 가야 하고 수시로 바뀌는 정부정책 때문에 사업진행에 많은 어려움을 겪는다.

베트남 개발사업 수행 시 항시 유의해야 할 사항들을 정리해 보았다.

첫째, 토지에 대한 권리부분이다. 모든 부동산개발사업이 그러하듯이 모든 것이 토지에서 출발한다. 베트남은 사회주의국가로서 땅에 대한 개인의 소유권을 인정하지 않는다. 소유권에 버금가는 영구적 사용권을 베트남 국적자에게 부여할 뿐이다. 외국인은 영구적 사용권(LUR : Land Use Right)이 인정되질 않는다. 보통 50년, 최근 법 개정으로 경우에 따라서 최장 70년까지 사용권이 인정된다. 베트남국적자로부터 영구적 사용권이 있는 토지를 외국인이 매입할 경우 해당 토지는 한시적 사용권만 인정되게 된다.

그러면 외국인의 한시적 사용권이 만료되는 50~70년 후 토지를 무조건 반납해야 하는가? 라는 의문이 생긴다. 현재로서는 아무도 모른다. 일정수준의 사용료를 내고 다시 사용기간이 연장되는 시나리오가 가장 유력하지만 베트남 정부에서는 원칙만 내세운다. 아마도 50년이란 긴 시간이 지나가면 엄청난 변화가 있을 것이고 결국 토지사용권이 아닌 소유권이 인정되는 수순으로 가지 않을까 기대한다. 여기에서 만일 토지사용기간 연장 내지 갱신의 경우 사용료를 납부하여야 되는데 그 수준은 어느 정도인가? 최초 토지매입 시 들어간 토지가격 수준이라면 문제가 있고 그렇다면 토지사용권에 대한 감가상각을 적용해야 할 것이다.

둘째, 토지에 대해 담보설정이 가능한가? 가능하다. 그러나, 현재로서는 한국의 방식이 적용되지 않는다. 보통 한국에서는 제한물권 설정계약을 통해 등기부등본의 을구에 근저당권, 전세권, 지상권 같은 제한물권을 아주 쉽게 설정할 수가 있다. 베트남의 토지증서에는 을구가 없다. 담보설정방법은 현지금융기관(대주)과 토지사용권자가 담보설정계약을 체결하고. 이에 대한 공증을 마친 후 공증된 담보설정계약서와 토지사용권증서(통상 red book이라 함) 원본을 각 시성급 산하 자원환경국(The Department of National Resources and Environment)에 제출하면 자원환경국에서는 저당설정사실을 등록하고 토지사용권증서 원본을 금융기관(대주)에 보내 동 금융기관이 이를 보관함으로써 담보설정 효과를 누린다. 토지사용권증서가 일종의 채권증서의 성격을 가지고 있기 때문에 우리의 채권질권과 유사한 형태라고 보면 된다.

그러나, 베트남 토지법에 따르면 합작은행이나 베트남 현지의 외국은행의 지점은 토지사용권을 담보로 한 대출업무를 할 수 없도록 규정하고 있는 점에 유의해야 한다. 좀 더 자세히 들어가면 토지사용권을 담보로 설정할 수 있는 기업은 "베트남기업, 합작기업, 100% 외국소유자본으로 설립된 기업"이라고 명시되어 있고 동 제도를 활용할 수 있는 금융기관으로는 "베트남 금융기관, 베트남에서 운영되고 있는 국립은행의 지사, 금융업법에 따라 설립된 베트남 당사자와 외국계 당사자 사이의 합작은행"으로 규정하고 있다. 따라서 지점이나 사무소 형태로 진출해 있는 한국금융기관은 동 제도를 이용할 수가 없다. 한국시행사나 시공사가 현지에서 부동산개발을 위해 한국 금융기관을 통한 프로젝트 파이낸싱 같은 자금조달 시 토지에 대한 담보설정이 필수적인 바, 이를 위한 돌파구를 마련하여 적용한 사례가 여러 건 있는데 일정 수수료의 지급하에 현지금융기관을 통해 동 제도를 이용하고 있다. 담보설정계약을 현지금융기관과 차주 간에 체결하고 토지소유권증서 원본을 현지 금융기관이 한국금융기관을 대신해 보관해주는 방식이다.

셋째, 호텔을 제외한 상업용 건물을 매각할 시 전체 사업매각이 아닌 자산매각이 현재로서는 어렵다. 일반 주택의 경우 수분양자에게 분양을 통해 통상의 개발이익을 실현할 수 있지만 상업용 건물은 제약이 있다. 복합건물과 관련해서 호텔, 사무실, 상가 등이 함께 동일 건물에 있을 경우 분리소유가 불가능하다. 물리적으로 분리가 되어 있어야 한다. 기계실, 전기, 수도 등이 독립적으로 운영될 수 있는 구조라야 분리 소유가 가능하다. 또한 물리적인 분리가 되어 있다 하더라도 호텔을 제외하고는 자산 형태로 매각할 수가 없다. 따라서 몇 개의 법인을 설립해서 상가법인, 사무실법인 등으로 세분화시켜야 한다. 베트남에서는 아직 외국인에 대해 2차시장(Secondary Market)의 참여를 인정하지 않고 있다.

따라서 부동산 개발시장(1차시장 또는 Primary Market)에는 투자할 수 있으나, 부동산 유통시장(2차시장, Secondary Market)에는 참여할 수 없다. 외국인은 매매 및 재임대를 목적으로 부동산을 매수하는 등의 영업에는 참여할 수 없다. 예를 들어, 외국의 투자자가 임대를 목적으로 오피스건물을 매입하고자 할 때 그 오피스건물을 개발하는 시행법인의 지분을 인수하는 형태로 매입할 수밖에 없다. 호텔의 경우 WTO 가입에 따른 규정준수 및 관광업 활성화를 위해 자산매입 형태로 인정하고 있다. 시간이 지나면서 부동산관련 규제조치가 해제되어 가는 추세이지만 아직도 여러 가지 제약요건들이 많다.

넷째, 자본금 규정을 살펴보아야 한다. 외국기업에서 베트남 투자 시 혼란스러워 하는 경우가 많다. 가장 독특하고 투자자에게 불리한 것이 정관자본금(Charter Capital)이다.

정관자본금이란 기업의 정관에 명기된 회사의 사원 또는 주주가 출자하기로 합의한 자본총액을 말하는데, 한국의 경우 법정자본금 요건만 갖추면 구성원 간의 자유로운 의사결정에 따라 자본금 규모를 정할 수 있으나 베트남에서 외국법인의 경우 아주 달리 적용된다. 외국인이나 외국법인의 경우 각성 인민위원회 내 투자계획국(DPI : Department of Planning & Investment) 혹은 중앙정부 내 투자계획부(MPI : Ministry of Planning & Investment)에 투자허가를 신청할 때 총투자규모와 함께 예상되는 자기자본 납입과 차입금 조달계획을 밝히게 되어 있는데, 상기 인 · 허가 당국에서는 동 계획을 평가하여 합리적이라고 판단하는 자기자본을 구체적으로 정해서 통보하는데 이때 자기자본금액을 정관자본금(Charter Capital)이라 한다.

정관자본금은 프로젝트 규모에 따라 일시에 납입할 필요는 없으나 사업기간 중에는 반드시 완납해야 할 의무가 있으며, 따라서 외국투자자 입장에서 조기에 투자비를 회수하거나 차입금 규모를 적정하게 하여 지급이자에 대한 법인세 효과를 극대화하기 위해 정관자본비율을 줄이려는 노력을 하게 된다. 또한 정관자본금을 분할해서 납입하거나 총투자비를 초기에는 적게 책정하거나 나중에 투자허가 변경을 통해 증액하는 방법을 쓰기도 한다. 한번 정관자본금이 정해지면 감액하기가 아주 어렵기 때문에 아예 단계별로 접근하기도 한다. 정관자본금의 규모는 프로젝트에 따라 인 · 허가 당국에서 결정할 일이지만 통상 총투자비의 15~20%선이다.

아울러 법정자본금(Legal Capital)도 있는데 부동산개발업 같은 경우는 60억 동[2]이다. 그러나 외국인투자자의 경우 상기 정관자본금의 규모가 훨씬 크기 때문에 큰 의미는 없다. 상기 용어상 총투자비(혹은 프로젝트 자본금)는 Investment Capital이라고 하며, 차입금은 Loan Capital로 부른다.

다섯째, 2009년 1월부터 시행되는 외국인 부동산 소유에 대한 인정기준이다. 각 매체에 따라 기사나 해석들이 달라서 자칫 혼동하기 쉽다. 금번 조치는 전면적인 허용이 아닌 제한적이고 한시적인 개방인 점에 유의해야 한다. 2008년 6월 25일 외국인 주택소유 허용에 관한 법률에 대해 국회 의결로 공표되었다. 2009년 1월부터 2014년 12월까지 5년

2) 베트남 화폐단위

간 한시적으로 시범 실시예정이며 외국인의 주거 및 이동이 금지되거나 제한되지 않은 지역에 건설된 판매용아파트에 한해서 적용된다. 외국인의 주거 및 이동이 금지되거나 제한되는 지역은 각 시와 성 인민위원회가 따로 고시할 예정이다.

아파트의 구매 및 소유에 대해 외국인(법인)의 범주, 조건, 소유기간 등을 정리해보면 다음 [표 A1]과 같다.

아울러 아파트를 소유한 외국인이 또 다른 주택을 상속 또는 증여받는 경우 아파트만 소유가능하며 또 다른 주택은 매각 후 그 매각가치만을 가질 수 있다. 소유한 아파트를 주거용으로만 사용하여야 하며, 임차하거나 사무실 등 주거 이외의 다른 목적으로 사용해서는 안 되며 위반 시 외국인은 추방되며 당해 주택은 관련법에 의거 처분된다. 외국인에 의한 투기 및 시장교란을 막기 위한 조치로 판단된다.

아파트 매매절차상 유의사항으로는 아파트 매매관련 사항은 베트남 주택법에 따라 베트남어로 작성된 계약서에 기록되어야 하고, 부동산회사로부터 아파트를 매입하는 경우에는 구매자가 주택소유권증서 발급절차를 이행해야 하며 개인 간 거래 시에는 양 당사자간의 합의에 따라 주택소유권증서 발급절차를 이행할 자를 정하되 두 사람 모두 관련 제세공과금을 부담해야 한다.

표 A1 | 베트남 아파트 소유가능한 외국인 분류

외국인(법인)의 범주	조건	비고
1. 개인투자자(직접투자에 한함) 또는 외국법인의 대표	1년 이상 거주허가를 받아 베트남에 살고 있으면서 외교적인 면책특권을 가지고 있지 않을 것	• 아파트 1채만 소유가능 • 주택소유권증서 발급일로부터 최대 50년 • 소유기간 만료일부터 12개월 이내에 처분(매각, 기부 등)해야 함 • 동 기간 내 처분치 못할 경우 주택소유권증서가 회수되거나, 당해 주택을 사용치 못하게 됨
2. 베트남에 공헌한 자로서 국가주석으로부터 훈장을 받거나 총리에 의해 결정된 자		
3. 석사 이상 학위자로서 베트남이 필요로 하는 분야의 지식과 기술을 가지고 사회, 경제 분야에서 근무 중인 자		
4. 베트남인과 결혼한 자		
5. 부동산사업법인을 제외한 외국계 법인으로서 임직원용 주택이 필요한 법인	투자허가증 필요	• 투자허가증 기간 동안 복수의 아파트 소유가능 • 투자허가서상 기간종료, 법인 청산 등의 경우 투자법, 회사법 등 관련 법령에 의거 주택이 처리됨

외국인 주택소유권증서 발급과 관련하여 발급기관은 해당 아파트가 소재한 각 시와 성 인민위원회이며, 발급신청서에 첨부될 서류로는 발급요청서, 아파트구매 및 소유가능 자격증명서류 사본, 구매계약서 원본, 판매자의 소유권을 입증하는 서류, 제세공과금 납부 영수증이 필요하다. 부동산 사용권 보유 유무를 파악할 때 대표적으로 토지사용권증서(red book)와 주택사용권증서(pink book)를 보면 된다. Red Book은 증서 표지가 적색이어서 붙여진 이름이고 Pink Book은 증서표지의 동고무늬가 핑크색이어서 붙여졌다. 또한 토지사용권증서는 세금 및 수수료 부담 때문에 전체 권리자의 70%만이 발급되었고 특히 대도시 외곽지역에서 실적이 저조하다. 당초 2005년까지 발급 완료하려던 것을 계속 연장하여 2010년까지 목표로 하고 있는 관계로 토지사용권 확인 시 필히 Red Book을 통해 검토해야 한다. 최근 red book과 pink book을 통합하여 하나의 증서에 모두 건물과 토지부문을 표시하기로 결정하였다.

마지막으로 인 · 허가 문제이다. 인 · 허가과정이 복잡하고 어려운 국가에서는 늘 그렇듯이 사업을 하고 안하고는 인 · 허가에 달렸다 해도 과언이 아니다. 땅값이 비싸도 경험이 없어도 다 견딜 수 있는데 인 · 허가에 시달리다 보면 디벨로퍼는 미치기 십상이다. 제정신을 가지고는 사업하기가 힘들다. 베트남에 가보면 뼈저리게 느낄 것이다. 막강한 파워를 동원해 돌파구를 마련해도 수십 가지의 인 · 허가 단계를 거치다보면 언제 끝날지 모른다. 거의 모든 인 · 허가 담당자들을 최 말단에서 최상까지 '관리' 하지 않으면 한 발짝도 나아가지 못하는 것이 베트남 사정이다. 호기롭게 한국에서의 시행경험을 바탕으로 현지인맥을 성공적으로 구축했다고 자부하는 사람도 베트남에서는 맥못추는 경우가 허다하다.

부동산개발사업의 경우 국가적으로 추진하는 핵심사업을 제외하고는 착공하기까지 약 33개의 관문을 통과해야 하고 소요기간도 3년 이상 걸리는 경우 허다하여 사업추진이 잘 되지 않는다. 베트남 건설부에서는 이와 같은 문제점을 인식하고 3분의 1 수준으로 절차를 간소화하고 소요기간도 1년 정도로 단축하는 작업을 하고 있으나, 베트남 공무원 사회에 만연되어 있는 비효율과 '통행료' 수입을 쉽게 포기할 수 있을지는 미지수이다.

외국인이 현지에서 건설업을 영위할 경우 현지 100% 단독시공법인을 설립하거나 시공면허를 득하여 현장단위사무소(PO : Project Office)를 설립하고 프로젝트 종결과 함께 청산이 가능하다.

부록 2 해외부동산개발을 위한 참고자료

해외부동산 사업에 종사하는 사업자나 직장인들에 도움이 되는 자료는 곳곳에 널려 있다. 그러나 초보자 입장에서는 무엇이 좋은지 방향을 잡고 체계적으로 공부하기엔 어려움이 많은 것이 사실이다.

우선 미국에서 발간되어온 영문서적들을 접하는 것이 좋다. 어차피 해외부동산개발을 수행하려면 영어로 된 전문용어들에 익숙해져야 하고 부동산개발 체계가 발달된 미국 부동산개발사례들을 살펴보는 것이 도움이 될 것이다. 필자의 기준으로 초보시절부터 늘 가까이 해오던 서적들을 소개하면 다음과 같다.

부동산개발 관련 용어 이해를 위해서는 우선 용어집을 구비하는 것이 좋다. Barron's Educational Series Inc.에서 발간하는 용어집으로 「Dictionary of Real Estate Terms」, 「Dictionary of Finance and Investment Terms」, 「Dictionary of Business Terms」, 「Dictionary of Accounting Terms」 등이 있는데 이는 항상 가까이 두고 모르는 단어가 나올 때마다 참조해야 한다.

두 번째, Bruce Harwood가 발간한 「Real Estate Principles」(Prentice-Hall刊)인데 부동산개발 전반을 개괄한 책이며, 특히 각 단원마다 Vocabulary Review코너가 있어 각 어휘와 맞는 설명을 맞추어보는 방법으로 복습을 통해 흥미를 유발한다. 다소 지루할 수 있으나 3~4번 독파할 것을 권한다.

세 번째, 호텔투자에 대한 전문지식을 습득하기 위해서는 Stephen Rushmore가 집필한 「Hotel Investments－A Guide for Lenders and Owners」(Warren, Gorham & Lamont刊)를 추천하고 싶다. 수요조사, 사업성분석, 파이낸싱, 벨류에이션, 호텔운영 및 관리 분야를 망라해서 상세한 내용들이 기술되어 있어 호텔산업을 이해하는 데 많은 도움이 되리라 믿는다.

네 번째, 국내서적으로 한국 시행사나 시공사의 입장에서 국내 개발사업의 관행이나 절차 및 부동산금융에 대한 이해가 해외 부동산 개발사업을 수행하는데도 많은 도움을 주고 있기 때문에 정구익의 「부동산개발금융(PF) 실무와 사례」 (한국생산성본부刊)를 권한다. 다양한 부동산금융기법 · 개발사례, 계약서 샘플 등을 통해 한국업체들이 국내에서 적용해온 방식을 해외에서도 어떻게 적용하고 있는지 파악하는 데 큰 도움이 된다.

다섯 번째, 국내 감정평가서 수험서로서 유명한 나상수 외 2명이 집필한 「감정평가실무강의 I & II」(도서출판 리북수刊)는 비록 국내 감정평가업을 수행하기 위한 전문가를 양성하기 위한 수험서이지만 다양한 부동산 평가이론뿐만 아니라 많은 국내사례와 문제들로 부동산 평가에 대한 지식을 습득할 수 있어 도움이 될 것이다.

그 외에도 국제적인 부동산컨설턴트의 정기적인 시장보고서를 인터넷상에서 무료로 이용할 수 있는데 「market research」나 「publication」이란 코너로 공개되어 있다. 주기적으로 동 자료들을 다운로드받아 취합하면 시장상황을 파악하는 데 아주 유용할 것이다. 대표적인 웹사이트 주소들은 다음과 같다.

CB Richard Ellis : www.cbre.com

Jones Lang Lasalle : www.jonelanglasalle.com

Colliers International : www.colliers.com

Knight Frank : www.knightfrank.com

DTZ : www.dtz.com

Savills : www.savills.com

Cushman & Wakefield : www.cushwake.com

Global Hospitality Services : www.hvs.com(호텔부분에 특화됨)

아울러 전 세계 부동산시장동향 및 제도에 대한 상세한 정보를 얻을 수 있는 Global Property Guide(www.globalpropertyguide.com) 같은 전문 사이트도 있고 한국의 해외부동산포털로는 루티즈코리아(www.rootiz.com)에서 해외부동산시장 정보를 많이 제공하고 있다.

또한 Goldman Sachs나 Morgan Stanley 같은 대형 투자은행(Investment Bank)이나, JP Morgan, Citi Bank 같은 상업은행(Commercial Bank)의 시장보고서는 세계의 투자흐름과 분위기를 파악하는데 유용하여 지속적으로 접근해야 한다.

디벨로퍼라면 항상 공사비 추이를 모니터링해야 한다. 유사사례를 수집하는 것이 가장 현실적이고 유용한 방법이기는 하나 자료를 구하기가 어려울 수 있다. 그러나, 부동산개발을 이야기할 때 공사비에 대한 흐름을 못 읽으면 주제가 겉돌 수 있고 협상 상대편에게도 신뢰감을 주지 못할 수도 있다. 공사비의 추이를 파악하려면 주요 국제적인 견적사(International Quantity Surveyor) 회사의 홈페이지를 방문해보길 권하고 싶다. 개발상품별, 시장별로 주요 자재단가를 포함하여 대략적인 공사비단가를 파악할 수가 있다. 일반인에게 공개된 자료도 있고 회원가입해서 자료에 접근할 수도 있다. 주요 견적사(QS)의 웹사이트 주소들은 다음과 같다.

DLS(Davis Langdon & Seah International) : www.davislangdon.com

RLB(Rider Levett Bucknall) : www.riderhunt.com

Northcroft : www.northcroft.com

KPK International : www.kpkqs.com

Hill International : www.hillintl.com

부록 3 해외부동산개발 체크리스트

* 최우선 체크사항은 적색바탕으로 표시

구분	☞	검토사항	결과	검토내용	비고
개발상품 파트너		• 개발상품은?(아파트, 상가, 주상복합, 호텔, 리조트, 공단, 오피스 등) • 자본금, 매출액, 영업이익, 경상이익, 순이익, 부채비율, 유동비율 등 재무제표분석 • 주요 업종, 종업원 수, 사업장 현황, 실적 등 회사규모 • 파트너 외부 신용분석자료 • 파트너가 희망하는 당사의 사업참여 형태는?(공동투자, 공동투자+도급사업, 단독투자+도급사업, 시공보증전제 일부 지분할당 등) • 사업권에 대한 프리미엄을 요구하는가? • 사업추진을 위한 현재까지 파트너의 투자금액은?			
법인설립 및 청산		• 합작법인 설립 시 외국인 지분제한은?(혹은 내국인 의무지분비율은?) • 합작법인의 이사회 구성 시 이사 구성제한은?(이사회 구성인원, 내국인 의무비율, 대표이사 등) • 이사회의 중요사안 결정 시 기준과 적용사안은?(만장일치제, 출석인원 과반수 찬성 등) • 부동산개발사업(투자사업)과 도급공사업을 동시에 수행가능한지? • 통상 법인설립 시까지 소요기간은? • 법인설립 시 관계당국에 내는 Fee 혹은 Tax는? • 합작법인의 지분율은? • 법인청산 시 제한사항은?			
자본금		• 최소 법정자본금은? 총 투자비 대비 최소 법정자본비율 조항이 있는지? • 토지를 현물로 출자가능한지? • 토지현물출자 시 출자금에 대한 제한사항은? • 자본금 증자 시 제한사항은?			

구분	☞	검토사항	결과	검토내용	비고
		• 자본금은 US$로 납입가능한지? 현지통화로 환산 후 현지통화로 표기되는지? • 참여사별 자본금 납입금액은?			
토지취득		• 토지 소유권 혹은 토지사용권인지? • 토지사용권의 경우 사용기간은? • 토지사용권의 토지사용료는? • 토지소유권 혹은 토지사용권의 제3자(외국인, 내국인 구분?)에게 매매, 양도가 가능한지? • 외국인의 경우 토지취득이 가능한지? • 외국인의 경우 토지취득 시 제한사항은? • 토지, 건물 등기 시 절차는? • 해당부지의 소유자는?			
지적공부		• 토지, 건물 등기부등본(Register)이 있는지? • 공동주택의 경우 토지와 건물을 분리하여 등기하는지? (아니면 토지는 대지권 표시로만 하는지?) • 지적도는? • 건물대장은? • 토지대장은? • 공시지가확인원은? • 용적률, 건폐율, 층고제한, 토지용도 등을 명시한 공부는?			
세제		• 부동산 취득세? • 등록세? • 양도소득세? • 과실송금세(Profit Remittance Tax)? • 부가가치세 혹은 Sales Tax? • 법인세?			

구분		검토사항	결과	검토내용	비고
		• 원천징수세 (Withholding Tax)? • 이자소득세? • 개인소득세? • 감세 혹은 면세혜택기준은? • 각종 세금의 납부시점은? • 이중과세방지협정 체결 유무 및 세제혜택은?			
인 · 허가		• 법인설립에서 입주 혹은 사용승인까지의 인 · 허가 절차는? • 투자허가 소요시간 및 준비서류? • 교통영향평가, 환경영향 • 평가의 소요시간 및 준비서류는? • 공사허가 소요시간 및 준비서류? • 분양허가 소요시간 및 준비서류? • 사용승인(혹은 가사용승인) 소요시간 및 준비서류? • 기타 인 · 허가 소요시간 및 준비서류는? • 현재 인 · 허가 단계는? • 디벨로퍼로서 지분참여하는 동시에 시공사로서 참여가능한지? 어떠한 제한사항이 있는지? • 인 · 허가 단계별 주무기관은?			
금융		• 에퀴티론(Equity Loan)에 대한 제한은? • 프로젝트론(Project Loan)에 대한 제한은? • US$ 차입가능? • 사업대상지 현지금융이 가능한지? • 프로젝트론 시 요구담보는? (토지 등) • 프로젝트론 시 토지, 건축물 이외에 별도의 기업보증(Corporate Guarantee)이 필요한가? • 기업보증이 필요하다면 누가 하는가? 지분율에 따라 공동입보 가능한가? • 프로젝트론 적용 이자율은?			

구분	∞	검토사항	결과	검토내용	비고
		• 약정수수료(underwriting fee), 주간사수수료(Agent Fee), 중도상환수수료, 관리수수료(Management Fee) 등은? • 거치기간(grace period) 및 원금상환기간은? • 별도의 프로젝트 계좌(Project Account)를 개설해야 하는지? • 계약이행을 확인하기 위해 에스크로우 계좌(Escrow Account) 개설이 가능한가? • 주택금융제도의 활용도는? • 주택자금 대출비율(Loan to Value Ratio)은? • 어떠한 금융기관에서 주택자금대출을 취급하는지? • 주택자금 대출이자율은? 상환조건은?			
외환		• 외환제도는? 변동환율제, 고정환율제? • 환위험은? 외환변동 추이는? • 현지은행 중 외환취급은행은?			
개발제한		• 건폐율? • 용적률? • 고도제한? • 대상부지의 용도제한은? 토지이용계획상 제한은? • 건축물 후퇴선(Set Back) 기준은? • 대지면적, 건축면적, 연면적은? • 공동주택 혹은 주상복합의 경우 주거/상업시설 간 최소의무비율? • 법정주차대수? • 세대당 인구구성 의무비율은? • 냉 · 난방시설은? • 주택취득 시 제한사항은? • 공동주택의 경우 동간 거리제한은? • 사업부지 중 공공용지 기부체납 대상면적은? • 주변에 혐오시설의 유무는? • 사업부지로의 접근성과 관련, 인접도로 차선 수, 유턴거리, 직접진입 여부, 일방통행			

구분	⇨	검토사항	결과	검토내용	비고
		여부 등?			
인프라		• 전력, 용수(용량, 주변 변전소, 수도사업소 위치)는? • 기존도로 차선 수(너비), 계획도로, 교량은? • 도시가스 혹은 LPG 사용 여부 및 공급가능성은? • 철도, 항공, 지하철, 전철 이용가능성은? • 하수처리시설은? • 전력, 수도 등 기간시설이용과 관련하여 수익자부담원칙하에 별도의 원인자부담금을 납부해야 하는가?			
분양, 임대		• 전용면적 산정기준은? • 분양면적 산정기준은? • 선분양이 가능한지 혹은 제한사항은? • 분양대금의 납입일정 및 제한사항은? • 분양권의 전매가 가능한지? • 전체 연면적 중 분양(임대) 가능면적 비율은? • 분양 시 분양금액 수준은? • 임대 시 임대금액 수준은? • 주변 분양(임대) 금액, 분양률(임대율), 입주율 등은? • 아파트, 상가 등의 경우 풀옵션(Full Option) 혹은 부분옵션(Partial Option) 등 통상 분양(임대) 시 기준은? • 분양계약의 해약/취소 시 위약금 부과가능한지? 이와 관련된 법규는?			
설계		• 외국(한국) 설계업체가 단독으로 참여가능한지 혹은 현지업체와 합작 혹은 합영만 가능한지? • 벽식구조, 라멘구조, 혹은 벽식+라멘구조?" • 내진설계관련 기준은? • 지질, 지반 상태는?"			
철거		• 사업부지에 철거시설 혹은 철거민의 존재유무? • 철거대상은?			

구분	⇒	검토사항	결과	검토내용	비고
		• 철거 소요기간은? • 철거민을 위한 보상금액은? 철거민의 민원제기 가능성은? • 철거에 대한 관계기관의 입장은?			
공사		• 공사단가는? • 공사실적에 따른 공사참여에 제한이 있는지? • 공사를 단독수행이 가능한지 아니면 현지업체와 합작 혹은 합영만 가능한지? • 수의계약이 가능한가? • 하도급비율에 대한 제한사항은? • 외부감리가 의무인지 혹은 자체감리 가능한지? • 공사기간은? • 에스커브(S-Curve)는? • 입찰보증서(B-Bond), 선수금환급보증서(AP-Bond), 이행보증서(P-Bond)가 필요한가? • 유보금 비율 및 지체상금은? • 공사기성지급 기준은? • 주요 현지하도업체는?			
과실송금		• 과실송금 시의 제약은? • 과실송금 시 현지화를 US$로 환전 후 송금이 가능한가? 혹은 제약이 없는가?			
개발 일반환경		• 해당국가면적? 해당도시면적? 해당부지면적? • 인구는? 수도인구? 해당사업지 인구는? • 인플레이션(Inflation)? 인구증가율? 중 · 장기 도시개발계획은? • 외국인직접투자 추이? 부동산가격동향? • 수출입동향? 외국공단 현황은? • 해외투자유치정책? 도시화율? 주택보급률? 해외관광객 유입추이? • 외환보유고는? 시중이자율추이? • 외국인 유입현황? 한국인 유입현황?			
부동산시장 동향		• 상품별 가격동향?			

구분	⊙	검토사항	결과	검토내용	비고
		• 상품별 수요공급동향? • 주요 개발업자? • 성공/실패사례? • 유사사례?			
내외국인의 정의		• 외국인이라 함은 어떠한 기준인지? • 내국인이라 함은 어떠한 기준인지?			
법규		• 외국인투자법은? • 토지법은? • 주택(상가)법은? • 건설법(Construction Law)은? • 기타 부동사개발사업과 건설관련 법규는?			
경쟁업체		• 한국기업의 진출현황은? • 한국기업의 개발사업실적은? • 외국기업의 진출현황은?			
컨설턴트		• 주요 법률회사는? 부동산관련 실적은? • 법률서비스에 대한 주요 조건은? 시간제, 정액제, 정액제+? • 법무비용 지급일정, 보증금 예치 유무, 결과물 수령방법? • 주요 부동산용역회사는? 실적은? • 부동산용역서비스에 대한 주요 조건은? 용역비 지급일정, 용역기간, 용역범위, 결과물 수령방법? • 주요 회계법인은? 부동산관련 실적은? • 회계용역서비스에 대한 주요 조건은? 용역비 지급일정, 용역기간, 용역범위, 결과물 수령방법?			

부록 4 사업타당성 보고서

1. 사업추진 경과

2. 부지현황

- 소유자 :
- 위치 :
- 면적 :
- 용도 및 권리 : (부지상태 :)

3. 개발계획

- 상품 :
- 세대수 :
- 평형 :
- 분양가 :
- 분양속도 :
- 연면적 :
- 용적률 :
- 토지대 :
- 공사비 :
- 공사기간 :

4. 사업성검토(손익대비표)

■ 전제

- 1안(현실적), 2안(보수적)
- 지분 ○○%, 자본금 ○○억 원 (총개발비의 ○○%)
- 환율: US$1 = K₩000

1) 전체 프로젝트(SPC)

구분	1안(현실적)	2안(보수적)	비고
a. 매각수입			
b. 개발비 (토지대) (공사비) (부대비) (금융비)			
c. 경상이익 (a–b)			
d. 법인세			
e. 순이익 (c–d)			

2) 참여사별

5. 자금소요 및 조달계획 (1안 기준)

(단위 : 억 원)

자금소요	금액	구성비	자금조달	금액	구성비
• 토지대		%	• 자본금		%
• 공사비		%	• 차입금		%
• 부대비		%	• 분양수입		%
• 금융비		%			
계		100%	Total		100%

6. 분양성 검토

1) ○○○주택시장 현황('○○년)
2) 사업지 주변 분양현황
3) 분양가 추이
4) 수요자 분석
5) 미시적 SWOT 분석 (출처 : ○○○)

(Strength)	(Weakness)
(Opportunities)	**(Threats)**

6) 분양전략

7. 사업구도

8. 향후일정

9. 담당자 의견

부록 5 합작계약서(Joint Venture Agreement)

THIS AGREEMENT is made the _____ day of __________, 20___, between Korean Party, a company organized and existing under the laws of Korea whose registered head office is located at ____, Korea(hereinafter referred to as "KP") and Foreign Party, a company organized and existing under the laws of ____________ whose principal office is located at (hereinafter referred to as "FP").

WITNESSETH:

WHEREAS, KP manufactures and sells, inter alia, the Products as defined in Paragraph 1.1.1 hereinbelow;

WHEREAS, FP is a company engaged in, inter alia, the manufacture and sale of various kind of products;

WHEREAS, the parties hereto wish to cooperate in the manufacture and sale of the Products so as to take advantage of their respective experience and expertise in accordance with the provisions of this Agreement.

NOW, THEREFORE, in consideration of the mutual promises and covenants contained herein, the parties hereby agree as follows:

Article 1. Definitions

1.1 In this Agreement, the following expressions shall, unless the context otherwise requires, have the following meanings:

1.1.1 "the Products" shall mean the X Products and related products which are further specified in the schedule annexed hereto as Exhibit A.

1.1.2 "the Technical Assistance Agreement" ("TAA") shall mean the technical assistance agreement which will be entered into by and between KP and the JVC and agreed to by FP, in approved terms.

1.1.3 "the Trademark License Agreement ("TMLA")" shall mean the trademark license agreement which will be entered into by and between KP and the JVC and agreed to by FP, in approved terms.

1.1.4 "JVC" shall mean the joint venture company to be formed and incorporated pursuant to provisions of Article 3 hereof.

Article 2. Purpose

2.1 The purpose of this Agreement is to provide for the establishment, ownership, and operation by the parties of a (type of company) company which will be named in English "_______________", and in the language of Foreign Country "________________" (which company will hereinafter be referred to as the "JVC").

2.2 The purpose of the JVC will be to:

a) engage in the manufacture, marketing, promotion, sale, export and distribution of the Products, including the leasing of facilities which may be needed to accomplish the foregoing;

b) engage in any and all acts, things, businesses and activities which are related, incidental or conducive directly or indirectly to the attainment of the foregoing objects.

2.3 FP shall have primary responsibility in taking all steps required under the Foreign Country law to obtain the approvals and validations of the competent government agencies in form and substance acceptable to both parties for the agreements necessary to implement this joint venture.

Article 3. Establishment of the JVC

3.1 Promptly upon receipt of all necessary government approvals for all agreements necessary to implement this joint venture in form and substance acceptable to both parties, the partied shall cooperate to establish the JVC in accordance with the laws of Foreign Country.

3.2 The JVC's Articles of Incorporation shall be as agreed to by the parties hereto and shall be in conformity with the terms and conditions of this Agreement, in approved terms. If any discrepancy is found between this Agreement and the JVC' s Articles of Incorporation, the parties shall amend the Articles of Incorporation in accordance with this Agreement.

Article 4. Capital Subscription

4.1 The total number of shares of common capital stock to be subscribed for by KP and FP when called for by the Board of Directors, but within ___ months from receipt of all necessary government approvals, shall be as follows:

a) KP: _____ divided into _________ shares at _________ per share;

b) FP: _________ divided into _________ shares (including the shares of promoters other than KP and FP) at _________ per share.

4.2 Unless the parties agree in writing otherwise, KP and FP, and their respective transferees, will, throughout the life of the JVC, hold common shares in the JVC in the following ratio:

a) KP : ___________ percent (___%);
b) FP : ___________ percent (___%).

4.3 Any shares of common stock subscribed for and accepted by KP or FP shall be paid in full in cash and/or in kind to the JVC.

4.4 Any shares issued by the JVC shall be common stock of one class, in con-bearer form evidenced by share certificates and with the full voting rights.

4.5 No additional shares of the JVC may be authorized or issued except upon the prior written agreement of KP and FP unless otherwise required by imperative law or the Articles of Incorporation of the JVC.

Article 5. Promoters

5.1 KP, FP and ___________ individuals designated by FP shall serve as the promoters of the JVC.

5.2 Each individual promoter designated by FP shall accept as nominee shareholder for FP no more than one share each by signing or adding his name and seal to the Articles of Incorporation of the JVC in accordance with applicable laws of Foreign Country.

5.3 The shares accepted by the promoters other than KP and FP shall be transferred to and become part of FP's shares immediately after the issuance of the JVC's share certificates.

Article 6. Transfer of Shares

Neither of the parties shall pledge, sell, transfer, or otherwise encumber or dispose of all or any of its shares in the JVC without the prior written consent of the other party, pro- vided that KP may transfer its shares in the JVC to any third party which controls KP, is controlled by KP, or is under common control with KP, without such consent of FP. For this purpose "control" shall mean the direct or indirect ownership of more than fifty (50) percent of the voting stocks of a corporate entity.

Article 7. Preemptive Rights

KP and FP shall have preemptive rights in proportion to the number of shares held by each of them with respect to any new issuance of shares of the JVC.

Article 8. Meetings and Resolutions of Shareholders

8.1 The Board of Directors shall decide the time and place for convening all meetings of the shareholders except where __________ law provides otherwise.

8.2 All general meetings of shareholders shall be conducted both in English and the language of Foreign Country and all minutes of the general meeting of shareholders shall be prepared both in English and the language of Foreign Country. In the event of any conflict between the English and Foreign Country language versions of the minutes, the English language version shall prevail.

8.3 All actions and resolutions of the shareholders shall be adopted by the affirmative vote of a majority of the shares represented at the meeting where more than one-half of the total number of issued and outstanding shares of the JVC are represented unless otherwise required by this agreement or the laws of Foreign Country.

Article 9. Board of Directors

9.1 FP and KP will exercise their respective voting rights in the JVC and take such other steps as are necessary to insure:

a) that the Board of Directors of the JVC shall consist of ______members;

b) that of such _______ members, _______ shall be nominated by KP and shall be nominated by FP and that each party shall procure the nomination and election of members nominated by the other party.

c) that if either party wishes to change its nominated directors with or without cause the other party will vote accordingly; provided, however, that if such dismissal is without cause, the party proposing the dismissal shall indemnify and hold the JVC and the other party harmless from any and all damages and any other expenses that may arise from such action.

9.2 If the position of a director of the JVC becomes vacant for any reason, KP and FP agree to cause their shares to be voted to elect as director a person nominated by the party who nominated the director whose office is vacant.

9.3 The Board of Directors shall elect from its members two Joint Representative Directors of the JVC, one of whom shall be nominated by KP and the other shall be nominated by FP. Each party shall procure the nomination and election of the Joint Representative Director nominated by the other party.

9.4 The Joint Representative Directors shall implement the business policies, plans, budgets and the like of the JVC in accordance with the decision of the Board of Directors and shall be jointly responsible to the Board of Directors and shareholders for performance of their duties and responsibilities. The Joint Representative Director nominated by shall also hold the title of President and the Joint Representative Director nominated by ___________ shall also hold the title of Executive Vice-President.

9.5 The Board of Directors shall appoint such other officers as it considers necessary and appropriate to operate the JVC. Such officers shall report on a regular basis to both of the Joint Representative Directors.

9.6 Meetings of the Board of Directors may be called at the request of either Joint Representative Director when he deems the same to be necessary or advisable, or when any two directors so request.

9.7 Unless otherwise required by law or this Agreement, all actions and resolutions taken by the Board of Directors shall be adopted by a majority of all directors. Meetings of the Board of Directors will be conducted in English and the language of Foreign Country and minutes recorded in English and such Foreign Country language. The English language version shall prevail in the event.

9.8 No member of the Board of Directors, including the chairman of the Board of Directors' meeting, shall have the right to cast a tie-breaking vote and a provision shall be included in the Articles of Incorporation to that effect.

Article 10. Basic Corporate and Operating Policies

The parties are in agreement on the following corporate and operating policies. The parties agree to vote their shares and cause their nominated Directors and other representatives to effectuate such policies during the continuance of this Agreement:

10.1 The parties shall own the entire issued capital of the JVC.

10.2 The general policies of the JVC regarding the salaries, bonuses and other emoluments of directors and employees of the JVC shall be reviewed annually by the parties in consultation with the directors of the JVC and general practice current in Foreign Country shall be taken into consideration. Non-standing directors will not receive any remuneration unless otherwise agreed upon. Directors' compensation and severance pay shall be determined in accordance with regulations adopted by the shareholders.

10.3 The annual financial statements of the JVC will be subject to annual audit by the independent public accountants of the JVC selected by mutual agreement of the parties hereto. The JVC will issue to the shareholders on a semi-annual basis and within _______ days of the end of the relevant month, financial statements together with a report on operations for the period covered by the financial statements, all of which shall be submitted in both English and the language of Foreign Country at the JVC's expense.

Article 11. Accounting and Auditing

11.1 The books and records of the JVC shall be maintained in accordance with generally accepted accounting principles of Foreign Country and KP's administrative guidance and requirements and shall accurately reflect the JVC's financial position. Such records and supporting documents shall be available for inspection by either party, or its designee at all reasonable times. Either party may request an audit of such records by an independent public accountant of their selection, other than the independent public accounting firm used by the JVC for its annual audit, at the expense of the requesting party.

11.2 The parties hereto agree to cause the books and records of the JVC to be audited at the end of each fiscal year during the term of this Agreement by an independent public accounting firm of the JVC. Such firm of accountants shall yearly provide the parties with a financial report in English and the language of Foreign Country in accordance with generally accepted accounting principles of the Foreign Country. Copies of such Annual Audits shall be provided to both parties hereto at the JVC's expense.

Subject to the approval of the meeting of shareholders, such Annual Audits shall be final and binding upon the parties as to the revenue, costs, fees, expenses, losses and profits of the JVC, absent manifest error or fraud.

Article 12. Technical Assistance and Trademarks

12.1 KP shall provide technical assistance and a patent license to the JVC under the terms of the TAA to be agreed to by the parties, subject to appropriate Government approval. KP shall also grant a trademark license to the JVC under the terms of the TMLA to be agreed to by the parties.

12.2 Immediately following incorporation of the JVC, the parties shall cause the JVC to enter into the TAA and TMLA referred to in Paragraph 12.1 hereinabove.

Article 13. Term

This Agreement shall continue in effect so long as both parties hold any shares in the JVC unless earlier terminated pursuant to Article 14 hereinbelow.

Article 14. Termination

Notwithstanding the foregoing, this Agreement may be terminated forthwith upon the sending of notice in writing upon the occurrence of one or more of the following events:

a) by either party, if this Agreement as well as all related agreements have not been approved by the relevant authorities in form and substance acceptable to such party within _________ months from the date this Agreement is signed by both parties;

b) by the other party, if either party shall commit a breach of any of its obligations under this Agreement which it shall fail to remedy within days from written notice being given requiring that breach to be remedied;

c) by the other party, if either party shall be or become incapable for a period of __________ days of performing any of its obligations under this Agreement because of any event covered by Article 18 hereof;

d) by the other party, if either party or its creditors or any other eligible party shall file for that party's dissolution, liquidation, bankruptcy, reorganization or compulsory composition or if that party has entered into dissolution, liquidation, bankruptcy, reorganization or compulsory composition or if that party is unable to pay any debts as they become due, has explicitly or implicitly suspended payment of any debts as they become due (except those debts which are contested in good faith) or has liabilities which exceed its assets, or if the creditors of that party have taken over its management or if the relevant financial institutions have suspended that party's clearing house privileges or if any material or significant part of that party's undertaking, property or assets shall be expropriated or confiscated by action of any government;

e) by KP, if any agreements entered into for the purpose of implementing this joint venture, including but not limited to the TAA and TMLA, are terminated for any reason other than KP's breach.

f) by KP, if its common share equity in the JVC falls below ______ percent of the issued and outstanding common stock of the JVC for reasons other than KP's voluntary sale or transfer of the shares.

Article 15. Consequences of Termination

15.1 Termination of this Agreement shall be without prejudice to the accrued rights and liabilities of the parties at the date of termination, unless waived in writing by the mutual agreement of the parties.

15.2 The parties shall have the option to have their name or names and/or their trademarks or other distinctive designations removed from the name of and from use by the JVC. If either party opts to have its name so removed, the other party shall take all steps necessary to remove the name, trademark or trade name of or any reference to the party so opting, or the language of Foreign Country equivalent of such party's name, as appropriate. FP agrees that upon KP's request, FP shall immediately return to KP the proprietary information which is covered by any of KP's technical know-how, patents of other industrial property rights and reproductions or copies thereof or other written documents relating thereto and retain no reproductions or copies.

15.3 If this Agreement is terminated for any reason, the parties may agree in writing to a sale of the shares of one party to the other party or its designee, at the fair market value; however, if the parties do not agree to such an arrangement within ________ days of the effective date of the termination of this Agreement, the parties shall cause the JVC to be duly dissolved and liquidated.

15.4 "Fair market value" for purposes of this Agreement is defined as the price per share as agreed upon by the parties hereto or in the event the parties are unable to so agree within a period of _______ days, the price per share as determined by the independent public accountants of the JVC, which determination shall be final and binding on the parties.

Article 16. Non Waiver/Other Remedies

16.1 Failure of either party to insist upon the strict and punctual performance of any provision hereof shall not constitute waiver of or estoppel against asserting the right to require such performance, nor should a waiver or estoppel in one case constitute a waiver or estoppel with respect to a later breach whether of similar nature or otherwise.

16.2 Nothing in this Agreement shall prevent a party from enforcing its rights by such remedies as may be available in lieu of termination.

Article 17. Unenforceable Terms

In the event any term or provision of this Agreement shall for any reason be invalid, illegal or unenforceable in any respect such invalidity, illegality or unenforceability shall not affect any other term or provision of this Agreement and this Agreement shall be interpreted and construed as if such term or provision, to the extent unenforceable, had never been contained in this Agreement.

Article 18. Force Majeure

18.1 The failure or delay of either party hereto to perform any obligation under this Agreement solely by reason of acts of God, acts of government (except as otherwise enumerated herein), riots, wars, strikes, lockouts, accidents in transportation or other causes beyond its control shall not be deemed to be a breach of this Agreement; provided, however, that the party so prevented from complying herewith shall continue to take all actions within its power to comply as fully as possible herewith.

18.2 Except where the nature of the event shall prevent it from doing so, the party suffering such force majeure shall notify the other party in writing within ________ days after the occurrence of such force majeure and shall in every instance, to the extent it is capable of doing so, use its best efforts to remove or remedy such cause with all reasonable dispatch.

Article 19. Disclaimer of Agency

This Agreement shall not be deemed to constitute either party the agent of the other party hereto, nor shall it constitute the JVC an agent of either party hereto.

Article 20. Arbitration

All disputes, controversies, or differences which may arise between the parties, out of or in relation to or in connection with this Agreement, or for the breach hereof, shall be final- ly settled by arbitration before three (3) arbitrators under the Rules of Commercial Arbitration and Conciliation of the International Chamber of Commerce in ______.

Each party shall be entitled to nominate one arbitrator and the arbitrators selected by FP and KP shall mutually agree upon the selection of the third arbitrator. The arbitration proceeding shall be conducted in English. The results of such arbitration shall be conclusive and binding upon the parties, and shall be enforceable in any court having jurisdiction over the party against whom the award was rendered.

Article 21. Assignability

This Agreement and each and every covenant, term and condition hereof shall be binding upon and inure to the benefit of the parties hereto and their respective successors and assignees, but neither this Agreement nor any rights of obligations hereunder shall be assignable directly or indirectly by either party hereto without the prior written consent of the other party except for an assignment by KP to its affiliate.

Article 22. Expenses

Each party shall bear its own attorney fees and other expenses incurred to obtain approval for the establishment of the JVC, and shall hold the other party harmless for any such charges.

Article 23. Agreement with JVC

As soon as reasonably possible after the execution of this Agreement, the parties hereto and the JVC shall execute a supplemental agreement whereby the terms and conditions of this Agreement become enforceable by and against the JVC as if it were an original signatory hereto.

Article 24. Implementation of the Agreement

24.1 Each party undertakes to carry out this Agreement in good faith and to respect the spirit as well as the letter of its provisions.

24.2 Each party warrants and represents to the other party that it has no outstanding commitments or obligations which would impede its ability and right to enter into this Agreement and/or fulfill its obligation hereunder except those which have been disclosed at the time of execution of this Agreement.

24.3 Each party agrees to hold the other party harmless and to indemnify the other party against any and all liabilities, losses, costs, damages, finder's fee, commissions and/or expenses which either of them may sustain by reason of the breach or alleged breach of the foregoing warranty and representation in Paragraph 24.2.

24.4 Each party agrees that neither of them nor their parent companies, subsidiaries or affiliated companies shall undertake any activities, whether pursuant to a joint venture arrangement, technical assistance or otherwise which shall compete directly, in the opinion of the other party, with the activities of the JVC in the Foreign Country.

24.5 The parties agree to enter into and execute any and all such further agreements, documents and the like as may be necessary or beneficial to carry out the purposes of this Agreement.

24.6 All obligations of each party to the JVC under this Agreement shall be deemed to be obligations to the other parties as well.

Article 25. Enforcement Costs

Each party hereto agrees to pay and discharge all reasonable costs, attorney fees and expenses (including, but not limited to the costs of litigation or arbitration) that are incurred by the other party in enforcing the terms of this Agreement; provided that such other party shall prevail in such proceedings.

Article 26. Notice

26.1 Any notice required or permitted to be given hereunder shall be in writing and may be given by personal service, registered airmail, or by cable or telex if confirmed on the same day in writing by registered airmail, with postage fully prepaid to the following addresses:

To KP at:

Attention:

Fax No.:

Tel. No.:

To FP at:

Attention:

Fax No.:

Tel. No.:

26.2 Any notice so given shall be deemed to be received if by letter: (a) upon receipt, or fourteen (14) days after posting, whichever is less, for airmail sent between Korea and Foreign Country or any other country, or (b) upon receipt or seven (7) days after posting, whichever is less, for mail sent within Korea, Foreign Country or any other country; or if by telex or cable: forty-eight (48) hours after dispatch.

26.3 To prove service of notice, it shall be sufficient to prove that a letter, telex or cable containing the notice was properly addressed and properly dispatched or posted.

Article 27. Language

This Agreement is written in the English language and executed in two (2) counterparts, each of which shall be deemed an original. The English language text of this Agreement shall prevail over any translation thereof.

Article 28. Governing Law

This Agreement shall be interpreted in accordance with and governed by the substantive laws of ________________.

Article 29. Effective Date

This Agreement shall come into effect upon the date both parties hereto have added their signatures or names and seals.

Article 30. Entire Agreement

30.1 This Agreement supersedes all previous representations, understandings or agreements, oral or written, between the parties with respect to the subject matter hereof, and together with the exhibits hereto and the agreements and documents contemplated hereby contains the entire understanding of the parties as to the terms and conditions of their relationship.

30.2 Terms included herein may not be contradicted by evidence of any prior oral or written agreement or of a contemporaneous oral or written agreement.

30.3 No changes, alterations or modifications hereto shall be effective unless in writing and signed by authorized representatives of both parties and, if required, upon approval by competent government authorities of each party.

30.4 Headings of Articles in this Agreement are for convenience only and do not substantively effect the terms of this Agreement.

IN WITNESS WHEREOF, the authorized representative of the parties hereto have set their hands or their names and seals, the day and year first above written.

KOREAN PARTY

By ______________________________

Name:

Title:

FOREIGN PARTY

By ______________________________

Name:

Title:

부록 6 토지매매계약서(Land Sale & Purchase Agreement)

DATED THIS DAY OF 2009

BETWEEN

("Vendor")

AND

("Purchaser")

LAND SALE AND PURCHASE AGREEMENT

(Law Firm)

THIS AGREEMENT is made this day of 2008

BETWEEN

ABC (Company No.), a company incorporated in 000 under the Companies Act, 1965 and having its registered address at 000 (hereinafter called "**the Vendor**") of the one part;

AND

DEZ, a company incorporated in South Korea and having its registered office in 000 at 000 (hereinafter called "**the Purchaser**") of the other part.

WHEREAS:-

(A) The Lands

The Vendor is the registered and beneficial owner of four (4) parcels of freehold land held under:-

(i) ;

(ii) ;

(iii) ; and

(iv) ,

all located in the 000 measuring approximately 00 **square metres (equivalent of 000 square feet)** in total area (hereinafter collectively referred to as "**the Lands**"). Full particulars of the Lands together with details of the restrictions-in-interest, conditions of title and issues affecting the Lands are set out in **Annexure A** hereto.

(B) Lands Free from Encumbrance

The Lands are free from all encumbrances.

(C) **Agreement to Sell**

The Vendor hereby agrees to sell and the Purchaser hereby agrees to purchase the Lands free from all encumbrances or impediment or any other restriction which prohibits the passing of the legal and beneficial title of the Lands to the Purchaser's Nominee and/or interferes with the Purchaser's or the Purchaser's Nominee's use and enjoyment of the Lands including any charge, mortgage, option, assignment, title retention, trust, agreement, caveat, lien, prohibitory order, easement and/or claims of whatsoever nature affecting the Lands and with Vacant Possession for the total purchase price of $000 only ("**the Purchase Price**") upon the terms and conditions herein contained.

(D) **Transfer of the Lands**

Notwithstanding that the Purchaser is the party to the sale and purchase herein, the Parties intend the Lands shall be transferred in favour of the Purchaser's Nominee and accordingly, all relevant applications to the Authorities for the transfer of the Lands shall be made in favour of the Purchaser's Nominee.

(E) **Development of the Lands**

The Purchaser intends to develop the Lands through the Purchaser's Nominee into a residential development scheme.

(F) **Loan**

The Purchaser may apply to financial institution(s) ("**the Purchaser's Financier**") for loan(s) to complete the purchase of the Lands ("**the Loan**").

(G) **Legal Representation**

(i) The Vendor is represented by 000, Advocates & Solicitors, of 000 ("**the**

Vendor's Solicitors").

(ii) The Purchaser is represented by 000, Advocates & Solicitors, of 000 ("**the Purchaser's Solicitors**").

NOW IT IS HEREBY AGREED AS FOLLOWS: -

1. Definitions And Interpretation

1.1 Unless there is something in the subject or context inconsistent therewith, the following terms in this Agreement the Schedule and the Appendices hereto shall have the following meanings:

Agreement	means this agreement and includes the annexures herein and such variation, amendment or alteration as the Parties may agree to incorporate as part of this agreement from time to time in accordance with the provisions of this agreement;
Amalgamation Approval	means the approval of the relevant State Authority to amalgamate the Lands pursuant to Section 146 of the National Land Code;
Amalgamated Lands	means the amalgamated parcels of land comprising of the Lands or parts thereof, as approved by the Authorities;
Approvals	means the approvals of the Appropriate Authorities in relation to any of the Conditions Precedent;
Approval for Plans	means the approval by 000 in respect of the layout plans and building plans for the Purchaser's proposed development on the Lands

	or any part thereof;
Authority/Authorities	means any government, municipal, statutory, public or other authority or body having authority or jurisdiction in relation to the Lands, or any part thereof or otherwise in connection with this Agreement, including without limitation, the 000, the State Authority and the Ministry of Housing and Local Government;
Balance Deposit	means the sum of $000 only being eight (8) percent of the Purchase Price;
Balance Purchase Price	means the First Tranche Payment and the Second Tranche Payment collectively;
Business Day	means a weekday (other than Saturday, Sunday or a public holiday) which banks licensed to carry on banking business under the Banking and Financial Institutions Act 1989 are open for business ;
Conversion Approval	means the approval of the relevant State Authority for the change in the condition of title to allow land use for purposes of residential building in relation to Lot 000 ;
Conditions Precedent	means all the conditions precedent as set out in Clause 3.1 of this Agreement;
Cut-Off Date	means ten (10) months from the date of this Agreement or such later date as the parties hereto may mutually agree in writing;
Delivery Date	means the date when Vacant Possession of the Lands is delivered to the Purchaser, which shall be not later than three (3) days from the date of payment of the Purchase Price by the Purchaser

	in accordance with the terms of this Agreement;
Deposit	means the Earnest Deposit and the Balance Deposit collectively;
Development Order	means the development order for the development of the Lands or any part thereof for purposes of the Purchaser;
Differential Sum	means the difference between the Loan and the Balance Purchase Price;
Earnest Deposit	means the sum of $000 only being two (2) percent of the Purchase Price;
Election Monies	means the refund by the Vendor to the Purchaser of all monies paid hereunder this Agreement together with a further sum equivalent to the Deposit as agreed liquidated damages;
Extended First Tranche Payment Date	means the date which is one (1) month after the First Tranche Payment Date;
Extended Second Tranche Payment Date	means the date which is one (1) month after the Second Tranche Payment Date;
First Extended Cut Off Date	means a date which is six (6) months from the Cut Off Date;
First Power of Attorney	means the unconditional power of attorney granted by the Vendor in favour of the Purchaser's Nominee in respect of the Lands in the format as set out in Annexure B attached hereto;
First Tranche Payment	means the sum of $000 only being forty (40) percent of the Purchase Price;
First Tranche Payment Due Date	means one (1) month from the date of the Purchaser's receipt of the FIC Approval.
Lands	means all those pieces of freehold land held

	under:- (i) 000; (ii) 000; (iii) 000; and (iv) 000, all located in the District and Town of 000, State of 000 measuring approximately 000 square metres in total area or any part thereof;
Loan	means the loan(s) granted by the Purchaser's Financier(s) to assist the Purchaser to complete the purchase of the Lands;
Purchase Price	means the sum of $000 only on the basis of $000 per square foot;
Purchaser	means DEZ, a company incorporated in South Korea;
Purchaser's Financier(s)	means the financial institution(s) which grants loan(s) to the Purchaser's Nominee to assist the Purchaser to complete the purchase of the Lands;
Purchaser's Financier(s)' Undertaking	means an undertaking from the Purchaser's Financier(s) to the Vendor to pay the Loan sum upon presentation of the Transfer and the charge in favour of the Purchaser's Financier(s) at the relevant Land Office/Registry and settlement of the Differential Sum;
Purchaser's Nominee	means DEZ's SPC, a company incorporated in 000 and having its registered office at 000
Purchaser's Solicitors	means Messrs 000 at address;
Retention Sum	means the sum of $000 only being five (5) percent of the Purchase Price;

Second Power of Attorney	means the unconditional power of attorney granted by the Vendor in favour of the Purchaser's Nominee in respect of the Lands in the format as set out in Annexure C attached hereto;
Second Tranche Payment	means the sum of $000 only being fifty (50) percent of the Purchase Price;
Second Tranche Payment Due Date	means ten (10) months from the date of this Agreement or one (1) month from the Unconditional Date, whichever is the later;
State Authority Approval	means the approval of the State Authority for the transfer of the Lands in favour of the Purchaser's Nominee:- (i) pursuant to Section 433B of the National Land Code 1965; and (ii) pursuant to the restriction in interest affecting Lot 000Geran in the District and Town of 000, State of 000;
Sub-division Approval	means the approval of the Authorities for the sub-division of the land for purposes of the development, including for purpose of surrendering the relevant part of the Lands for the sub-station as required by the Authorities;
Termination Notice	means the notice served by one party on the other to terminate this Agreement;
Transfer	means the valid and registrable Memorandum of Transfer (Form 14A) in respect of the Lands and/or where applicable the Amalgamated Lands in favour of the Purchaser's Nominee duly executed by the Vendor;

Unconditional Date	means the date the Purchaser is notified of and receives written evidence of the fulfillment of the last of the Conditions Precedent;
Vacant Possession	means the delivery of exclusive possession of the Lands by the Vendor to the Purchaser free from any squatters, occupiers or other trespassers on an "as is where is basis" as at the date of this Agreement (subject however to the representations in this Agreement), to which the Purchaser is entitled on completion of this sale and purchase transaction;
Vendor	means ABC (Company No. 000), a company incorporated in 000 under the Companies Act, 1965 and having its registered address at 000;
Vendor's Shareholders' Approval	means the approval of the shareholders of the Vendor at a general meeting duly convened and held and at which a quorum was present and voting throughout, to the sale of the Lands to the Purchaser pursuant to the terms of this Agreement;
Vendor's Solicitors	means Messrs. 000 at address;
Vendor's Undertaking	means the undertaking from the Vendor in favour of the Purchaser's Financier(s) to refund such part of the Loan released by the Purchaser's Financier(s) to the Vendor free of interest in the event the Transfer and the charge in favour of the Purchaser's Financier(s) cannot be registered for any reason whatsoever;

1.2 Words importing the singular number shall include the plural and the masculine gender shall include the feminine or neuter gender and vice versa and words importing persons shall include companies.

1.3 Headings of clauses have been inserted for guidance only and shall be ignored in construing this Agreement.

1.4 No rule of construction applies to the disadvantage of a party because that party was responsible for the preparation of this Agreement or any part of it.

1.5 The Annexures to this Agreement form an essential part of this Agreement and shall be construed accordingly.

1.6 References to any statutes or statutory instruments shall include and refer to any statutes or statutory instrument amending, consolidating or replacing them respectively from time to time being in force.

1.7 Where an act is required to be done within a specified time, the period is inclusive of and begins to run from that date. A period of days from the happening of an event or the doing of any act or thing shall be deemed to be inclusive of the day on which the event happens or the act or thing is done and if the last day of the period is a weekly holiday or a public holiday [the "excluded day"], the period shall include the next following day which is not an excluded day.

1.8 The expression "US Dollar" and symbol "US$" shall mean the lawful currency of the United States.

1.9 A reference to any party or to any Authorities or to any other person, corporation or association shall be a reference to them as so constituted from time to time and shall include their successors and permitted assigns.

1.10 A reference to a day in this Agreement shall, except where such reference is to a Business Day, mean any day including Saturday, Sunday and a public holiday.

1.11 A reference to a document or instrument includes all amendments or supplements to or replacements or novations of the document or instrument in writing.

1.12 Period of days from the occurrence of an event or the performance of any act or thing shall be deemed to be exclusive of the day on which the event happens and the period shall include the next following Business Day.

1.13 The expression "**month**" is a reference to a period starting on one day in a calendar month and ending on the numerically corresponding day in the next calendar month save that, where any such period would otherwise end on a day which is not a Business Day, it shall end on the next Business Day provided that if a period starts on the last Business Day in a calendar month or if there is no numerically corresponding day in that month in which that period ends, that period shall end on the last Business Day in that later month (and references to "**months**" shall be construed accordingly).

2. Agreement to Sell

2.1 The Vendor hereby agrees to sell and the Purchaser hereby agrees to purchase the Lands free from all encumbrances or impediment or any other restriction which prohibits the passing of the legal and/or beneficial title of the Lands to the Purchaser's Nominee and/or interferes with the Purchaser's or the Purchaser's Nominee's use and enjoyment of the Lands including any charge, mortgage, option, assignment, title retention, trust, agreement, caveat, lien, prohibitory order, easement and/or claims of whatsoever nature affecting the Lands and with Vacant Possession of the Lands for the Purchase Price upon the terms and conditions herein contained.

3. Conditions Precedent

3.1 Conditions Precedent

The sale and purchase of the Lands shall be conditional upon the following conditions precedent being fulfilled:-

(i) the 000 Approval being obtained by the Purchaser at the Purchaser's own cost and expense;

(ii) the State Authority Approval being obtained by the Purchaser at the Purchaser's own cost and expense; and

(iii) the Conversion Approval being obtained by the Vendor at the Vendor's own cost and expense, all conditions imposed thereto being complied with by the Vendor and the Conversion Approval being endorsed on the land held under 000, State of 000.

3.2 Agreement becoming unconditional

Subject to the provisions of **Clauses 3.3** and **3.4** herein, this Agreement shall cease to be conditional on the Unconditional Date.

3.3 Conditions of Approvals

3.3.1 It is hereby agreed between the Parties that where any of the Approvals is granted subject to the terms and conditions that materially and adversely affect the Purchaser, then the Purchaser shall be entitled to give notice in writing to the Vendor of the Purchaser's intention to seek a waiver or variation of the terms and conditions imposed within fourteen (14) days of the Purchaser being notified of such terms and conditions in writing and thereafter, the Purchaser shall submit an appeal for such waiver or variation within fourteen (14) days of the date of the afore-mentioned notice to the Vendor. Until such waiver or variation has been obtained the relevant Approval shall be deemed not to have been obtained.

3.3.2 In the event the Purchaser fails to give any notice of intention to seek a waiver or variation within the afore-mentioned time period or having given such notice, fails to submit the appeal within the afore-mentioned time period, the Purchaser shall be deemed to have accepted the terms and conditions imposed and the relevant Approval shall be deemed to have been obtained.

3.3.3 In the event the Purchaser's appeal for such waiver or variation is rejected or is still pending on the Cut-Off Date, the Purchaser may elect to accept the original terms and conditions (provided notice of such intention is given in writing to the other party within fourteen (14) days of the date the Purchaser is notified of the rejection or the Cut Off Date, as the case may be) in which event, the relevant Approval shall be deemed to have been obtained as at the date the Purchaser notifies the Vendor in writing of the intention to accept the original terms and conditions imposed.

3.3.4 In the event that the Authority rejects the application for the relevant Approval and the Purchaser decides not to appeal against such rejection, this Agreement shall cease to have effect and **Clause 3.4** shall become applicable.

3.4 Lapsing of Agreement

In the event that any of the Conditions Precedent is not fulfilled on or before the Cut-Off Date, the Parties hereby agree to an extension of time period up to the First Extended Cut Off Date for the Conditions Precedent to be fulfilled. In the event that any of the Conditions Precedent is not fulfilled on or before the First Extended Cut Off Date, the Parties may mutually agree to any further extension of time for the same to be fulfilled. In the event that any of the Conditions Precedent is not fulfilled on or before the First Extended Cut Off Date or any further extended date mutually agreed, then either Party shall be entitled to terminate this Agreement and the following consequences shall ensue: -

(i) the Vendor shall forthwith refund the Deposit and all other sums paid towards the Purchase Price to the Purchaser within fourteen (14) days from the notice to terminate this Agreement, failing which the Vendor shall pay the Purchaser interest at the rate of ten (10) per centum per annum on a daily basis on the amount outstanding up to the date of receipt of the aforesaid sum by the Purchaser;

(ii) upon receipt by the Purchaser of the afore-mentioned refund of the Deposit and all other sums paid towards the Purchase Price, the Purchaser shall return to the Vendor the original titles to the Lands (if the same has been delivered to the Purchaser pursuant to **Clause 7.2**) and withdraw any private caveat the Purchaser has lodged over the Lands and re-deliver the Vacant Possession of the Lands to the Vendor with the Vendor's rights intact (in the event that Vacant Possession of the Lands has been delivered to the Purchaser);

AND THEREAFTER, this Agreement shall be terminated and be of no further effect and neither party hereto shall have any claim against the other hereunder (including any claim for costs and expenses incurred in applying for or obtaining or complying with conditions imposed in respect of any of the Approvals) save in respect of any antecedent breach of this Agreement.

3.5 Mutual Covenants To Fulfil Conditions Precedent

3.5.1 The parties shall upon the execution of this Agreement take all necessary steps and actions to submit the necessary application to obtain the fulfillment of the Conditions Precedent as expeditiously as possible. The parties shall use their best endeavour to comply with the projected time line for the submissions of the relevant applications for the fulfillment of the Conditions Precedent as set out in **Annexure D** hereto.

3.5.2 The parties agree to promptly provide the other with such relevant documents and information required in respect of the relevant applications to be made for the fulfillment of the Conditions Precedent to enable the applications to be submitted. For this purpose, the Vendor hereby agrees that the Vendor shall within fourteen (14) days from the date of receipt thereof from the Purchaser, execute or cause to be executed and deliver all instruments or documents necessary in connection with and incidental to the application for the fulfillment of the Conditions Precedent.

3.5.3 The Vendor hereby acknowledges that the applications for the Conversion Approval, Sub-division Approval and the Amalgamation Approval are required by law to be made by the Vendor as the registered proprietor of the Lands. The Vendor shall grant the Purchaser's Nominee the First Power of Attorney to facilitate the application for the afore-said approvals to be submitted by the Purchaser's Nominee. Without limiting the generality of the afore-said, the Vendor therefore agrees to deliver all forms, instruments, documents and information necessary in connection with and incidental to the afore-said applications to the Authorities within fourteen (14) days of the same being requested of the Vendor by the Purchaser. The Vendor further consents to the Purchaser submitting the afore-said documents to the Authorities for its approval. Notwithstanding the above, the Vendor agrees to render all assistance to the Purchaser and use its best endeavour to take such steps and actions necessary (including liaising with the Authorities) to obtain the Authorities' approval for the afore-said applications.

3.5.4 The Purchaser shall bear all costs and expenses incurred in relation to and arising from the application for the 000 Approval, State Authority Approval, Sub-division Approval and Amalgamation Approval. The Vendor shall bear all costs and expenses incurred in relation to and arising from the application for the Conversion Approval Provided Always That the Purchaser agrees to bear the premium imposed by the Authorities as a condition for the Conversion Approval up to the maximum sum of US$ 000 only. The Vendor shall make such payment of the application fees, premium and other charges due in relation to and arising from the Conversion Approval to the Purchaser within fourteen (14) days from the date of the Purchaser's request. In the event that the Vendor delays in the payment of the afore-mentioned charges, the Purchaser shall be entitled to make the necessary payment to the Authorities on behalf of the Vendor and claim re-imbursement of the same from the Vendor. The Purchaser shall be entitled to charge the Vendor interest at the rate of ten (10) percent per annum on daily basis on the amount owing from the Vendor up to the date of receipt of the afore-said sum by the Purchaser. The Purchaser shall also be entitled to offset any amount owing from the Vendor from any payment due to the Vendor pursuant to this Agreement.

3.5.5 The Parties agree to deliver all correspondences from the Authorities to the other Party in respect of the respective applications made. Upon obtaining any of the Approvals, the Parties shall deliver to the other Party a copy of the same.

4. Payment of Purchase Price

4.1 The Purchase Price shall be paid in the following manner: -

4.1.1 the Earnest Deposit has been paid by the Purchaser to the Vendor prior to the execution of this Agreement, receipt whereof the Vendor hereby acknowledges. The Vendor further acknowledges that the Earnest Deposit is paid towards account of the Purchase Price;

4.1.2 the Balance Deposit shall be paid to the Vendor upon the execution of this Agreement;

4.1.3 the First Tranche Payment shall be paid to the Vendor's Solicitors on or before the First Tranche Payment Due Date; and

4.1.4 the Second Tranche Payment shall be paid to the Vendor's Solicitors as stakeholders on or before the Second Tranche Payment Due Date.

4.2 In the event the Purchaser is unable to pay the First Tranche Payment or the Second Tranche Payment on or before the expiry of the First or Second Tranche Payment Due Date respectively, the Vendor agrees to grant the Purchaser an extension of time of one (1) month from the expiry of the First or Second Tranche Payment Due Date respectively to pay the amount owing and outstanding subject to the Purchaser paying the Vendor late payment interest at the rate of ten (10) per centum per annum on such part of the amount owing and outstanding on daily basis from the day next after the expiry date of the First or the Second Tranche Payment Due Date, as the case may be to the date of the relevant payment.

4.3 Notwithstanding anything to the contrary herein, the Purchaser shall not be liable to pay interest on any day in respect of which any delay is attributable to or caused by the Vendor or the Vendor's Solicitors resulting in the delay in the release of the Loan taken from the Purchaser's

Financier(s). Any day in respect of which such delay as aforesaid occurs shall not be computed as part of the aforesaid time to settle the First Tranche Payment or the Second Tranche Payment.

Without limiting the generality of the afore-going, the following time period shall be excluded from the computation of the time period to settle the First Tranche Payment or the Second Tranche Payment:-

(i) the period commencing from the expiry of fourteen (14) days of the request by the Purchaser's Solicitors or the Purchaser's Financier's Solicitors for the Vendor's Undertaking to the date of receipt of the same by the Purchaser's Solicitors or Purchaser's Financier(s)' Solicitors;

(ii) the time period commencing from the expiry of fourteen (14) days of the request by the Purchaser's Solicitors or the Purchaser's Financier(s)' Solicitors for the Relevant Documents to the date of receipt of the same by the Purchaser's Solicitors or the Purchaser's Financier(s)' Solicitors.

4.4 The receipt by the Vendor's Solicitors of any sums paid towards the Purchase Price shall be deemed to be sufficient discharge to the Purchaser of the sums so received and the Vendor's Solicitors shall deal with the same in accordance with **Clause 8**.

5. Vendor's Undertaking

5.1 In order to facilitate the release of the Loan, the Vendor agrees that the Vendor shall within fourteen (14) days upon request from the Purchaser's Financier(s) or its solicitors issue the Vendor's Undertaking to facilitate the release of the Purchaser's Loan.

6. Delivery of Memorandum of Transfer

6.1 Upon the full payment of the Purchase Price, the Vendor shall within fourteen (14) days of the Purchaser's request, execute and deliver to the Purchaser's Solicitors the Transfer together with the stamping proforma.

6.3 The Purchaser's Solicitors are hereby authorised to submit the Transfer to the Collector of Stamp Duty for adjudication as to the stamp duty chargeable thereon after the Unconditional Date.

6.4 In the event the sale and purchase herein shall be lawfully terminated, the Purchaser shall return the Transfer to the Vendor for cancellation Provided Always that in the event the Transfer has been duly adjudicated and stamped the Purchaser shall be entitled to surrender the Transfer to the Collector of Stamp Duty for its cancellation and to obtain a refund of the stamp duty paid.

6.5 The Purchaser's Solicitors or the Purchaser's Financier(s)' Solicitors as the case may be are authorised to present the Transfer and Charge (if applicable) for registration at the relevant Land Office or Registry after the full payment of the Purchase Price. The Purchaser shall use its best endeavour to present the Transfer in accordance with the projected timeline set out in the **Annexure D** attached hereto.

6A. Power of Attorney

6A.1 Upon the execution of this Agreement, the Vendor shall execute and deliver the First Power of Attorney to the Purchaser. The Parties agree that the First Power of Attorney shall be dated on the same day as the date of this Agreement. The Purchaser shall be entitled and authorised to file the First Power of Attorney at the High Court of 000 and register the same at the relevant Land Office/Registry.

6A.2 Upon the execution of this Agreement, the Vendor shall execute and deliver the Second Power of Attorney to the Vendor's Solicitors as stakeholders. Upon the full payment of the Purchase Price, the Vendor's Solicitors shall immediately deliver the Second Power of Attorney to the Purchaser. The Parties agree that the Purchaser shall be entitled to date the Second Power of Attorney on or after the date of the full payment of the Purchase Price and thereafter file the Second Power of Attorney at the High Court of 000 and register the same at the relevant Land Office/Registry. The Vendor shall provide the Purchaser with a letter of confirmation from the Vendor's company secretary confirming that the signatories of the Vendor for the Second Power of Attorney are authorized to execute the Second Power of Attorney as at the date of the full payment of the Purchase Price. In the event that the signatories of the Second Power of Attorney executed at the date of this Agreement are no longer so authorized, the Vendor shall secure the execution of new copies of the Second Power of Attorney within fourteen (14) days of the date of the full payment of the Purchase Price to the Vendor's Solicitors.

6A.3 In the event this Agreement is lawfully terminated in accordance with the terms and conditions herein, the First Power of Attorney and the Second Power of Attorney shall be revoked at the cost of the Purchaser and the same shall be returned to the Vendor.

6A.4 In consideration of the Vendor agreeing to grant the First Power of Attorney and the Second Power of Attorney in favour of the Purchaser's Nominee, the Purchaser hereby agrees and undertakes with the Vendor to indemnify and keep the Vendor indemnified against all liabilities, losses and damages which may be incurred or suffered by the Vendor arising from the Vendor's aforesaid grant of the First Power of Attorney and the Second Power of Attorney (save for losses and damages which are caused by or attributable to the Vendor its servants or agents).

6A.5 The Purchaser agrees that the First Power of Attorney and the Second Power of Attorney shall be revoked upon registration of the Purchaser's Nominee as the proprietor of the Lands or the Amalgamated Lands

7.1 Upon the execution of this Agreement, the Vendor shall provide the Purchaser with the certified true copies of the following documents:-

(i) the Vendor's Memorandum and Articles of Association;

(ii) the Vendor's Form 49 and Form 24;

(iii) Vendor's Board of Directors' resolution authorizing the Vendor to enter into the sale and purchase transaction herein in accordance with the terms of this Agreement; and

(iv) a letter of confirmation from the Vendor's company secretary confirming that the Vendor's Shareholders' Approval is not required in respect of the sale and purchase of the Lands.

7.2 Pending the transfer of the Lands to the Purchaser, the Vendor hereby agrees to facilitate the process of the Conversion, Sub-division and Amalgamation in relation to the Lands. The Vendor agrees to release the original titles to the Lands to the Purchaser to enable the Purchaser to carry out and complete the Conversion, Sub-division and Amalgamation process. Upon execution of this Agreement, the Vendor shall deposit the original titles to the Lands with the Vendor's Solicitors as stakeholders who shall release the same to the Purchaser upon request by the Purchaser to enable the Purchaser to attend to the afore-said processes.

7.3 Upon full payment of the Purchaser Price, the Vendor shall deliver to the Purchaser the original titles to the Lands (unless the same has been delivered pursuant to Clause 7.2), the current quit rent and assessment receipts in respect of the Lands and all other documents necessary to transfer the Lands and/or the Amalgamated Land to the Purchaser's Nominee as registered proprietor free from encumbrances.

7.4 In the event the Purchaser obtains the Loan from the Purchaser's Financier(s) and the security for the Loan includes a charge over the Lands, then the Vendor shall forward or cause to be forwarded the original titles to the Land (except for the titles to the Land if the same has been delivered to the Purchaser pursuant to **Clause 7.1** of this Agreement) and all other documents necessary to transfer the Lands and/or the Amalgamated Land to the Purchaser's Nominee as registered proprietor free from encumbrances, to the Purchaser's Solicitors or the Purchaser's Financier(s)' Solicitors upon receipt by the Vendor or the Vendor's Solicitors of the following:-

(a) the Purchaser's Financier's Undertaking; and

(b) payment of the Differential Sum, if any.

8. Dealings with Balance Purchase Price

8.1 The Vendor's Solicitors are authorised to deal with the Balance Purchase Price as stakeholders in the following manner:-

(i) firstly, to deduct the Retention Sum from the First Tranche Payment for retention in accordance with Section 21B of the 000 Act and to deal with the same in accordance with **Clause 18** of this Agreement;

(ii) secondly, in addition to the Retention Sum, to deduct a further sum equivalent to five per centum (5%) of the Purchase Price from the

Second Tranche Payment pending registration of the titles in respect of the Lands in the name of the Purchaser's Nominee as registered proprietor. The Vendor's Solicitors are hereby authorised to release the said sum to the Vendor upon receipt of a written confirmation from the Purchaser's Solicitors that the titles to the Lands have been duly registered at the relevant Land Office/Registry or upon expiry of one (1) month from the date of presentation of the Transfer and Charge (if applicable) in favour of the Purchaser's Financier for registration at the relevant Land Office/Registry, whichever shall be the earlier;

(iii) thereafter, subject to settlement of any apportionment due to the Purchaser pursuant to **Clause 11** and subject further to the Vendor having delivered Vacant Possession of the Lands in accordance with **Clause 9.1**,

to release the remaining sum to the Vendor upon presentation of the Transfer and charge (if applicable) in favour of the Purchaser's Financier for registration at the relevant Land Office/Registry.

9. Delivery of Vacant Possession of the Lands

9.1 Vacant Possession of the Lands shall be delivered to the Purchaser on the Delivery Date.

9.2 Prior to the Delivery Date, the Vendor hereby agrees that the Purchaser and its servants or agents (including its surveyors, architect, consultants, contractors and such other advisors the Purchaser deems fit) may from time to time enter the Lands to survey, evaluate or inspect the Lands for purposes in connection with the sale and purchase herein and the development to be carried out thereon PROVIDED THAT the Purchaser shall indemnify and keep the Vendor indemnified from any loss or damage suffered by the Vendor as a result of any damage caused to the Land by the Purchaser and its servants or agents.

10. Condition of the Lands

10.1 The Vendor shall deliver Vacant Possession of the Lands to the Purchaser free from squatters and any other occupier and in good state and condition as at the date of this Agreement and shall take all such steps necessary to maintain the Lands in its existing state and condition until delivery thereof to the Purchaser. Upon full payment of the Purchase Price, the Purchaser shall be entitled to take possession of the Lands.

10.2 To the best knowledge and belief of the Vendor, the Vendor hereby agrees warrants and represents to the Purchaser that there are no pipes cables wires or any other structure laid underneath or running through the Lands both underneath and on the Lands. In the event of breach of the afore-said representation and warranty, notwithstanding the completion of this Agreement and without prejudice to the Purchaser's rights under Clause 13.3 herein, the Vendor shall at its own costs and expense and immediately upon request by the Purchaser remove all such obstruction or hindrance from the Lands.

11. Apportionment of Outgoings

11.1 The Vendor shall settle all quit rent, rates, assessments and other outgoings due to the relevant authorities in respect of the Lands up to the Delivery Date and furnish the Purchaser with a copy of the updated relevant receipts to the Purchaser.

11.2 All quit rent, assessments and other outgoings (if any) payable in respect of the Lands shall be apportioned as at the Delivery Date PROVIDED ALWAYS THAT the Vendor shall indemnify the Purchaser in respect of any loss penalty fines and damages imposed in respect of any default in payment or late payments by the Vendor of such aforesaid payments and any sum or sums due by virtue of such apportionment shall be paid or allowed as the case may be on the Delivery Date.

12. Risks and Title

12.1 The Lands shall be at the risk of the Vendor up to the Delivery Date. Thereafter, the Purchaser shall bear all such risks relating to the Lands.

13. Warranties and Representations of the Vendor

13.1.1 The Vendor hereby represents, warrants and undertakes to the Purchaser that:

(a) the Vendor is a company duly incorporated and existing under the laws of Malaysia and the Vendor has full power and authority to execute, deliver and perform the terms of this Agreement and has taken all necessary corporate and other actions to authorise the sale of the Lands and the execution delivery and performance of the terms of this Agreement;

(b) the Vendor has full legal right, authority and power to sell and transfer the Lands in favour of the Purchaser and to enter into and bind itself by this Agreement;

(c) no order has been made or petition presented or resolution passed for the winding up of the Vendor and no proceedings have been instituted or are threatened or meetings called with a view to obtaining any such orders or to pass any such resolutions;

(d) no litigation, arbitration or administrative proceedings, as the case may be, might materially affect the solvency of the Vendor or might impair the Vendor's ability to perform its obligations under this Agreement;

(e) no receiver or receiver and manager of the assets, Lands or undertaking (or any part thereof) of the Vendor has been appointed;

(f) there is no third party having any interest lien charge or any other encumbrance whatsoever in respect of and/or affecting the Lands and the Vendor shall not from the date hereof execute any encumbrance whatsoever over the Lands or any part thereof;

(g) the Vendor has not entered into any other valid contract transaction arrangement or understanding for the sale lease assignment or other disposition or dealing in whole or in part of the Lands or granted any party any power of attorney over the Lands or any part thereof;

(h) the Lands are not the subject matter of any claim or litigation and the Vendor knows of no circumstances which may give rise to any litigation or legal proceedings involving the Lands;

(i) there is no other party with any valid claim interest or benefit in the Lands or any part thereof and the Vendor shall not after the execution of this Agreement enter into any of the transactions aforesaid;

(j) no distress, execution of other process has been issued, levied or enforced upon the Lands (or any part thereof) which remains undischarged;

(k) all quit rents, assessments and other outgoings payable on the Lands have been paid up to date and the Vendor shall not at any time hereafter do or suffer to be done or omitted any act matter or thing in or in respect of the Lands which may render the Lands or any part thereof liable to forfeiture or attachment;

(l) there is no notice or order issued by any competent authority to acquire or use the Lands or any part thereof or any interest therein in any manner whatsoever pursuant to the 000 Act 1960 and or any other relevant legislation and that no advertisement in the Government Gazette of such intention has been published pursuant to the 000 Act 1960 or such other relevant legislation which might impair the Vendor's ability to perform its obligations under this Agreement;

(m) to the best knowledge and belief of the Vendor, the Lands is not subject to any restriction or prohibition against the development thereof into a residential scheme pursuant to any statute, Act of Parliament, rule, regulation, by law, guideline and no notices has been issued by any Authority pursuant to any statute Act of Parliament, rule, regulation, by law, guideline restricting or prohibiting the development of the Lands;

(n) the Vendor has not breached or defaulted on any of the provisions of the 000 Code 1965 which will result in a fine on the landowner or the forfeiture of the Lands by the Authorities;

(o) there are no trespassers, squatters or other occupiers occupying any part of the Lands. Pending the completion of this Agreement, the Vendor shall take all necessary steps or measures to keep out any squatter or other occupiers;

(p) the physical boundaries delineated on the Lands reflect the boundaries as shown on the titles to the Lands.

(q) the Recitals herein are true and accurate in all respects.

13.1.2 Each Party hereby represents and warrants to the other Party as follows :-

(a) it has the power to enter into this Agreement and to execute, deliver ad perform the terms of this Agreement and that it has and will obtain all approvals and authorization necessary for the execution, delivery and performance of the same (save for such approvals which are to be applied for pursuant to the terms of this Agreement);

(b) this Agreement when executed will constitute legal, valid and binding obligations upon the Party in accordance with the terms herein provided and enforceable in accordance with its terms by appropriate legal remedy and does not conflict with or constitute or result in a breach of or default under any provision of its memorandum and articles of association or any material term or any provision of any agreement or any deed or any writ, order or injunction, judgment, law, rule or regulation to which it is a party or by which it is bound;

(c) that no litigation or arbitration proceedings are presently current or pending or threatened against the Party in which litigation or arbitration proceedings as the case may be would materially affect its ability to perform its obligations under this Agreement or frustrate the completion of the transaction herein;

(d) that there is no condition or restriction binding on the Party which would be contravened by the execution and delivery of this Agreement and such other agreements, deeds, documents and instruments as are specified or referred to in this Agreement or by the performance or observance by the Party of any of the terms hereof or thereof; and

(e) that it shall execute or procure to be executed all such documents and do or procure to be done all such acts and things as may be necessary to give full effect to all provisions of this Agreement.

13.2 The Vendor acknowledges and agrees that the Purchaser has entered into this Agreement in reliance upon, inter alia, the Vendor's representations, warranties and undertakings set out in **Clause 13.1** and this Agreement, and such representations, warranties and undertakings shall be separate and independent of each other and shall not be limited by reference to any other paragraph therein or by anything in this Agreement.

13.3 Without in any way limiting the Purchaser' s rights pursuant to the law or this Agreement, the Vendor agrees to indemnify and keep indemnified the

Purchaser against all claims, demands, suits, proceedings, losses, costs, expenses, penalties or damages which are brought, claimed, issued, assessed, incurred or suffered by or against the Purchaser or any part of the Lands as a result of a breach of any of the representations, warranties or undertakings contained in **Clause 13.1** or a change in circumstances thereby resulting in any of the representations, warranties and undertakings aforesaid becoming untrue, misleading or incorrect save where such change is not attributable to the Vendor or is beyond its control.

13.4 The Vendor hereby undertakes with the Purchaser that it will forthwith disclose in writing to the Purchaser any event or circumstance which arises or becomes known to the Vendor after the date of this Agreement and prior to the registration of the Transfer, which is inconsistent with any of the representations and warranties set out herein or which might be material to be known to a purchaser for value of the Lands.

13.5 The truth and correctness of the abovementioned representations and warranties shall continue to subsist until after the completion of this sale and purchase transaction. The rights and remedies of the Purchaser in respect of any breach of the warranties shall not be affected by completion of the registration of the Lands in the name of the Purchaser's Nominee or by any investigation made or to be made by or on behalf of the Purchaser into the affairs of the Vendor or in respect of the Lands or by the Purchaser rescinding or failing to rescind this Agreement or failing to exercise or delaying the exercise of any right or remedy or by any other event or matter whatsoever except a specific and duly authorised written waiver or release and no single or partial exercise of any right or remedy shall preclude any other or further exercise of the right or remedy or the exercise of any other right or remedy.

14. Non-Completion by the Vendor

14.1 In the event that the Vendor:-

(a) fails to complete the sale and purchase of the Lands in accordance with the terms set out herein (including the Transfer not being able to be registered for any reason attributable to the Vendor); or

(b) commits any breach of any material term in this Agreement; or

(c) the Vendor is found to be subject to any winding up proceedings (whether compulsorily or voluntarily),

the Purchaser shall be entitled:-

(i) to pursue an action for specific performance of this Agreement; or

(ii) where the breach relates to failure to deliver Vacant Possession of the Lands or any part thereof, to require the Vendor (without limiting the generality of this Clause) to reduce the Purchase Price based on the measurement of the area of the Lands for which the Vendor is unable to deliver Vacant Possession at the rate of $000 only per square feet, or

(iii) elect to terminate this Agreement by serving the Termination Notice on the Vendor and therein elect to seek the Election Monies from the Vendor as liquidated damages. In the event that the Vendor fails to pay the Purchaser the Election Monies within fourteen (14) days from the date of receipt of the Termination Notice by the Vendor or its solicitors, then the Vendor shall be liable for interest at the rate of ten (10) per centum per annum on daily basis on the amount outstanding from the expiry of the afore-mentioned period to the receipt of the afore-mentioned sum by the Purchaser.

14.2 Upon receipt of the Election Monies, the Purchaser shall return/redeliver to the Vendor the original titles to the Lands or the Amalgamated Lands as the case may be (if the same or any had been delivered to the Purchaser) free from encumbrances (save for encumbrances attributable to the

Vendor) and to withdraw any caveat lodged by the Purchaser, AND THEREAFTER this Agreement shall be terminated and be of no further effect and neither party hereto shall have any claim against the other hereunder save in respect of any antecedent breach of this Agreement.

15. Non-Completion by the Purchaser

15.1 In the event of the Purchaser failing to pay the First Tranche Payment or the Second Tranche Payment on or before the Extended First Tranche Payment Due Date or the Extended Second Tranche Payment Due Date respectively, the Vendor shall be entitled to terminate this Agreement by serving the Termination Notice on the Purchaser and UPON SUCH TERMINATION:

(a) the Vendor shall be entitled to forfeit the Deposit as agreed liquidated damages; and

(b) all other monies paid hereunder by the Purchaser towards the Purchase Price shall be refunded to the Purchaser free of interest within fourteen (14) days from the date of the Termination Notice by the Vendor, failing which the Vendor shall pay the Purchaser interest at the rate of ten (10) per centum per annum on daily basis on the amount outstanding from the expiry of the afore-mentioned period to the receipt of the afore-mentioned sum by the Purchaser.

15.2 Upon receipt by the Purchaser of the afore-mentioned refund stated in **Clause 15.1**, the Purchaser shall return/redeliver to the Vendor the original titles to the Lands or the Amalgamated Lands as the case may be (if the same or any had been delivered to the Purchaser) free from encumbrances (save for encumbrances attributable to the Vendor) and with the Vendor's interest intact and withdraw any caveat lodged by the

Purchaser over the Lands, AND THEREAFTER this Agreement shall be terminated and be of no further effect and neither party hereto shall have any claim against the other hereunder save in respect of any antecedent breach of this Agreement.

16. Non-Registration Of Transfer

16.1 In the event that any one of the titles to the Lands or where applicable, the title to the Amalgamated Lands cannot be registered in favour of the Purchaser's Nominee free from all encumbrances by reason of any defects and/or omission in the Transfer or stamp duty proforma or the Relevant Documents, the parties hereby undertake with each other to rectify the same within twenty one (21) days of receipt of notification from the relevant Land Office/Registry or such additional time as the Parties may mutually agree.

16.2 Subject to **Clause 16.1** above, in the event that any one of the titles to the Lands or where applicable, the title to the Amalgamated Lands cannot be registered in favour of the Purchaser free from all encumbrances for any reason not attributable to any default, neglect or omission of either Party and either Party cannot rectify the non registration within three (3) months from the date of receipt of notification from the relevant Land Office/Registry or such additional time as the Parties may mutually agree, the Purchaser shall be entitled by notice in writing to terminate this Agreement whereupon the Vendor shall refund all monies paid by the Purchaser towards the Purchase Price within fourteen (14) days from the date of notice of demand, failing which the Vendor shall pay the Purchaser interest at the rate of ten (10) per centum per annum on daily basis on the amount outstanding from the expiry of the afore-mentioned period to the receipt of the afore-mentioned sum by the Purchaser. Notwithstanding anything to the contrary, where the non registration affects only the parcel of land held under 000 **District and Town of 000, State of 000**, the Purchaser shall have the option to exclude the aforesaid parcel from the sale and purchase herein and claim the refund of the corresponding portion of the Purchase Price based on $000 per square foot.

16.3 Upon receipt by the Purchaser of the afore-mentioned refund, the Purchaser shall return/redeliver to the Vendor the original titles to the Lands or the Amalgamated Lands as the case may be (if the same or any had been delivered to the Purchaser) free from encumbrances (save for encumbrances attributable to the Vendor) and withdraw any caveat lodged by the Purchaser over the Lands,

AND THEREAFTER this Agreement shall be terminated and shall have no effect and neither party hereto shall have any claim against the other save and except for any antecedent breach.

17. Acquisition

17.1 In the event of any governmental statutory urban or municipal authority acquiring or exercising any rights or taking any steps under the Land Acquisition Act, 1960 and/or any other relevant legislation to acquire the Lands or any part thereof for any purpose whatsoever between the date of this Agreement and the date the Balance Purchase Price is paid in full by the Purchaser, the Purchaser shall be entitled to elect either:-

(a) to terminate this Agreement by notice in writing and upon such termination:-

(i) all other monies paid hereunder by the Purchaser towards the

Purchase Price shall be refunded to the Purchaser on or before the expiry of fourteen (14) days from the date of receipt by the Vendor or the Vendor's solicitors of the Termination Notice, failing which the Vendor shall pay the Purchaser interest at the rate of ten (10) per centum per annum on daily basis on the amount outstanding from the expiry of the afore-mentioned period to the receipt of the afore-mentioned sum by the Purchaser; and

(ii) upon the Purchaser's receipt of the above-mentioned refund in **Clause 17.1(a)(i)**, the Purchaser shall redeliver/return the original titles to the Lands or the Amalgamated Lands as the case may be (if the same or any had been delivered to the Purchaser) free from encumbrances (save for encumbrances attributable to the Vendor), and withdraw any caveat lodged by the Purchaser over the Lands, AND THEREAFTER this Agreement shall be terminated and be of no further force and effect and the parties hereto shall have no claim whatsoever against the other in respect of and arising out of this Agreement save for any antecedent breach of this Agreement; OR

(b) to continue with and complete this Agreement in which event the Purchaser shall be entitled to an adjustment of the Purchase Price based on $000 only per square foot. Any compensation payable under such acquisition shall belong to the Vendor.

17.2 In the event of any government acquisition after the date of full payment of the Purchase Price but pending the registration of the title in the Purchaser's name, the Vendor agrees that in all matters concerning such acquisition, the Vendor shall permit the Purchaser at its own cost and expense to appoint such party as the Purchaser deems fit and proper to attend and to be present at all meetings, hearings and/or trials in respect of such acquisition. The Vendor shall immediately notify the relevant authorities of the Purchaser's interest in the Lands and the terms of this

Agreement. The Vendor hereby undertakes to forthwith upon receiving any compensation in respect of such acquisition to pay the same to the Purchaser.

17.3 The Vendor hereby undertakes to give notice in writing to the Purchaser upon receipt of any notice of the acquisition of the Lands or part thereof or any step taken in respect thereof after the date of this Agreement.

18. Real Property Gains Tax

18.1 The parties hereto shall complete the relevant forms pursuant to Section 13 of the 000 Act, 1976 and submit the same to the Director General of Inland Revenue within thirty (30) days from the date of this Agreement.

18.2 The Vendor's Solicitors shall retain the Retention Sum being five (5%) percent of the Purchase Price for the purpose of the Real Property Gains Tax payable in respect of the sale and purchase herein and pay and/or deal with the Retention Sum or any portion thereof in any manner that may be directed by the Director General of Inland Revenue. Upon issuance of the Certificate of Clearance, the Vendor's Solicitors shall release the Retention Sum or the balance, if any, as the case may be to the Vendor.

18.3 If the Retention Sum is insufficient to meet the tax assessed by the Director General of Inland Revenue, the Vendor shall pay the difference between the tax assessed and the Retention Sum to the Vendor's Solicitors upon notification by the Purchaser's Solicitors.

18.4 The Vendor hereby agrees to indemnify and to keep the Purchaser indemnified against all liabilities, taxes, fines and costs which may be incurred or suffered by the Purchaser by reason of the Vendor's failure to comply with the provisions of this clause.

19. Misdescription of Area on Lands

19.1 The parties hereto agree that the Lands comprise a total land area of approximately 000 **square metres (equivalent of 000.00 square feet)**. Notwithstanding the total land area as stated in the titles to the Lands, in the event that a survey on the Lands conducted by the Purchaser's surveyors prior to the completion of this sale and purchase transaction reveals that the total land area is less than the total land area as shown in the titles to the Lands, then the Purchaser shall without prejudice to its rights under this Agreement have the option to require a deduction in the Purchase Price for the difference at the rate of $000 **only per square foot** and the Purchaser shall be entitled to offset such deduction from any payment due to the Vendor.

20. Caveat

20.1 The Purchaser shall be entitled at any time after execution of this Agreement at the Purchaser's own cost and expense lodge with the relevant Land Office/Registry, a private caveat against any dealing with the Lands until the registration of the Transfer in favour of the Purchaser.

21. General Provisions

21.1 Knowledge or Acquiescence

Knowledge or acquiescence by either party hereto of or in any breach of any of the conditions or covenants herein contained shall not operate as or be deemed to be a waiver of such conditions or covenants or any of them and notwithstanding such knowledge or acquiescence each party hereto shall be entitled to exercise their respective rights under this Agreement and to require strict performance by the other of the terms and conditions herein.

22.2 **Notice**

22.2.1 Any notice or request shall be in writing and addressed to the following addresses:-

(i) 000

Attention:

Facsimile:

(ii) DEZ Ltd.

Attention:

Facsimile:

or such other addresses as the Parties may notify the other in writing from time to time.

22.2.2 Unless otherwise specified herein, all notices, requests or other communications to or upon each of the parties hereto shall be deemed to have been given:-

(i) in the case of notice by hand, upon delivery and due acknowledgement thereof;

(ii) in the case of notice by letter, five (5) days after the same is sent by prepaid registered post; and

(iii) in the case of transmission by facsimile when the recipient's registered number is shown on the sender's receipt of a confirmed print-out for the transmission regarding the date, time and transmission of all pages;

and shall be addressed to the addresses of the parties hereto hereinbefore mentioned or such other address as any of the parties may designate from time to time by written notice to the other party hereto.

22.3 Other Costs

22.3.1 Each Party shall bear its own solicitors' costs of and incidental to the preparation and execution of this Agreement. The Purchaser shall bear the stamp duty, registration fees or other fees or charges payable or incidental to the registration of the Transfer.

22.3.2 Each Party shall bear its own costs in respect of the preparation and filing of the forms for Real Property Gains Tax.

22.4 Time

Time wherever mentioned shall be deemed to be of the essence of this Agreement.

22.5 Successors Bound

This Agreement shall be binding upon the permitted assigns and successorsintitle of the parties hereto.

22.6 Entire Agreement

This Agreement hereunto constitutes the entire agreement between the parties hereto and supersedes all previous arrangements between the parties hereto whether written oral or implied.

22.7 Variation

No variation shall be effective unless agreed to by the parties hereto in writing.

22.8 Further Acts and Deeds

The parties hereto shall execute, do and procure all other necessary persons or companies, if any, to execute and do all such further deeds, assurance, acts and things as may be reasonably required so that full effect may be given to the terms and conditions of this Agreement.

22.9 Severability

Any term condition stipulation provision covenant or undertaking in this Agreement which is illegal void prohibited or unenforceable shall be ineffective to the extent of such illegality voidness prohibition or unenforceability without invalidating the remaining provisions hereof.

22.10 No Waiver

No failure or delay on the part of any party hereto in exercising any power or right hereunder shall operate as a waiver thereof, nor shall any single or partial exercise of such right or power preclude any other or further exercise thereof or the exercise of any other right or power thereof.

22.11 Law and Jurisdiction

This Agreement shall be governed by and be construed in accordance with the laws of 000.

22.12 Exclusion of Implied Relationships

Nothing contained in this Agreement shall be deemed or construed to constitute any party a partner or to create any trust or commercial partnership. No party shall have the authority to act for or to incur any obligation on behalf of the other party or parties except as expressly provided in this Agreement.

22.13 Good Faith

22.13.1 Each of the parties undertakes with the other to do all things reasonably within their power which are necessary or desirable to give effect to the spirit and intent of this Agreement.

22.13.2 In entering into this Agreement, the parties recognize that it is impracticable to make provisions for every contingency that may arise in the course of the performance hereof and accordingly, the parties declare it to be their intention that this Agreement shall operate between them with fairness and without detriment to either party. If by reason of any unforeseen occurrence or development, the operation of this Agreement is likely to cause any inequitable hardship to one or more parties contrary to the spirit and intention of this Agreement, the Vendor and the Purchaser shall immediately negotiate in good faith and use their best endeavour to agree upon such action as may be necessary and equitable to remove the case or causes of the same.

22.13.3 Any dispute which may arise between the parties in connection with this Agreement shall be settled as quickly as possible on an amicable basis and through negotiations in good faith between the parties in accordance with **Clause 22.13.2.**

*** The Remainder of This Page is Intentionally Left Blank ***

IN WITNESS WHEREOF the common seal of the parties hereto are hereby affixed on the day and year first above written.

Signed by

for and on behalf of **ABC(Vendor)**
in the presence of :-

....

....

Name of Witness:
Designation:
ID No:

Signed by

For and on behalf of **DEZ (Purchaser)**

in the presence of :-

....

....

Name of Witness:
Designation:
ID No:

ANNEXURE

부록 7 도급약정서

20××.　　.　　.

시 행 사 :

시 공 사 :

도 급 약 정 서

■ 사업의 표시

ㅇ 사 업 명 : ABC 프로젝트

ㅇ 소 재 지 :

ㅇ 공 사 규 모 : 지상 ㅇ층 지하 ㅇ층 아파트 ㅇㅇㅇ세대

ㅇ 대 지 면 적 : ㎡

ㅇ 건축연면적 : ㎡(지하층 포함)

* 상기 공사규모, 용도 및 건축면적 등은 건축 인 · 허가 및 설계 변경 등에 따라 변경될 수 있음

[ ]에 주소를 둔 [ ] 대표이사 [ ](이하 "갑" 이라 함)과 [ ]에 주소를 둔 [ ]주식회사 대표이사 [ ](이하 "을"이라 함)는 "갑"이 시행하는 위 표시 공사(이하 "본 공사" 또는 "본 사업"이라 한다)에 대하여 다음과 같이 약정을 체결하고 이를 상호 신의와 성실로 이행하기로 한다.

제1조(기본원칙)

1. "갑"은 시행자로서 "을"은 시공자로서 본 사업의 성공적인 수행 및 쌍방의 이익을 위하여 공동으로 노력한다.
2. "갑"은 사업추진에 필요한 토지매입, 인 · 허가, 설계 등 제반업무를 완료하여 "을"이 시공하는데 차질이 없도록 하여야 한다.
3. "을"은 "갑"이 제공하는 설계도서에 따라 신의와 성실로써 시공한다.

제2조(업무구분)

1. "갑"의 업무 및 비용분담은 다음 각호와 같다.
   ① 토지의 매입, 소유권 이전 및 기타 토지 관련업무(토지분할, 합병 등) 및 비용부담
   ② 사업 인 · 허가, 측량 등 사업추진업무 및 비용부담
   ③ 이주 및 철거공사 관련 업무 및 비용부담

④ M/H부지의 임차 및 건립, 운영

⑤ 분양업무(책임분양이행보증서 발급 관련 일체의 비용 부담) 및 광고 · 홍보업무

⑥ 분양승인 후 [　　　]이 알선한 자에게 분양면적 기준 30% 사전분양

⑦ 간선시설 인입공사비 및 부담금(상 · 하수도, 전기, 가스, 통신 등)

⑧ 설계, 감리 및 사업관련 용역계약의 체결 및 그 비용부담

⑨ "을"의 시공 잘못으로 인한 민원을 제외한 "갑"의 사업시행으로 발생하는 원천적인 민원의 해결(일조권, 조망권 등)

⑩ 사업부지 및 사업시행으로 부과되는 제세공과금, 각종 부담금(개발부담금 등)

⑪ 사업 인 · 허가의 조건사항과 통상적인 공사 범위 밖의 사항에 대한 이행

⑫ 본 사업의 추진을 위한 자금조달 업무

⑬ 본 조 제1항 이외에 "갑"의 명의로 수행되어야 하는 본 사업 관련 사항 및 비용

2. "을"의 업무 및 비용분담은 다음과 같다.

① 본 사업의 업무시설 및 부대시설 등 도급계약에 따른 시공

② 시공으로 인하여 발생한 민원의 해결

③ 공사목적물의 책임준공 및 하자보수책임

④ 본 사업 관련 분양 및 홍보업무의 지원

⑤ "을"이 공사를 시행하는 데 필요한 인 · 허가 등 시공 관련 제반 업무

3. 본 조에 명시되지 않은 사항은, 본 사업 추진을 위하여 "갑", "을" 및 [　　　] 간 20_년 _월 _일 체결한 사업약정서(이하 "사업약정서"라고 한다)의 제_조(각 당사자의 업무 및 역할) 규정에 따른다.

제3조(토지대 및 초기 사업비 조달을 위한 대출)

1. "갑"은 본 사업의 토지대 및 초기 사업비 조달을 위해 [　　　]으로부터 금________ 원(₩_________) 규모의 자금을 조달(이하 "브릿지론"이라 한다)하기로 한다.
2. 본 조의 대출과 관련하여 본 약정에서 정하지 아니한 제반사항(담보제공 포함)은 "사업약정서"에 따르기로 한다.

제4조(공사비 등 조달을 위한 대출)

1. "갑"은 "브릿지론"의 상환 및 공사비 조달을 위하여 "브릿지론"의 만기일에 "갑"의 명의로 금융기관으로부터 금 _________원(₩_________)(이하 "본 PF"라고 한다) 규모

의 자금을 조달하기로 한다.

2. 위 제1항의 자금조달시 "갑"은 "을"의 지급보증 또는 채무인수를 신용보강 수단으로 하는 PF 구도를 우선적으로 선택하여 "을"에게 보증인으로서 PF 대출의 당사자로 참여할지 여부를 1회 이상 제안하여야 하고, 이 경우 "을"은 "갑"이 제안한 "본 PF"의 지급보증 제공 여부를 독자적으로 판단하여 결정한다.
3. 위 제2항에 의거 "을"의 본 PF 대출금에 대한 신용보강 제공으로 "본 PF"대출금을 조달하였을 경우, "갑"은 "갑"의 시행이익(제9조에 따라 매수인 [ ]에게 발생하는 수익금 포함)의 ____%를 "을"에게 지급하기로 하며, 지급방법은 공사도급계약 체결시 "을"과 협의하여 확정하기로 한다.
4. "갑"은 사업부지에 대하여 본 PF대출금융기관을 1순위 근저당권자 (채권최고액-대출약정금의 130%)로 하고, "을"을 2순위 근저당권자(채권최고액–대출약정금 및 공사도급계약에 의한 도급공사비의 합계금의 130%)로 하는 근저당권을 설정하기로 한다. 단, "갑"은 PF대출금융기관 및 "을"과 협의하여 담보신탁 또는 관리처분신탁 설정으로 근저당권 설정을 갈음할 수 있다.
5. "갑"은 "갑"의 주주들로 하여금 발행주식 전부에 대하여 본 조의 대출에 의한 "갑"의 본 PF대출 금융기관에 대한 모든 채무를 피담보채무로, 본 PF 금융기관을 1순위 근질권자, "을"을 2순위 근질권자로 하는 주식근질권설정계약을 체결하고, 주권 및 주주명부를 본 PF 금융기관에 제출하여야 한다.
6. "갑"은 "을"의 대출원리금 보증액 및 공사도급계약에 의한 도급공사비를 담보하기 위하여 대출금관리계좌에 관하여 본 PF 금융기관을 1순위 근질권자로, "을"을 2순위 근질권자로 하는 예금근질권설정계약을 체결하여야 한다.
7. 본 조의 대출과 관련하여 본 계약에 정하지 아니한 제반사항은 "갑", "을" 및 본 PF 금융기관과의 사이에 별도로 체결하는 대출약정서 혹은 사업약정서에 따르기로 한다.

제5조(자금의 관리)

1. 사업약정서에 정한 바에 따라 대출금관리계좌를 개설 및 관리하여야 한다.
2. "갑"은 본 사업과 관련하여 분양수입금을 입금받을 분양대금관리계좌를 ________ 관련 법령에 따라 자금관리자 및 _________현지 금융기관에 개설하여야 하며, 이 건 사업과 관련한 분양수입금은 모두 분양대금관리계좌에 입금되도록 하여야 한다.
3. PF대출금 및 분양수입금 등 본 사업관련 자금 인출순서는 다음 각호와 같다.

① 금융수수료
② 대출금 이자 및 원금
③ 기성 공사비
④ 토지 및 기존 건물의 인수대금 기타 이에 관련된 부대비용
⑤ 국세, 지방세 등 제반 당해세
⑥ 각종 인 · 허가 비용 및 납부기일이 도래한 부담금
⑦ 설계비용, 감리비용, 분양비용(광고홍보비) 등 대주가 인정하는 용역비용
⑧ 분양대행수수료
⑨ "갑"의 운영비(최초 인출일로부터 대출만기일까지 매월 1억원을 한도로 함) 및 필수 사업비용

제6조(공동주택의 명칭과 마감수준)

1. 본 약정서에 의해 "을"이 시공하는 아파트의 명칭은 공사도급계약 체결시 "갑"과 "을"이 협의하여 정하기로 한다.
2. 본 약정서에 의해 "을"이 시공하는 아파트의 내 · 외부 마감자재 수준 및 범위는 [ ] (주소: ______________________________) 기준으로 하되, "갑"과 "을"이 협의하여 최종결정하기로 한다.

제7조(분양방법 등)

1. 아파트의 평형, 세대수, 분양가 등은 분양시점에서의 시장상황, 용적률, 분양가 인상요인 등을 고려하여 분양가 ____________ 이상으로 "갑"과 "을"이 협의하여 결정한다. 단, 사업약정서상의 사전분양물량(이하 "사전분양물량"이라 한다)의 분양가는 ___________이상으로 한다.
2. 분양개시 후 __개월 이내에 최초 분양대금을 기준으로 사전분양물량을 제외한 분양률이 __% 미만인 경우에는 "갑"은 "갑"의 사업이익을 전액 포기하는 수준에서 분양물건을 할인하여 분양하여야 한다.
3. 분양시 "갑"과 "을"이 협의하여 분양계약자를 대상으로 한 분양촉진방안(중도금 무이자 대출, 이자후불제 등)을 실시할 경우 그 비용은 "갑"이 부담하기로 한다.
4. "갑"은 사전분양물량을 제외한 잔여 분양물건이 분양단가 _____________ 이상의 가격으로 분양할 경우, 분양단가 ____________를 기준으로 한 초과수익금의 __%에 해당하

는 금액을, 준공 후 _개월 이내에 "을"에게 지급하기로 한다. 단, "을"에게 지급되는 초과수익금은 "갑"의 수익을 초과할 수 없으며, 제4조 2항이 적용될 경우 본 항의 약정은 소멸된다.

제8조(분양, 홍보 업무 등의 지원)

1. 분양 및 홍보 관련 업무는 "갑"의 책임과 비용으로 처리하며, 분양성과 등의 최종 책임은 "갑"이 부담한다.
2. 본 사업의 원활한 수행을 위해 "갑"이 인 · 허가, 분양, 홍보 등 "갑"이 수행하여야 할 업무의 지원을 "을"에게 요청하여 "을"이 이를 수락한 경우, "을"의 지원업무 수행에 소요되는 제반 비용(출장비 등)은 "갑"이 부담한다.

제9조(사전분양 등)

1. "갑"은 본 사업 분양목적물의 _%(분양면적 기준)를 브릿지론 대주의 주선을 통하여 ____________ 의 가격으로 [ ]에 등기된 본점을 두고 있는 [ ] (이하 "__________"라 함)에 일괄하여 사전매각(분양)하되, 매각대금은 "을"의 공사대금으로 우선하여 충당하기로 한다.
2. 제1항에 따른 사전매각(분양)이 분양승인 후 1개월 내 이루어지지 않는 경우, "갑"은 제4조 3항의 시행이익 지급에 추가하여 "갑"의 시행이익의 _%를 "을"에게 지급하기로 하며, 지급방법은 공사도급계약 체결 시 "을"과 협의하여 확정하기로 한다.
3. 제1항에 따른 매각은 __________ 관련 법령에 따라 승인을 득한 분양계약 방식으로 하되, "__________"가 사전분양 받은 목적물을 제3자에게 전매할 경우 제3자로부터 지급받을 전매대금 중 브릿지론 대주에게 지급하여야 할 금융비용(수수료 포함)을 제외한 금액은 공사비 및 본 PF대출 원리금이 전액 상환되기 전까지는 "을"의 사전동의 없이는 인출할 수 없다.
4. "갑"은 "_____________" 발행 주식 전부와 사전매각 및 전매를 위하여 개설된 "__________" 명의의 예금계좌에 대하여 브릿지론 대주를 제1순위 근질권자로 하고, "을"을 제2순위 근질권자(담보한도액 : 본 사업 관련 "갑"의 대출원리금 및 "을"의 공사비 채권의 합계액의 130%) 하는 근질권설정계약을 체결하도록 하여야 한다.
5. "갑"은 본 약정 체결 전 본 조에 따른 담보제공에 필요한 제반 서류를 "을"에게 제출하여야 하며, "을"이 추가서류의 제출 및 날인을 요청할 경우 즉시 이행하여야 한다.

제10조(공사도급계약의 체결시기)

본 사업에 대한 ___________ 행정당국의 개발허가를 득한 경우, "갑"과 "을"은 지체없이 본 약정서의 내용을 토대로 공사도급계약을 체결하여야 한다.

제11조(공사도급금액)

1. 공사도급금액은 ___에 건설중인 [ ] 설계 기준 건설비용에 International Contractor로서의 현장관리비 증가분 __%, 본,지사 관리비 __%, 시공이윤 __%를 반영 · 가산하여 건축연면적[지하층(최대 지하_층)을 포함] 기준 최소 ___________를 초과하는 수준으로 정하되, 최종 확정된 설계도면, 지질조사보고서, 마감재, 주요 자재(철재류, 레미콘, 시멘트, 석재, 알루미늄 등) 및 노무비 단가 상승률 등을 고려하여 공사도급계약 체결 시 "갑"과 "을"이 협의하여 최종 확정하기로 한다.

제12조(공사도급금액의 변경)

1. 공사도급계약 체결 후, 설계변경, 기타 계약내용의 변경으로 인하여 공사도급금액을 조정하여야 할 필요가 있는 경우, 설계변경 당시를 기준으로 산정한 단가를 기준으로 공사도급금액을 변경한다.
2. 공사도급계약체결 후, 주요 자재(철재류, 레미콘, 시멘트, 석재, 알루미늄 등) 및 노무비 단가가 인상될 경우, 이를 반영하여 공사도급금액을 변경한다..
3. 상기 1, 2항의 경우로 공사도급금액을 변경해야 할 경우 감리자의 승인을 득하도록 한다.

제13조(공사의 착공 및 준공)

1. 본 사업의 공사기간은 건축허가 완료 후 착공일로부터 __개월을 기준으로 하되, 공사도급계약 체결 시 "갑"과 "을"이 협의하여 최종 확정하기로 한다
2. 다음 각호의 1에 해당하여 공사가 지연되거나 중단되는 경우, 그 지연 또는 중단된 기간만큼 공사기간을 연장한다.
   ① 천재지변, 전쟁 또는 이에 준하는 불가항력적인 사태가 발생한 경우
   ② 사업부지에 대한 쟁송, 진출입로 미확보, 사업부지의 형질변경, 기타 본사업 시행상의 제한요인이 발생한 경우
   ③ 공사 현장 인근 주민들의 민원 등으로 인하여 실질적으로 시공에 장애가 발생한 경

우.

④ 기타 "을"의 귀책이 없는 사유로 인하여 착공지연, 공사지연 또는 중단이 불가피한 경우

3. 본 공사의 착공일은 "갑"이 "을"에게 대지를 인도하고, 착공신고서가 관할행정기관으로부터 수리된 일자를 말한다.
4. 본 공사의 준공일은 관할행정기관으로부터 임시사용허가 혹은 준공증명서가 교부된 일자를 말한다. 단, "을"에게 책임이 없는 사유로 위 서류를 득하지 못하는 경우에는 감리자가 인정하는 실제 완공일을 준공일로 본다.

제14조(공사대금의 지급방법 등)

1. "갑"은 "을"에게 아래 각호의 방법에 따라 착공 후 매월 기성불로 지급한다.
   ① 공사에 따른 기성금 지급은 공사감리자의 기성확인원 작성에 근거하여 착공일로부터 매월 말일을 기준으로 기성청구일로부터 15일 이내에 확정하여 현금으로 지급하여야 한다.
   ② "갑"이 공사대금을 제1호에서 정한 지급기한 내에 지급하지 못하는 경우 그 미지급금액에 대한 지급기한의 다음날로부터 지급하는 날까지의 일수에 연체이자율 연 __% 를 적용하여 산정한 연체이자를 추가로 지급하여야 한다.
2. 사업약정서에 따른 대출원리금이 전액 상환되기 전까지는 제1항에 따라 발생된 기성금의 __%를 지급하되, 유보된 공사대금 중 __%는 _______ 행정당국의 준공증명서(Certificate of Completion and Compliance) 수령 시 지급하며, 나머지 __%는 하자보증증권(Retention Bond) 제출 시 지급한다.

제15조(사업부지에 대한 제반 권리의 말소 등)

1. "갑"은 사업부지를 제3자에게 양도 · 담보제공 등 일체의 처분행위를 하여서는 아니되며, 공사시공에 장해가 되거나 사업부지와 신축건축물의 사용 · 수익 · 처분권을 제한하는 가압류 · 가처분 등의 사항이 발생하지 않도록 하여야 한다. 단, 사업시행과 관련하여 "을"과의 협의로 금융기관으로부터 사업비 조달을 위한 Project Financing을 하는 경우에는 예외로 한다.
2. "갑"은 "을"의 책임없는 사유로 인하여 사업추진에 지장이 초래되거나 본 약정서 또는 공사도급계약서의 이행에 장해가 생기는 경우 "갑"의 책임으로 이를 해결하여야 한다.

제16조(인 · 허가, 설계변경)

1. "갑"은 본 약정 체결 후 __개월(1회에 걸쳐 __개월 연장가능) 내에 _______ 행정당국으로부터 본 사업에 대한 개발허가를 득하여야 한다.
2. "을"이 본 사업의 원활한 추진을 위해 필요하다고 판단하여 설계변경 또는 사업계획변경을 요구하는 경우 "갑"은 "갑"의 책임과 비용으로 이를 적극 이행하여야 한다.

제17조(사업의 양수도)

1. "갑"이 제16조에서 정한 기한 내에 인 · 허가를 완료하지 못하거나, "을"이 "갑"의 계속적인 사업수행이 곤란하다고 판단한 경우에는 "갑"은 선의의 수분양자와 시공자인 "을"을 위하여 지체없이 사업부지에 대한 계약자지위, 신축건물에 관한 권리와 그 분양대금 청구권 및 본 사업에 관한 시행자로서의 지위 일체를 "을" 또는 "을"이 지정하는 자에게 사업권양도, 소유권이전, 신탁등기, 채권양도 하는 등 "을"이 요구하는 일체의 조치를 취하여야 한다.
2. 제1항에 따라 사업권 양수도 등의 조치가 이루어진 경우, "을"은 본 사업 등과 관련하여 사업준공시까지 소요되는 제반비용을 제외하고도 "갑"에게 지급하여야 할 지급금이 있으면 사업준공 후 정산 지급한다. 단, "을"의 "갑"에 대한 채권이 있는 때에는 상계처리 후 잔액만을 지급한다.
3. 제2항의 채권양도와 사업권 양도 등의 조치는 "을"이 그 사유를 명시하여 "갑"에게 서면통지함으로써 효력이 발생하며, "갑"이 수분양자 등 제3자에게 행하게 될 통지 행위는 본 약정의 체결로써 "을" 또는 "을"이 지정하는 자에게 위임된 것으로 본다.
4. "갑"과 "을"은 본 조에서 정한 사유 이외에 본 약정으로부터 발생하는 권리 또는 의무를 제3자에게 양도하거나 승계시킬 수 없다. 단, "갑"과 "을"이 사전에 서면 합의한 경우는 예외로 한다.

제18조(약정의 해제 또는 해지 요건)

1. "갑"은 다음 각호 중 하나의 사유에 해당하는 경우에는 "을"에 대한 서면통지로써 이 약정을 해제 또는 해지할 수 있다.
   ① "을"이 정당한 이유없이 착공기한을 경과하고도 공사에 착수하지 아니하여 준공기한 내에 공사를 완성할 수 없음이 명백히 인정되는 경우
   ② "을"의 책임있는 사유로 인하여 공사착공 후 공사중단이 2개월 이상 계속되는 경우

③ "을"이 청산, 파산에 따른 도산절차 및 그와 유사한 절차 진행되는 경우
④ 기타 "을"이 약정조건을 위반하고 그 위반으로 인하여 계약의 목적을 달성할 수가 없다고 인정될 경우

2. "을"은 다음 각호 중 하나의 사유가 발생하는 경우 "갑"에 대한 서면통지로써 이 약정을 해제 또는 해지할 수 있다. 단, "을"에게 연대보증채무 사유가 발생하지 않는 경우에 한한다.
① "을"의 사정으로 인하여 계약의 유지 또는 사업수행이 어려운 경우
② "갑"이 제2조 제1항 각 호의 의무를 적기에 이행하지 아니하여 사업의 추진이 곤란하다고 "을"이 판단하는 경우
③ "갑"이 제13조의 의무를 이행하지 않는 경우
④ "갑"이 부도나 화의신청 등 경영상의 문제가 발생하여 본 사업의 수행이 어려울 경우
⑤ "갑"의 귀책사유로 공사(또는 착공)가 __ 개월 이상 지연되거나 공사도급금액의 ____% 이상이 감액되는 경우
⑥ 사업부지 또는 본 사업과 관련하여 "갑"이 가지는 제반 권리에 대하여 제3자로부터 가압류 · 가처분 등의 신청이 있는 때
⑦ "을"에게 책임없는 민원, 사정변경, 인 · 허가상의 문제, 기타 제3자와의 분쟁으로 인하여 공사의 적정 시공이 곤란한 경우
⑧ 기타 "갑"이 약정조건을 위반하고, 그 위반으로 인하여 "을"이 본 사업수행이 어렵거나 계약목적을 달성할 수 없다고 인정되는 경우

제19조(계약해지, 해제시의 조치 등)

1. 제18조의 사유로 본 약정이 해제 또는 해지되는 경우 책임있는 당사자는, 계약의 해지, 해제로 인하여 계약 상대방에게 발생한 손해를 배상하여야 한다.
2. 제18조에 따라 약정이 해제 또는 해지되는 경우 "갑"은 "을"의 청구가 있는 날로부터 __일 이내에 공사비 등 채무를 "을"에게 상환하여야 하며, 이를 지체할 경우 연체이자율은 아파트 공급계약서상의 수분양자의 연체이자율(분양계약 체결 이전일 경우 연 __%)로 정한다.

제20조(연대보증)

"갑"의 연대보증인 ______________________ 는 본 약정에 따라 "갑"이 부담하는 제반 의무에 대하여 "갑"과 연대하여 책임을 부담한다.

제21조(계약의 효력 등)

1. 본 약정서에 대한 수정, 변경 추가는 서면으로 작성하여야 효력이 있다.
2. 본 약정서에 정하지 아니한 사항은 "갑"과 "을"의 상호 합의에 의하여 정한다.
3. 본 약정서는 상호 기명, 날인한 날로부터 효력이 있다.

제22조(준거법 및 관할법원)

본 약정, 관련 계약 및 서류는 대한민국 법률에 따라 해석되며, 서울중앙지방법원을 관할법원으로 한다.

위와 같이 약정하고 이를 증명하기 위하여 약정서 __부를 작성하여 기명, 날인한 후 "갑", "을" 및 "갑"의 연대보증인 __인이 각각 1부씩 보관한다.

20××.　　　.　　.

"갑"

주소 :

대표이사 :

"을"

주소 :

대표이사 :

"갑"의 연대보증인 :

주민등록번호 :

주소 :

부록 8 분양대행계약서(Marketing Consultancy Agreement)

This Agreement is made and entered into this day of 2010

BETWEEN

1 **ABC Company**, a company duly incorporated under the laws of Korea and having its business address at xxx [hereinafter referred to as the "Client"] which expression includes its legal representatives successors in title and permitted assigns) of the other part

AND

2 EFG Company, a company duly incorporated under the laws of xxx and having its business address at xxx [hereinafter referred to as the "Marketing Agent].

WHEREAS

A. The Client is a housing development company who has a plan to develop the plots of lands known as Lot No. xxx and xxx which are situated on xxx [hereinafter referred to as the "Project Land"] into a condominium.

B. The Client intends to construct a Condominium Development on the Project Land of a luxurious nature, which will briefly comprise the construction of a xxx storey luxury condominium dwelling complete with (xxx) levels of basement car parking [hereinafter referred to as "The Project"].

C. The Client wishes to appoint an exclusive marketing agent to provide such services for the Project which details are as described in Clause 4 hereto [hereinafter collectively referred to as the "Services"] and the Marketing Agent has agreed to accept the appointment to provide the

Services in accordance with the terms and conditions set out below.

THE PARTIES HEREBY AGREE AS FOLLOWS:-

1. Definitions and Interpretation

1.1 Definitions

In this Agreement, unless the context otherwise requires:-

"Agreement" means this instrument together with any attachments, exhibits or schedules;

"Approvals" means any consent, authorisation, registration, filing, agreement, notarisation, certificate, permission, permit, licence, approval, authority or exemption from, by or with any Government Authorities and/or Competent Authorities;

"Business Day" means any day which is not a Saturday, Sunday or a public holiday in xxx;

"Client" means the party named hereinabove as such and shall include his appointed Representative(s) provided such Client's Representatives shall have been duly notified to the Marketing Agent in writing together with the extent of their authorisation to deal or liase with, instruct and/or direct the Marketing Agent clearly stated

"Competent Authorities" means any xxx national, state or local entity which is not any of the Government Authorities but have jurisdiction over or governs, supervises or regulates the Services and/or Project and includes any privatised entity which is now in existence or may come into existence in the future;

"Confidential Information" means all trade secrets, processes, reports, designs, drawings, price sensitive information and any other type of information forwarded to a person on the understanding that such information is to be treated as confidential and includes all communications, correspondences, memos, reports, minutes of meetings, surveys, test reports, findings and any other form of information produced, generated or collated as a result of or arising out of the Services and/or Project by either party hereto as well as all other persons involved in the Project;

"Events" means any of the circumstances or events which are deemed to be Events of Default as provided under Clause 11.1;

"Expenses" means any of the reimbursable expenses described in Clause 8 that may be incurred by the Marketing Agent in providing the Services pursuant to this Instrument;

"Fees" means the remuneration provided under Clause 7 ;

"Government" means the Government of xxx;

"Government Authorities" means any xxx national, state or local government, any political subdivision or any government, quasi-governmental, judicial, public or statutory instrumentality, administrative agency, authority, body or any other entity having jurisdiction over the Services and/or the Project;

"Government Requirements" means any xxx law, statute, act, regulation, code, ordinance, by-law, rule, judgment, order, decree or any judicial interpretation of any of the foregoing or any directive or requirement issued by any Government Authorities and/or Competent Authorities as the case may be, which governs the Services and/or the Project;

"Official Launch" means the date of the first press advertisement announcing the launch of the Project, with the event where the sales are open to the general public, all building plans are approved, all marketing collaterals are available for distribution and Sale and Purchase Agreements are available for execution.

"Pre-sale Market Testing" means survey on expected target purchaser's response for sales price, unit size, other marketing points and check out marketability before the start of sales

"Soft Launch" means the date of the release of marketing material in stages with the related authorities' permits and approvals.

"SPA" means sale and purchase agreement of the units for the Project.

"Termination Date" means the date on which this Agreement is terminated by either party pursuant to Clauses 11 or 12 as the case may be;

1.2 Interpretation

In this Agreement unless the context otherwise requires:

1.2.1 Headings are for convenience only and do not affect the interpretation of this Agreement;

1.2.2 Words importing the singular include the plural & vice versa

1.2.3 Words importing a gender include both genders

1.2.4 An expression importing an individual includes joint ventures, companies, associations, corporations or other bodies corporate and any government agency

1.2.5 A reference to a document includes any amendment or supplement to, replacement or novation of that document

1.2.6 A reference to a party to any document or act includes that party's successors and permitted assigns

1.2.7 A reference to an agreement includes an undertaking, agreement or legally enforceable arrangement whether or not in writing

1.2.8 A reference to any time or date is reference to the time and date in xxx.

2. Appointment

2.1 The Client hereby appoints the Marketing Agent as the exclusive marketing agent of the Project and the Marketing Agent hereby accepts its appointment to provide the Services upon the terms and conditions contained herein.

2.2 The Marketing Agent shall report to and take instructions from the Client and/or an authorised representative nominated in writing by the Client in respect of the Services to be provided and all other obligations of the Marketing Agent arising hereunder or out of this Agreement.

3. Period of Appointment

3.1 The appointment as exclusive marketing agent for the Project will commence from March 5, 2007 and will expire on whichever is the earlier:

3.1.1 The expiry of a period of 10 months from the date of Official Launch

3.1.2 when all available units in the project have been sold

3.2 The appointment may be extended on mutual agreement. If the Client elects to extend the period of appointment, the Client shall give notice to the Marketing Agent by the date of at least 1 month prior to expiry of the period of appointment under Sub-Clause 3.1.

4. Scope Of Services

4.1 The Marketing Agent's scope of services shall be provided in two stages:

(i) Stage 1 : Development and marketing consultancy

(ii) Stage 2 : Marketing and sales

A Stage 1 : Development and Marketing Consultancy

4.2 The Marketing Agent shall attend meetings as and when required:

4.2.1 Mandatory participation at key meetings by the Marketing Agent's senior project team members including the initial kick-off meeting

4.2.2 Regular progress updates between consultants

4.2.3 Presentations to senior personnel in the Client

4.3 Product Consultancy

4.3.1 The Marketing Agent shall provide feedback based on discussions with purchasers falling within the identified target market, experience and observations on preferences of the local market and provide advice on practical property management issues.

4.3.2 The Marketing Agent shall comment on unit configuration and mix, internal design and layout, building specifications, facilities, composition of the development finishes, fixtures and fittings etc. to introduce into the market a product that is different, fresh and exciting.

4.4 Marketing Consultancy

4.4.1 Target Market & Branding

4.3.1.a The Marketing Agent shall determine the primary target market for the property and the profile of purchasers.

4.3.1.b The Marketing Agent shall establish Market Positioning.

4.3.1.c The Marketing Agent shall formulate the branding and positioning to best appeal to the target market.

4.3.1.d The Marketing Agent shall make "Pre-sale Market Testing" based on Concept design for Development Order or other relevant project materials

4.4.2 Establishing the Base Price

4.4.2.a The Marketing Agent shall provide an estimate of achievable Gross Development Value for the development and an optimal pricing strategy.

4.4.2.b The Marketing Agent shall advise on various pricing scenarios and mechanism to optimise price.

B Stage 2 : Marketing and Sales

The scope of Services during this stage covers the following:

4.5 Marketing Strategy

4.5.1 The Marketing Agent shall formulate and submit a comprehensive local and overseas marketing and sales strategy.

4.5.2 The Marketing Agent shall work closely with the appointed Advertising and P.R. agents in the formulation of the advertising and P.R. strategy that is most suitable for this type of product and the established target market. This includes recommending suitable marketing collaterals i.e. brochures and any other marketing paraphernalia to promote this development.

4.5.3 The Marketing Agent shall co-ordinate all marketing initiatives and special events.

4.5.4 The Marketing Agent shall continuously review market conditions and provide recommendations for changes (if required) in strategy.

4.6 Direct Marketing

4.6.1 The Marketing Agent shall utilise his database of prospective purchasers and clientele to directly market the Client's project.

4.6.1 The Marketing Agent shall reach these prospects based on the agreed marketing strategy.

4.7 Sales Process

4.7.1 The Marketing Agent shall be involved in all stages of marketing from the registration of interest, creation of awareness, soft launch, booking of units, official launch and post launch sales.

4.7.2 The Marketing Agent shall conduct all presentations to prospective purchasers and viewings of the show unit. The Marketing Agent shall be involved in all aspects of negotiations until execution of the Sale and Purchase Agreement (SPA).

4.8 Price List

4.8.1 The Marketing Agent shall establish the price for each available residence based on the pricing strategy.

4.8.2 The Marketing Agent shall propose various pricing scenarios based on the pricing model (e.g. discount options, phased price increase, early bird incentives, etc.) and analyse effects on Gross Development Value.

4.9 Legal Documentation

4.9.1 The Marketing Agent shall provide feedback to the draft Deed of Mutual Covenants and on matters relating to management and administration of development, particularly in respect of the provisions of the Strata Titles Act and the Common Property Bill.

5. Obligations of the Marketing Agent

A Duties

5.1 During the period of appointment, the Marketing Agent shall provide to the Client:

5.1.1 the Services as described in Clause 4 ; and

5.1.2 any other services as may reasonably be required by the Client in relation to the Project

5.2 The Marketing Agent shall obtain the prior written approval of the Client before commencing any specific Services stipulated in Clause 4.

5.3 In performing the Services, the Marketing Agent shall:

5.3.1 study the development plans, drawings and relevant documents in order to form a comprehensive understanding of the Project;

5.3.2 liaise with the other consultants as required in so far as it affects the Services to be provided by the Marketing Agency;

5.3.3 be in compliance with any xxx law, statute, act, regulation, code, ordinance, by-law, rule, judgment, order, decree or any judicial interpretation of any of the foregoing or any directive or requirement issued by any Government Authorities and/or Competent Authorities as the case may be, which governs the Services;

5.3.4 ensure at all times that the Services provided do not contradict any laws and regulations as may be implemented by Acts or Parliament to the practice of Marketing Agent;

5.3.5 exercise all reasonable skill, diligence and care in the discharge and performance of the Services in a manner consistent with Sub-Clause 5.3.3 above and acceptable to the Client, the relevant Government Authorities and/or Competent Authorities;

5.3.6 act at all times to protect and safeguard the interest of the Client;

5.3.7 take all reasonable steps to keep all expenses to a minimum, consistent with marketing and sales practices;

5.3.8 perform the Marketing & Sales Services in accordance with the terms and conditions(including the sale price) which are instructed by the Client in writing;

5.3.9 observe the Client's instructions and regulations in and out showroom, and shall not damnify the Client's honor and credit;

5.3.10 submit a budget plan of all marketing and media expenses for the Project to the Client within 2 months after the execution of this Agreement, and submit a plan for execution of respective marketing expense to the Client prior to such expenses being incurred. The budget for marketing and media expenses will be calculated by the appointed advertising consultant, in consultation with the Marketing Agent;

5.3.11 not hold agency for marketing and sales of a residence which is located around the xxx after execution of this Agreement and during the period of appointment save for the xxx Project on xxx Street;

5.3.12 not put an exaggerated or false advertisement and shall not distribute handbill, circular, pamphlet, any other marketing materials without the prior written approval of the Client;

5.3.13 not guarantee rent, certain earning rate and others to purchaser of unit(s);

5.3.14 not receive subscription money, earnest money (deposit) or any other money directly from purchaser of units;

5.3.15 identify itself as marketing agent to purchaser or any other persons upon performing the Marketing and Sales Services.

5.4 If the Marketing Agent is in breach of Sub-Clause 5.3.11, the Client shall be entitled to terminate this Agreement and the Marketing Agent shall pay the Client twice such all fees and sales expenses as have been paid to the Marketing Agent within 28 days after the Client's notice of termination.

5.5 The Marketing Agent hereby waives any and all rights and claims against the Client in connection with the Client's determination of sale price, budget for marketing expenses, respective marketing expenses and agrees that the Marketing Agent shall not commence, file or instigate any proceeding (legal or otherwise) or petition against the Client in connection herewith. The sale price and the budget for marketing expenses the client determines shall be reasonable and in harmony with market transactions and economic environment.

B Personnel

5.6 The Marketing Agent shall submit to the Client the list of personnel to perform the Development and Marketing Consultancy Service described in Sub-Clause 4.A.[hereinafter referred to as the "Consultancy Staff"] for the Client's approval within 14 days after the date of execution of this agreement. The list of personnel to perform the Marketing and Sales Services described in Sub-Clause 4.B[hereinafter referred to as the "Marketing and Sales Staff"] shall be submitted by the date 90 days prior to Official Launch. [hereinafter "Consultancy Staff" and "Marketing and Sales Staff" collectively referred to as the "Marketing Agent Staff"]

5.7 The Marketing Agent may make changes to the Marketing Agent Staff only with the prior written consent of the Client which consent shall not be unreasonably withheld.

5.8 If any member of the Marketing Agent Staff is prevented by illness or other enforced absence from performing the Services, the Marketing Agent shall promptly inform the Client. Where such absence is likely to exceed one months duration, the Marketing Agent shall ensure the provision of a suitably qualified and acceptable substitute.

5.9 The Marketing Agent shall ensure that the personnel included in the Marketing Agent Staff have the requisite experience and qualifications to perform the Services and (if applicable) are lawfully registered at all times to carry out the Services.

5.10 The Client may, with reasonable grounds, require the replacement of any personnel of the Marketing Agent Staff by giving the Marketing Agent 14 days' notice in writing. No such request shall excuse or exempt the

Marketing Agent from performing any of its obligations herein and shall cause additional fees or expenses to the Client.

5.11 The Marketing Agent shall ensure that any expatriate personnel of the Marketing Agent who are members of the Marketing Agent Staff have valid work permits and any other such documentation necessary to enable him to perform the Services at the expense of the Marketing Agent.

C Commencement and Completion of Services

5.12 The Marketing Agent has commenced the Development & Marketing Consultancy Services from xxx(date)

5.13 The Marketing & Sales Services shall commence immediately upon the completion of the Development & Marketing Consultancy Service and prior to pre-launch. The Marketing & Sales Services shall carry on throughout the period of appointment.

5.14 The Marketing Agent shall complete pre-advertisement, marketing collateral, documentation, any other preparation for Official Launch until the date of which the Client notify the Marketing Agent.

5.15 The Marketing Agent shall use its best endeavour in order that all units of the Project are sold within the period of appointment.

D Records of Activities

5.16 The Marketing Agent shall, for the duration of appointment, keep records of all major activities undertaken by the Marketing Agent in relation to the provision of the Services. The Marketing Agent shall make available for inspection and provide a copy of such records to the Client.

E Reporting

5.17 The Marketing Agent shall provide to the Client a weekly progress report on the sale of the units, Gross Sales Value achieved, pending transactions, customer feedback and any other significant matters from the date of Official Launch

5.18 The Marketing Agent shall only report on relevant issues concerning the particular project. Reporting on general issues such as general market conditions or commercial or industrial property can be submitted for a separate fee.

F Indemnity

5.19 The Marketing Agent shall indemnify the Client against any claim, loss, expense or damage suffered or incurred by the Client as a result of any breach by the Marketing Agent or its agents, servants or employees in its provision or carrying out their obligations and the Services under Clause 4. This shall include but shall not be limited to any cost of claims and/or any damages payable to purchasers or statutory bodies arising from the same.

5.20 The Marketing Agent shall indemnify the Client against all claims which may arise in respect of illness, bodily injuries to (including death of) the employees, servants/agents of the Marketing Agent other than due to the negligence of the Client, its agents and contractors and their respective servants. Agents or employees.

6. Rights and Obligations of the Client

6.1 The Client shall, at all reasonable times during the period of appointment, grant the Marketing Agent right of reasonable access to and egress from the Project Site for the purpose of performing its obligations and Services

6.2 The Client shall provide all directions or instructions or decisions to the Marketing Agent in writing within a reasonable time so as not to delay the progress of Services

6.3 The Client is entitled to determine the sale price of units, budget for marketing expenses, respective marketing expenses at the Client's sole discretion in consideration of the Marketing Agent's proposal or advices. The sale price and the budget for marketing expenses shall be reasonable and in harmony with market transactions and economic environment.

6.4 The Client may from time to time in writing to the Marketing Agent delegate to an authorised representative any of the powers and authorities vested in the Client. The Client shall state in the aforesaid notice the extent to which it has delegated such powers and authorities. In the event any instructions given by the Client and its authorised representative are in conflict, contradictory or inconsistent, the Marketing Agent is entitled to ignore such instructions given by the Client's authorised representative without liability.

6.5 The Client shall promptly provide, furnish or deliver to the Marketing Agent all documents and information on the Project and the units therein and to instruct and direct its surveyors, architects, engineers or advertisement providers to provide or furnish to the Marketing Agent such documents and/or information as the Marketing Agent may require in its provision of the Services.

6.6 The Client shall take all steps required for obtaining and obtain the Approvals for the Project and to launch the Project for sale within a reasonable period from the date of this Agreement

6.7 If the Client decides to erect a showroom or show house/unit for the Project, the Client shall notify the Marketing Agent at least 6 months before the Soft Launch.

6.8 The Client shall insure and cause to be insured all liabilities to the general public, including the Marketing Agent, its agents, servants and employees who may have access to the Project site and/or the show house/unit during the launch of the Project

7. Remuneration

7.1 Consultancy Fee

The Client shall pay the consultancy fees for the Development & Marketing Consultancy Service under Sub-Clause 4.A, at the rate of US$ xxx per month, during the period from xxx (date) to Soft Launch or 6 months after the execution of this Agreement, whichever is earlier. The total consultancy fee shall not be more than or capped at US$ xxx.

7.2 Agency Fee

7.2.1 General Principle

7.2.1.a Subject to Clauses 7.2.2, 7.2.3 and 7.2.4, the Client shall pay to the Marketing Agent for the Marketing & Sales Service under Sub-Clause 4.B a "phased" fee based on the following:

a) [xxx %] of the net sale price for the 1st 100 units sold

b) [xxx %] of the net sale price for the 2nd 200 units sold

c) [xxx %] of the net sale price for the remainder units sold

7.2.1.b The net sales price is defined as the unit price less any discount that may be provided from time to time and shall be represented by the price in the Sale and Purchase Agreement.

7.2.2 Agency Fee When Foreign (i.e outside of xxx region) Real Estate Agents Introduce a Foreign Purchaser

7.2.2.a In a case where a foreign real estate agent, which includes all foreign(offshore) associated offices of the Marketing Agent, i.e Savills and all other foreign(offshore) agents, introduces to the Marketing Agent a purchaser of unit(s), the agency fee payable to the Marketing Agent shall be equivalent to 2.0% of the net sale price which shall be shared between the Marketing Agent and the foreign real estate agents in such portions as agreed between them. The introduction of a foreign buyer by a foreign real estate agent shall be evidenced and confirmed to the Client's consent.

7.2.3 Agency Fees In Case Of The Client's Introduction Of Purchaser

7.2.3.a In the case where the Client introduces a purchaser of units to the Marketing Agent, the agency fee payable shall be xxx % of the net sale price. Such cases shall be limited 50.

7.2.4 Calculation Of The Number Of Sold Units And Determination Of Agency Fee Rate

7.2.4.a The units sold under Sub-Clause 7.2.4 shall be included, but the units of which SPA was terminated shall be excluded from calculation of the number of sold units, for the purpose of determination of the agency fee rate stipulated in Sub-Clause 7.2.1.

7.2.5 Government Service Tax (GST)

7.2.5.a All fees on the above are subject to Government Service Tax at the prevailing rate, currently xxx % or any other new taxes that could be imposed.

8. Reimbursement of Salary Expense

8.1 The Client shall reimburse the Marketing Agent for salary expenses incurred in manning the showroom, on a monthly basis from the Soft Launch at the rate of US$ xxx per month, which includes overtime, meals and any other expenses.

8.2 The Marketing Agent shall dispatch not less than three personnel to the showroom from the date of the Soft Launch

8.3 In the event there is no showroom, the Marketing Agent shall still employ not less than 3 personnel dedicated to selling the units and shall be entitled to reimbursement of their salary at the rate of US$ xxx per month, which includes overtime, meals and any other expenses. When all available units in the project have been sold before the expiry of appointment, the reimbursement of the salary expenses shall be stopped.

8.4 The number of personnel may be reduced by prior mutual agreement between the Client and the Marketing Agent. The salary expenses may be reduced by prior mutual agreement if the number of personnel is reduced.

9. Payment Terms

9.1 Consultancy Fee

9.1.1 Consultancy Fee under Sub-Clause 7.1 will be payable at the end of each month.

9.2 Agency Fee

9.2.1 Agency Fee under Sub-Clause 7.2 will be payable upon execution of SPA by the Purchaser

9.2.2 In case that after the expiry of the appointment, any purchaser who has been introduced during the period of appointment by the Marketing Agent executes a SPA within 1(one) month after the expiry of the appointment, and the Marketing Agent submits the purchaser's written confirmation to the Client, the Agency Fee as stated Sub-Clause 7.2.1 shall be payable to the Marketing Agent

9.3 Salary Expenses

9.3.1 Salary Expenses under Clause 8 shall be paid to the Marketing Agent at the end of each month from the date of Soft Launch.

9.4 Payment to the Marketing Agent

9.4.1 The Client shall pay, on a monthly basis, fees, GST, salary expenses to the Marketing Agent within 28 days after receiving of invoices which issued by the Marketing Agent to the Client subject to Sub-Clause 9.1, 9.2, 9.3 above.

10. Representations and Warranties

10.1 The Marketing Agent represents and warrants to the Client that:-

10.1.1 it is a company duly established in xxx(nation) and validly existing under the laws of xxx(nation);

10.1.2 it is duly authorised to enter into and perform its obligations under this Agreement and to carry out the Services contemplated herein;

10.1.3 it has obtained all the necessary approvals and licences from the relevant authorities for the purposes of providing and carrying out the Services and obligations described herein;

10.1.4 it has all the necessary and requisite skills, knowledge and experience and is able to upgrade the same if so required in order to provide the Services and obligations for the Project; and

10.1.5 it is registered in accordance with the relevant laws and requirements applicable to the Services rendered.

10.2 The Client represents and warrants to the Marketing Agent that:-

10.2.1 it is a company duly established in xxx and validly existing under the laws of xxx and is duly authorised to enter into and perform its obligations under this Agreement;

10.2.2 it is the registered and beneficial owner of the Project Land and is authorised to undertake the Project and shall obtain all Approvals for the development of the Project

10.2.3 it has the ability, expertise and financial capacity to undertake the Project in accordance with the approved plans

10.3 Each of the parties hereby acknowledges that the other party hereto has entered into this Agreement in reliance upon their respective representations and warranties contained in Clause 10.1 and 10.2.

11. Termination

A Events of Default

11.1 If any of the following events of default (hereinafter collectively referred to as the "Events") should occur :

11.1.1 a party hereto is in breach of the provisions of this Agreement and fails or refuses or neglects to take all necessary action to remedy such breach or default within 14 days (or such longer period as may be specified) after receiving a notice to remedy such a breach; or

11.1.2 a party hereto, being a company, goes into voluntary liquidation other than for the purpose of reconstruction or amalgamation; or

11.1.13 an order of court is made for the compulsory liquidation of any party hereto; or

11.1.4 a receiver, administrator, liquidator, trustee or similar official is appointed over the whole or any part of a party's assets; or

11.1.5 a party hereto shall cease or threaten to cease to carry on the whole or any substantial part of its business or the project; or

11.1.6 a party hereto enters into, or resolves to enter into an arrangement, composition or compromise with, or assignment for the benefit of creditors under the laws of the respective party's place of incorporation; and/or

11.1.7 a party hereto has a writ of distress or any other form of execution levied against it or its assets; or

11.1.8 the Project is not approved or application for any approval is rejected or the Project is abandoned for a period exceeding 15 months from the execution of this Marketing Agency Agreement. The above period, however, may be extended on mutual agreement.

the rights and obligations of the parties shall be governed by this Clause.

B Consequences of the occurrence of an Event

11.2 If any Event applies to the Marketing Agent, the Client shall be entitled to either terminate this Agreement immediately or suspend the Services of the Marketing Agent indefinitely at the option of the Client.

11.3 The Marketing Agent shall hand over to the Client all documentation prepared and then in the possession of the Marketing Agent on the Services within 14 days of the Termination to ensure that interruption to the Services to be provided is minimised. The client shall within 14 days of the Termination pay to the Marketing Agent all sums then due and payable to the Marketing Agent Upon settlement of all outstanding payments due as certified by the Marketing Agent, the Marketing Agent shall provide the Letter of Release immediately to the Client.

11.4 In the event of Termination under Sub-Clause 11.2, the Client shall be entitled to:-

11.4.1 appoint another firm of Marketing Agents to complete the Services;

11.4.2 the Marketing Agent shall, if requested by the Client, assign to the Client any sub-contract(s) entered into by the Marketing Agent in respect of the Services;

11.5 If any Event applies to the Client, the Marketing Agent shall be entitled to terminate this Agreement immediately by written notice and in any such event, the Marketing Agent shall be entitled to the certified proportion of the Fees that remains outstanding together with the expenses certified in accordance with Sub-Clause 8. Upon full settlement of this outstanding amount, the Marketing Agent shall then be obligated to provide to the Client the Letter of Release to allow the Client to proceed with the Project.

12. Force Majeure

12.1 No party shall be in breach of its obligations under this Agreement, if it is unable to perform or fulfil any of its obligations herein as a result of an event of Force Majeure. The expression "Force Majeure" shall only include the following events:

12.1.1 war, hostilities (whether declared or not), invasion, act of foreign enemies, rebellion, insurrection, military or usurped power, civil war, terrorism; or

12.1.2 ionising, radiation or contamination by radioactivity from any nuclear waste, from the combustion of nuclear fuel, radioactive toxic explosive or other hazardous properties of explosive, nuclear assembly or component thereof; or

12.1.3 pressure waves caused by aircraft or other aerial devices travelling at sonic or supersonic speeds; or

12.1.4 natural catastrophe including but not limited to earthquakes, floods and subsidence; and/or

12.1.5 riot, disorders, criminal damage, sabotage, strike, lock-out, labour unrest or other industrial disturbance (affecting the performance of this Agreement) which are not the fault of either party hereto which causes either party to fail to comply with its obligations herein.

12.2 The affected party shall use all reasonable diligence to remove or eliminate the Force Majeure event as soon as possible and shall within three days of the occurrence of the said event give the other party written notice of the same, its expected duration and (if foreseeable) the expected resumption date.

12.3 If any party considers the Force Majeure event to be of such severity or to be continuing for a period of one month and that party is unable to perform any of its obligations herein, then under such circumstances, this Agreement shall be terminated by mutual agreement.

12.4 No Force Majeure event shall excuse one party from making payment to the other for Services performed prior to the occurrence of the Force Majeure event and or for which payment has been certified in accordance with the terms herein.

13. Assignment and Sub-Contract

13.1 The Marketing Agent shall not assign, transfer or sub-contract any of the rights and/or obligations hereunder to any third party without the prior written consent of the Client.

13.2 If the Marketing Agent assign or transfers any of its rights or obligations stipulated herein with the prior written consent of the Client, the Marketing Agent shall not be relieved of its obligations herein.

13.3 The Client may with the prior written consent of the Marketing Agent assign its rights and/or obligations under this Agreement to third parties and/or their successors in title and/or permitted assigns but such assignment shall not relieve the Client from its obligations herein

14. Waivers

14.1 Waiver of any breach of this Agreement or of any right, power, authority, discretion or remedy arising out of a breach or of default stipulated herein must be in writing and signed by the party granting the waiver. Any such waiver shall be effective only in the instance and for the purpose for which it was given.

14.2 A breach or default under this Agreement is not waived by a failure or delay in exercising any right, power, authority, discretion or remedy provided for herein.

15. Confidentiality

15.1 The parties shall only use confidential information given or acquired during the Period of appointment for the purpose of carrying out their obligations under this Agreement.

15.2 The parties must not disclose to any third party or publish any Confidential Information except:

15.2.1 with the written consent of the other party hereto or parties beneficially owning the Confidential Information;

15.2.2 in accordance with Government or other legislative requirements; or

15.2.3 in accordance with any court order of competent jurisdiction.

15.3 This Clause shall survive the termination of this Agreement and shall at all times be enforceable at law and in equity and shall inure for the benefit and be enforceable by the parties hereto and their respective successors-in-title and permitted assigns and be binding upon the parties hereto and their respective successors-in-title and permitted assigns.

16. Notices

16.1 All notices or communications required or permitted herein shall be in writing and delivered in person or sent by registered post or by legible telefax addressed to the recipient at the address stated herein.

16.2 The notice will be deemed received if:

16.2.1 hand delivered, on the day of delivery;

16.2.2 posted by registered mail, on the day of acknowledgement of receipt by the recipient of the registered mail; and

16.2.3 sent by telefax upon receipt of the successful transmission notice.

16.3 Either party may notify the other of any change of address for notices by giving fourteen days' notice in accordance with methods of service in the sub-clauses hereinabove.

17. Arbitration

17.1 If any dispute or difference arising out of this Agreement cannot be resolved by amicable settlement, such dispute may be referred with mutual consent in writing to an arbitrator to be agreed upon by the parties hereto, or failing such agreement within fourteen days of any reference to arbitration to be nominated on the application by either party to the Director of the Regional Centre for Arbitration in xxx. Such arbitration shall be conducted under the rules of the said Regional Centre for Arbitration and the award made therein shall be final and binding upon the disputants.

17.2 The reference of any dispute or difference to arbitration shall in no way operate as a waiver of the obligations of the parties to perform their respective obligations and Services under this Agreement.

18. Applicable Law

18.1 This Agreement is governed by the laws of xxx and the parties submit to the exclusive jurisdiction of the courts of xxx, save as detailed in Clause 14

19. Entire Agreement

19.1 This Agreement inclusive of all Exhibits and Schedules hereto constitutes the entire agreement between the parties with respect to the matters contained herein and supersedes any and all previous agreements and understandings between the parties in respect of the same and inures to the benefits of the parties and their respective successors-in-title and permitted assigns.

20. Severability

20.1 The invalidity or unenforceability of any portion or terms and conditions of this Agreement shall in no way affect the validity or enforceability of any other portion or terms and conditions hereof. Unless any invalid or unenforceable portion or term or condition shall be deemed severed from this Agreement, the parties shall negotiate in good faith to agree a similar portion or term or condition that legally sets forth the original intent of the parties without vitiating the remainder of this Agreement.

21. English Language

21.1 All documents and notices of any kind under this Agreement shall be in English.

22. Legal Costs and Stamp Duty

22.1 Each party shall bear its respective legal costs incurred in the preparation of this Agreement but the Marketing Agent shall pay any stamp duty applicable to this Agreement.

EXECUTED BY THE PARTIES AS AN AGREEMENT ON THE DATE FIRST WRITTEN HEREIN:

Signed by for and on)
behalf of the CLIENT)
in the presence of:)

Witness's Name

Signed by for and on)
behalf of the MARKETING AGENT)
in the presence of:)

Witness's Name

부록 9 설계계약서(Design Consultancy Agreement)

THIS AGREEMENT is made and entered into this day of 2010

BETWEEN

1 **ABC Company**, a company duly incorporated under the laws of Korea and having its business address at xxx [hereinafter referred to as the "Client"] which expression includes its legal representatives successors in title and permitted assigns) of the other part

AND

2 **EFG Architects Company**, a company duly incorporated under the laws of xxx and having its business address at xxx [hereinafter referred to as the "Architect].

WHEREAS

A. The Client is a housing development company who has a plan to develop the plots of lands known as Lot No. xxx which is situated on xxx Street [hereinafter referred to as the "Project Land"] into a condominium.

B. The Client intends to construct a Condominium Development on the Project Land of a luxurious nature [hereinafter referred to as "The Project"].

C. The Client wishes to appoint the Architect to provide such services for the Project which details are as described in Schedule 1 hereto [hereinafter collectively referred to as the "Services"] and the Architect has agreed to provide the Services in accordance with the terns and conditions set out below.

THE PARTIES HEREBY AGREE AS FOLLOWS:-

1. Definitions and Interpretation

1.1 Definitions

In this Agreement, unless the context otherwise requires:-

"Agreement" means this instrument together with any attachments, exhibits or schedules;

"Approvals" means any consent, authorisation, registration, filing, agreement, notarisation, certificate, permission, permit, licence, approval, authority or exemption from, by or with any Government Authorities and/or Competent Authorities;

"Business Day" means any day which is not a Sunday or a public holiday in xxx;

"Commencement Date" means the date of execution of this agreement and/or other such date as stated in this instrument of award of the services to the Architect;

"Client" means the party named hereinabove as such and shall include his appointed Representative (s). Such Client's Representatives shall be informed to the Architect in writing together with the extent of their authorisation to instruct and/or direct the Architect.

"Competent Authorities" means any xxx national, state or local entity which is not any of the Government Authorities but any entity having jurisdiction over or governing the Services, Works and /or Project Site and includes any privatised entity which is now in existence or may come into existence in the future;

"Confidential Information" means all trade secrets, processes, reports, designs, drawings, price sensitive information and any other type of information forwarded to a person on the understanding that such information is to be treated as confidential and includes all communications, correspondences, memos, reports, minutes of meetings, surveys, test reports, findings and any other form of information produced, generated or collated as a result of or arising out of the Works, Services and/or Project by either party hereto as well as all other persons involved in the Project;

"Contracts" means any contract between the Client and any third parties, under which the third party is required to carry out, construct and/or complete any portion of the Works;

"Contractors" means the persons, firms or companies (as applicable) who enter into a Contract with the Client and include its successors-in-title and permitted assigns;

"Cost of Works" means the construction costs for the Project, which shall not include the administrative expenses of the Client, costs incurred by the Client relating to this instrument, payments by the Client to other members of the Consultancy Team engaged by the Client to supply services towards the proper completion of the Works, interest on capital employed during construction, charges to statutory authorities arising from completion of the Works, the costs of the land, rights-of-way and financing or other costs that are the responsibility of the Client.

The Cost of Works in each stage of the project development is stipulated in Schedule 5 hereto;

"Consultancy Period" means the period beginning on the Commencement Date and ending on the earlier of either the Expiry Date or the Termination Date, as the case may be;

"Consultancy Team" means the personnel to be appointed by the Client as set out in Schedule 7 hereto;

"Defects Liability Period" means the period of 24 months after the date on which the vacant possession is delivered to the Purchaser of units or any extended period determined thereby or any extended period according to the relevant laws and regulation;

"Events" means any of the circumstances which are deemed to be Events of Default as provided under Clause 8.1;

"Expenses" means any of the reimbursable expenses described in Schedule 8 that may be incurred by the Architect in providing the Services pursuant to this Instrument;

"Expiry Date" means the date of expiry of the Defects Liability Period for the Project;

"Fees" means the fixed total remuneration provided under clause 5.1;

"Government" means the Government of xxx;

"Government Authorities" means any xxx national, state or local government, any political subdivision or any government, quasi-governmental, judicial, public or statutory instrumentality, administrative agency, authority, body or any other entity having jurisdiction over the Services and/or Works;

"Government Requirements" means any xxx law, statute, act, regulation, code, ordinance, by-law, rule, judgment, order, decree or any judicial interpretation of any of the foregoing or any directive or requirement issued by any Government Authorities and/or Competent Authorities as the case may be, which governs the Services and/or the Works;

"Termination Date" means the date on which this Agreement is terminated by either party pursuant to Clauses 8 or 9 as the case may be;

"Terms of Reference" means the scope of services to be provided under Schedule 1 hereto specific to the Project which shall briefly comprise the construction of a xxx condominium dwelling complete with (xxx) levels of basement car parking. The brief is to design (xxx) units comprising luxury fittings, finishes and furnishings, terraces and balconies (schedule to be agreed between the Client and the consulting team), two units of vertical transportation, together with facilities commensurate with the nature of the development including state of the art security system features. All on a building plot measuring ( ) square feet. The concept duly considers that there is an approved density of 150 persons per acre and utilises a modern lifestyle concept of large living spaces. A minimum of ( ) car parking lots will be provided. The aim is to create a minimum saleable area of ( ) square feet.

"Variations" means any written changes in the Services and/or Works as instructed by the Client pursuant to Clause 15; and

"Works" means the works in connection with which the Client has engaged the Contractor to perform the Works.

1.2 Interpretation

In this Agreement unless the context otherwise requires:

1.2.1 Headings and underlines are for convenience only and do not affect the interpretation of this Agreement;

1.2.2 Words importing the singular include the plural & vice versa

1.2.3 Words importing a gender include both genders

1.2.4 An expression importing an individual includes joint ventures, companies, associations, corporations or other bodies corporate and any government agency

1.2.5 A reference to a document includes any amendment or supplement to, replacement or novation of that document

1.2.6 A reference to a party to any document or act includes that party's successors and permitted assigns

1.2.7 A reference to an agreement includes an undertaking, agreement or legally enforceable arrangement whether or not in writing

1.2.8 A reference to any time or date is reference to the time and date in xxx.

2. Appointment

2.1 The Client hereby appoints the Architect and the Architect hereby accepts its appointment to provide the Services upon the terms and conditions contained herein.

2.2 The Architect shall report to and take instructions from the Client and/or an authorised representative nominated in writing by the Client in respect of the services to be provided and all other obligations of the Architect arising hereunder or out of this Agreement.

3. Obligations of the Architect

A Duties

3.1 During the Consultancy Period, the Architect shall provide to the Client:

3.1.1 the services as described in Schedule 1; and

3.1.2 any other additional services as may reasonably be required by the Client in relation to the Project

3.2 The Services shall include the followings:-

3.2.1 Professional Advice & Services

3.2.2 Basic Services

3.2.3 Other Services

The Architect shall obtain the prior written approval of the Client before commencing any specific Services stipulated in Schedule 1.

3.3 In performing the Services the Architect shall:-

3.3.1 study the development plans, drawings and relevant documents in order to form a comprehensive understanding of the Project;

3.3.2 liaise with the other members of the Consultancy Team as required in so far as it affects the services to be provided by the Architect;

3.3.3 be in compliance with the Code of Professional Conduct of the xxx Institute of Architects and exercise at all times internationally recognised quality standards and work practices;

3.3.4 ensure at all times that the Services provided do not contradict any laws and regulations as may be implemented by Acts or Paliament to the practice of architecture;

3.3.5 exercise all reasonable skill, diligence and care in the discharge and performance of the Services in a manner consistent with 3.3.3 above and acceptable to the Client, the relevant Government Authorities and/or Competent Authorities in accordance with Government Requirements and the Terms of Reference;

3.3.6 act at all times to protect and safeguard the interest of the Client

3.3.7 take all reasonable steps to keep all expenses to a minimum, consistent with sound economic building development practices; and

3.3.8 the Architect shall use diligent, professional efforts to minimize changes, inconsistencies, coordination errors.

3.3.9 the Architect shall submit drawings stipulated in Schedule 4 within the time described in the Design Schedule

3.4 The parties may, by mutual agreement in writing vary the scope and content of the Services provided always that such variation shall not be considered a justification for additional payment or extension of time unless the Architect can satisfy the Client that such additional cost or time is inevitable having explored all reasonable avenues with accommodation of the variation requested.

3.5 Where other Architects are engaged by the Architect to perform the

Services as stipulated herein, the Architect shall be fully responsible for the performance, acts or omissions of the said Architects.

B **Personnel**

3.6 The Architect shall ensure that the obligations and Services to be provided herein shall be performed by the personnel identified in Schedule 2 [hereinafter referred to as the "Architect Staff].

3.7 The Architect may make changes to the Architect Staff only with the prior written consent of the Client which consent shall not be unreasonably withheld.

3.8 If any member of the Architect Staff is prevented by illness or other enforced absence from performing the Services the Architect shall promptly inform the Client. Where such absence is likely to exceed one months duration, the Architect shall ensure the provision of a suitably qualified and acceptable substitute.

3.9 The Architect shall ensure that the personnel included in the Architect Staff have the requisite experience and qualifications to perform the Services and are lawfully registered at all times to carry out the Services.

3.10 The Client may, with reasonable grounds, require the replacement of any member of the Architect Staff by giving the Architect 14 days notice in writing. No such request shall excuse or exempt the Architect from performing any of its contained obligations herein and shall cause additional fees or expenses to the Client.

3.11 The Architect shall ensure that any expatriate personnel of the Architect who are members of the Consulting Staff have valid work permits and any other such documentation necessary to enable him to perform the Services at the expense of the Architect.

C Commencement and Completion of Services

3.12 The Services shall be performed in accordance with the Design Schedule approved by the Client under Clause 4 or in such manner and time as may be instructed by the Client from time to time.

3.13 The Services shall be completed prior to the Expiry Date unless otherwise agreed in writing by the Client.

D Records of Activities

3.14 The Architect shall, for the duration of the Consultancy Period, keep detailed records of all activities undertaken by the Architects or other Architects engaged by the Architect in relation to the provision of the Services. The Architect shall make available for inspection and provide a copy of such records, drawings, calculations and measurements in hardcopy form to the Client.

E Indemnity

3.15 The Architect is liable to the Client for its Services under Schedule 1 and shall indemnify the Client against any claim, loss, expense or damage suffered or incurred by the Client as a result of any act or omission of the Architect or its respective agents, servants or employees in carrying out their obligations and the Services. This shall include but shall not be limited to any cost of re-design, increases in the cost of works and/or any claims, additional financing costs, and/or any damages payable to purchasers, other Architects or statutory bodies arising from the same.

3.16 The Architect certifies and warrants that the Architect has no knowledge of any existing or potential infringement or claim arising out of any existing patent, copyright, trade secret, trade mark, or any other form of intellectual or industrial property provided or used by the Architect.

3.17 The Architect shall indemnify the Client against all claims which may arise in respect of illness, bodily injuries to (including death of) employees, servants/agents of the Architect.

3.18 The Architect shall at all time exert his best endeavours to mitigate any delays to the works arising from any matter he is liable to the Client for and will constantly monitor that the design and the workmanship required to achieve the said design is being properly implemented at the site.

3.19 The Architect shall provide Professional Design Liability insurance coverage in the amount of US$000 annual aggregate. Coverage shall be maintained without interruption from date of commencement of work until the termination of this agreement. Certificate of insurance acceptable to the Client shall be filed with the Client prior to commencement of the work.

4. Obligations of the Client

4.1 The Client shall, at all reasonable times during the Consultancy Period, grant the Architect right of reasonable access to and egress from the Project Site for the purpose of performing its obligations and Services

4.2 The Client shall provide all directions or instructions or decisions to the Architect in writing within a reasonable time so as not to delay the progress of the Works and/or the Services

4.3 The Client may from time to time in writing delegate to an authorised representative any of the powers and authorities vested in the Client. The Client shall state the extent to which it has delegated such powers and authorities.

5. Remuneration and Payment

5.1 In consideration of the provision of Services, stipulated in Schedule 1 hereto, by the Architect, the Client shall pay the Architect the fees at the rate described in Schedule 5 hereto

5.2 Upon the completion of each payment period as described in Schedule 5 hereto, the Architect shall submit an application for payment. The Client shall within 30 days of receipt of the application, pay the Architect the certified portion of the fees then due to the Architect

5.3 The Client shall reimburse the Architect in respect of reimbursable expenses [hereinafter collectively referred to as the "Expenses"] within 30 days of the production of receipts by the Architect if the Client is satisfied that the Expenses incurred are within the scope detailed in Schedule 6. No expenses of which the Architect is entitled to reimbursement shall be incurred by the Architect until written approval is given by the Client, unless specifically allowed under this Agreement.

5.4 Any payment by the Client shall be without prejudice to any claims or rights which the Client may have against the Architect and shall not constitute admission by the Client as to the performance by the Architect of its obligations and services under this Agreement.

5.5 The Client shall be allowed to make deductions, set-offs or deferments in respect of any claims or disputed sums that it may have against the Architect.

5.6 The fees are inclusive of all taxes (other than Service Tax) including withholding taxes, levies, or duties that the Architect may be liable for within or outside xxx(region) in respect of its obligations and Services.

5.7 (deleted)

5.8 All payments made under this agreement shall be made in United States Dollar.

6. TIME

6.1 The Architect shall perform the Services as expeditiously as is consistent with professional skill and care and the orderly progress of the Work. The Architect shall submit within 15 days from the date of this Agreement, for the Client's approval and as a part of this Contract a Design Schedule for the performance of Architect's Services. The Design Schedule identifies the design tasks with estimated dates of start and completion, relationships and dependencies, responsibilities and milestone dates. The Design Schedule includes allowances for periods of time required for the Client's review and approvals, and for approval of submissions by authorities having jurisdiction over the Project.

6.2 If the actual period of time required for any such item is longer than the applicable allowance by reason of any act or failure to act of any person or entity (including Client and any Client's Consultant or trade contractor) other than Architect and Architect's Consultants, the Design Schedule shall be appropriately adjusted, provided that Architect shall use diligent efforts to minimize the impact and duration of any such delay.

6.3 The Design Schedule shall be updated and submitted by Architect to the Client for review and approval by Client (which approval shall not be unreasonably withheld) periodically based on the Project demands and status to reflect current progress, additions, reductions, and other changes to the scope of the Architect's and Client's Consultants' services.

6.4 Architect shall comply with the Design Schedule, and if overtime work or any other special actions are required in order for Architect to comply with the Design Schedule, such work or other actions shall be at the expense of Architect. Subject to certain limitations on liability expressly set forth in this Agreement, and notwithstanding any of the foregoing, Architect shall in all events be responsible for all delays attributable to breaches by Architect of any provision hereof. Failure of the Architect to perform within this schedule except through authorized extensions thereto shall constitute a basis for termination and/or withholding of payment until schedule compliance is achieved by the Architect. If the Architect fails to comply with the Design Schedule, the Architect shall pay delay damages to the Client for this Default . These delay damages shall be determined at the rate of US$000 per day, and shall be the only damages due from the Architect for such default, other than in the event of termination under sub-clause 8.2 prior to completion of the Services. These damages shall not relieve the Architect from his obligations to complete of the Services, or from any other duties, obligations or responsibilities which he may have under this Agreement.

6.5 Time of Essence: All time limits stated in this Agreement are of the essence in the performance of this Agreement.

7. Representations and Warranties

7.1 The Architect represents and warrants to the Client that:-

7.1.1 it is a company duly established in xxx and validly existing under the laws of xxx;

7.1.2 it is duly authorised to enter into and perform its obligations under this Agreement and to carry out the Services contemplated herein;

7.1.3 it has obtained and ensure the validity of all the necessary approvals and licences from the relevant authorities for the purposes of providing and carrying out the Services and obligations described herein;

7.1.4 it has all the necessary and requisite skills, knowledge and experience and is able to upgrade the same if so required in order to provide the Services and obligations for the Project; and

7.1.5 it is registered in accordance with the relevant laws and requirements applicable to the Services rendered.

7.2 The Architect acknowledges that the Client has entered into this Agreement in reliance upon their respective representations and warranties contained in Clause 7.1

8. Termination

A Events of Default

8.1 If any of the following events of default (hereinafter collectively referred to as the "Events") should occur:-

8.1.1 a party hereto is in breach of the provisions of this Agreement and fails or refuses or neglects to take all necessary action to remedy such breach or default within 14 days (or such longer period as may be specified) after receiving a notice to remedy such a breach; or

8.1.2 a party hereto, being a company, goes into voluntary liquidation other than for the purpose of reconstruction or amalgamation; or

8.1.3 an order of court is made for the compulsory liquidation of any party hereto; or

8.1.4 a receiver, administrator, liquidator, trustee or similar official is appointed over the whole or any part of a party's assets; or

8.1.5 a party hereto shall cease or threaten to cease to carry on the whole or any substantial part of its business; or

8.1.6 a party hereto enters into, or resolves to enter into an arrangement, composition or compromise with, or assignment for the benefit of creditors under the laws of the respective party's place of incorporation; and/or

8.1.7 a party hereto has a writ of distress or any other form of execution levied against it or its assets;

the rights and obligations of the parties shall be governed by this Clause 8.

B Consequences of the occurrence of an Event

8.2 If any Event applies to the Architect, the Client shall be entitled to either terminate this Agreement immediately or suspend the Services of the Architect indefinitely at the option of the Client. The Client shall be further entitled to withhold payment due to the Architect.

8.3 The Architect shall ensure that it hands over to the Client all documentation on the Works and/or Services within 14 days of the Termination to ensure that interruption to the Services to be provided is minimised. Upon settlement of all outstanding payments due as certified by the Client, the Architect shall provide the Letter of Release immediately to the Client.

8.4 In the event of Termination under sub-clause 8.2, the Client shall be entitled to:-

8.4.1 subject to sub-clause 8.2 withhold all payments otherwise due to the Architect;

8.4.2 appoint another firm of Architects to complete the Services;

8.4.3 the Architect shall, if requested by the Client, assign to the Client any sub-contract(s) entered into by the Architect in respect of the Services;

8.4.4 the Architect shall pay to the Client as compensation the amount certified by the Client as the difference between the Client's actual cost incurred for the completion of the Services and the Fees. The certified sum shall be conclusive and shall be paid by the Architect to the Client within 14 days of receipt of such notice; and

8.4.5 if there shall be any residue after the Client has made the necessary adjustment pursuant to sub-clauses 8.4.3 and 8.4.4, the Architect shall be entitled to the residue of the certified proportion of the Fees within 14 days of the same being certified.

8.5 If any Event applies to the Client, the Architect shall be entitled to terminate this Agreement immediately by written notice and in any such event, the Architect shall be entitled to the certified proportion of the Fees that remains outstanding together with the expenses certified in accordance with sub-clause 5.3. Upon full settlement of this outstanding amount, the Architect shall then be obligated to provide to the Client the Letter of Release to allow the Client to proceed with the Project.

C Termination By Notice

8.6 The Client may terminate this Agreement immediately at its full discretion by giving written notice of its intention to terminate the Services to the Architect.

8.7 If the Client exercises its right under sub-clause 8.6:

8.7.1 it shall pay to the Architect the certified proportion of the Fees for the services already rendered which remains outstanding together with Expenses in accordance with Sub-Clause 5.3.

8.7.2 the Architect shall, if so required by the Client, assign to the Client any sub-contracts entered into by the Architect in respect of the Services; and

8.7.3 the Client shall be entitled to appoint another firm of Architects to provide the Services as it deems fit upon the issuance of the Letter of Release which shall not be unreasonably withheld by the Architect.

8.8 The Architect shall, notwithstanding such termination under Clause 8 and appointment of another firm of Architects to perform the Services, remain liable for all claims, losses or damages whatsoever arising out of Services already performed prior to the Termination and shall indemnify the Client on demand in respect of all such claims, losses or damages.

9. Force Majeure

9.1 No party shall not be in breach of its obligations under this Agreement, if it is unable to perform or fulfil any of its obligations herein as a result of an event of Force Majeure. The expression "Force Majeure" shall only include the following events:

9.1.1 war, hostilities (whether declared or not), invasion, act of foreign enemies, rebellion, insurrection, military or usurped power, civil war, terrorism; or

9.1.2 ionising, radiation or contamination by radioactivity from any nuclear waste, from the combustion of nuclear fuel, radioactive toxic explosive or other hazardous properties of explosive, nuclear assembly or component thereof; or

9.1.3 pressure waves caused by aircraft or other aerial devices travelling at sonic or supersonic speeds; or

9.1.4 natural catastrophe including but not limited to earthquakes, floods and subsidence; and/or

9.1.5 riot, disorders, criminal damage, sabotage, strike, lock-out, labour unrest or other industrial disturbance (affecting the performance of this Agreement) which are not the fault of either party hereto which causes either party to fail to comply with its obligations herein.

9.2 The affected party shall use all reasonable diligence to remove or eliminate the Force Majeure event as soon as possible and shall within three days of the occurrence of the said event give the other party written notice of the same, its expected duration and (if foreseeable) the expected resumption date.

9.3 If any party considers the Force Majeure event to be of such severity or to be continuing for a period of one month and that party is unable to perform any of its obligations herein, then under such circumstances, this Agreement shall be terminated by mutual agreement.

9.4 No Force Majeure event shall excuse one party from making payment to the other for Services performed prior to the occurrence of the Force Majeure event and or for which payment has been certified in accordance with the terms herein.

10. Assignment and Sub-Contract

10.1 The Architect shall not assign, transfer or sub-contract any of the rights and/or obligations hereunder to any third party without the prior written consent of the Client.

10.2 If the Architect assign or transfers any of its rights or obligations stipulated herein with the prior written consent of the Client, the Architect shall not be relieved of its obligations herein.

10.3 The Client may assign its rights and/or obligations under this Agreement to third parties and/or their successors in title and/or permitted assigns.

11. Waivers

11.1 Waiver of any breach of this Agreement or of any right, power, authority, discretion or remedy arising out of a breach or of default stipulated herein must be in writing and signed by the party granting the waiver. Any such waiver shall be effective only in the instance and for the purpose for which it was given.

11.2 A breach or default under this Agreement is not waived by a failure or delay in exercising any right, power, authority, discretion or remedy provided for herein.

12. Confidentiality

12.1 The parties shall only use confidential information given or acquired during the Consultancy Period for the purpose of carrying out their obligations under this Agreement.

12.2 The parties must not disclose to any third party or publish any Confidential Information except:

12.2.1 with the written consent of the Client or parties beneficially owning the Confidential Information;

12.2.2 in accordance with Government or other legislative requirements; or

12.2.3 in accordance with any court order of competent jurisdiction.

12.3 This Clause shall survive the termination of this Agreement and shall at all times be enforceable at law and in equity and shall inure for the benefit and be enforceable by the Client and its respective successors-in-title and permitted assigns and be binding upon the Architect and their respective successors-in-title and permitted assigns.

13. Notices

13.1 All notices or communications required or permitted herein shall be in writing and delivered in person or sent by registered post or by legible telefax addressed to the recipient at the address stated herein.

13.2 The notice will be deemed received if:

13.2.1 hand delivered, on the day of delivery;

13.2.2 posted by registered mail, on the day of acknowledgement of receipt by the recipient of the registered mail; and

13.2.3 sent by telefax upon receipt of the successful transmission notice.

13.3 Either party may notify the other of any change of address for notices by giving fourteen days' notice in accordance with methods of service in the sub-clauses hereinabove.

14. Arbitration

14.1 If any dispute or difference arising out of this Agreement cannot be resolved by amicable settlement, such dispute may be referred with mutual consent in writing to an arbitrator to be agreed upon by the parties hereto, or failing such agreement within fourteen days of any reference to arbitration to be nominated on the application by either party to the Director of the Regional Centre for Arbitration in xxx. Such arbitration shall be conducted under the rules of the said Regional Centre for Arbitration and the award made therein shall be final and binding upon the disputants.

14.2 The reference of any dispute or difference to arbitration shall in no way operate as a waiver of the obligations of the parties to perform their respective obligations and Services under this Agreement.

15. Variations

15.1 The Client may give notice instructing the Architect, inter alia, to alter, amend, add to or omit or otherwise vary any part of the Services. Upon the instruction of the Client, the Architect shall notice in writing his acceptance or refusal on the instruction within 7 days from his receipt of the instruction.

15.2 In case the Architect accepts the Client's instruction of the variation, the Architect shall submit his proposed adjustment to Fees with breakdowns within 10 days from his receipt of the instruction. For any adjustment to Fees as a result of this Clause, a lump sum or not-to-exceed amount which is satisfactory to both parties shall be negotiated on each occasion of activating a specific variation instruction. The Architect's staff costs associated therewith shall be based on the hourly rates set forth in Schedule 3.

15.3 The Client shall be entitled to request from the Architect full particulars of the costs incurred and suspend reimbursement pending receipt and satisfaction of such particulars sought.

15.4 The Architect may not vary the scope of Services herein except where instructed by the Client or mutually agreed according to the Sub-Clause 3.4.

16. Applicable Law

16.1 This Agreement is governed by the laws of xxx and the parties submit to the exclusive jurisdiction of the courts of xxx, save as detailed in Clause 14 herein above.

17. Intellectual Property

17.1 Any intellectual or industrial property created pursuant to this Agreement shall be vested in the Client. In the event that Architect sub-contracts any portion of the Services, it shall ensure that any intellectual or industrial property created shall be vested in the Client.

18. Entire Agreement

18.1 This Agreement inclusive of all Exhibits and Schedules hereto constitutes the entire agreement between the parties with respect to the matters contained herein and supersedes any and all previous agreements and understandings between the parties in respect of the same and inures to the benefits of the parties and their respective successors-in-title and permitted assigns.

19. Severability

19.1 The invalidity or unenforceability of any portion or terms and conditions of this Agreement shall in no way affect the validity or enforceability of any other portion or terms and conditions hereof. Unless any invalid or unenforceable portion or term or condition shall be deemed severed from this Agreement, the parties shall negotiate in good faith to agree a similar portion or term or condition that legally sets forth the original intent of the parties without vitiating the remainder of this Agreement.

20. English Language

20.1 All documents and notices of any kind under this Agreement shall be in

English.

21. Legal Costs and Stamp Duty

21.1 Each party shall bear its respective legal costs incurred in the preparation of this Agreement but the Architect shall pay any stamp duty applicable to this Agreement.

EXECUTED BY THE PARTIES AS AN AGREEMENT ON THE DATE FIRST WRITTEN HEREIN:

Signed by for and on)
behalf of the CLIENT)
in the presence of:)

____

Witness's Name

Signed by for and on)
behalf of the ARCHITECT)
in the presence of:)

____

Witness's Name

SCHEDULE 1

SCOPE OF SERVICES BY ARCHITECT

1. Professional Advice & Services

1.1 Advisory services

The advisory services to be provided by the Architect shall be as follows :

(i) ascertaining the client's objectives, brief and constraints for the project and advising the client on how to achieve the objectives;

(ii) inspecting and advising the client on the selection and suitability of proposed sites, conducting or taking part in negotiations connected therewith, taking levels and preparing measured drawings, plans of the sites, sites and buildings or existing buildings;

(iii) preparing and refining the brief in consultation with the client and interpreting the client's objectives to arrive at an agreed brief for the project;

(iv) carrying out such studies as may be necessary for the project and reviewing with the client alternative design and construction solutions, evaluating their respective advantages and disadvantages and advising on all relevant aspects of obtaining statutory approvals necessary for the implementation of the project;

(v) preparing the outline project plan which may include a preliminary cost estimate, a preliminary project planning and implementation schedule, a preliminary cash flow projection including probable construction costs and fees and a resource plan;

(vi) advising the client on the need for geotechnical, civil, structural, mechanical or electrical engineering, quantity surveying or other specialist consultants' services, inviting, obtaining and evaluating submissions and making recommendations to the client for their appointments if necessary; and

(vii) advising the client on the resident site staff required for the project and estimating the cost of their employment and the duration of their employment.

2. Basic services

The basic services to be provided by the Architect shall be as follows :

2.1 General provisions

The Architect shall -

(i) provide the Client with two free copies of all sets of drawings at each approval stage to and sufficient sets of drawings as required by the relevant authorities for their retention;

(ii) report to the Client through the design development phase and assist in the co-ordination of the drawings and design of other specialist Architects (including M&E and C&S) to ensure that the design brief is maintained and that the drawings are free from service clashes;

(iii) attend and/or lead all meetings as may be required by the Client.

2.2 Schematic Design Phase

The services to be provided during this phase are -

(i) taking the client's instructions and analysing the project brief;

(ii) preparing preliminary conceptual sketch proposals to interpret the project brief;

(iii) developing the preliminary conceptual sketch proposals into sketch designs to a stage sufficient to enable an application to be made for planning approval or approval in principle to comply with the relevant by-laws;

(iv) Prepare the conceptual drawings for planning submission to the relevant authorities, inclusive of incorporating input from the other members of the consulting team as and where necessary.

(v) preparing preliminary estimates of the probable construction cost based on current area, volume or other unit costs; and

(vi) where applicable, preparing and submitting the drawings and other necessary documents to relevant approving authorities for either town planning approval or approval in principle.

2.3 Design Development Phase

The services to be provided during this phase are?

(i) upon the approval of the proposals by either the relevant authority or the client, developing the schematic design drawings to a stage to enable other consultants to commence their detailed design work;

(ii) preparing working drawings and submitting the same together with all necessary particulars to the relevant approving authorities to obtain statutory building approval;

(iii) updating the preliminary estimates of construction costs and submitting the same to the client for his approval; and

(iv) updating the project planning and implementation schedule and submitting the same to the client for his approval.

2.4 Contract Documentation Phase

The services to be provided during this phase are?

(i) upon the approval by the client of the updated estimates of construction cost and the planning and implementation schedule, preparing and finalising the detailed drawings and other particulars necessary to the stage of completion adequate for bills of quantities to be prepared by an independent quantity surveyor;

(ii) preparing all documents necessary for obtaining competitive tenders for the work;

(iii) inviting, on behalf of the client, tenders for the work or collaborating with the independent quantity surveyor engaged by the client to do so;

(iv) evaluating the results of the tenders and submitting a report and recommendation to the client;

(v) awarding the contract on behalf of the client; and

(vi) preparing the contract documents either alone or in collaboration with other independent consultants appointed by the client for signature by the client and the contractor.

2.5 Contract Implementation and Management Phase

The services to be provided during this phase are ?

(i) performing all the functions and duties of the Architect under the terms and conditions of the building contract;

(ii) providing information and issuing instructions to the contractor as required under the terms and conditions of the building contract to enable the contractor to proceed with the works;

(iii) examining the works programme submitted by the contractor and to be satisfied that the works can reasonably be completed within the contract period;

(iv) inspecting the works at periodic intervals so as to ensure that the works are being executed in general accordance with the building contract and to enable the Architect to certify the completion of the various stages of the works required in support of an application for a certificate of fitness for occupation from the relevant approving authority;

(v) where necessary, applying for a certificate of fitness for occupation or its equivalent from the appropriate authority;

(vi) accepting on behalf of the client, the works at various stages of completion;

(vii) providing a set of drawings showing the building as constructed and obtaining for the client the drawings of the building's services as installed together with all warranties and maintenance manuals as provided for in the contracts;

(viii) Superintending the building contract on behalf of the Client and in accordance with the rules of conduct for Architects as detailed by xxx generally and/or prevailing acts, rules and regulations governing the conduct of Architects in xxx. This is inclusive of issuing all necessary directions and instructions required under the contract and at law;

(iX) Monitoring and supervising the Works generally to ensure that the design brief is being realised and/or implemented and that the work quality is equivalent to that reasonably envisaged and/or expected for a project of the scope and nature of the subject project. The same is to include the quality, programme, budgetary and safety aspect of the project as a minimum;

(x) Ensuring that work at site complies with the laws, rules and regulations prevailing in Malaysia especially in respect of requirements for health and safety at work;

(xi) Issuing the relevant Certificates required under the building contract in the manner and at the times required in the contract and at law;

(xii) Attending and/or leading meetings as required by the Client and/or Project Management Architect;

(xiii) Ensuring that the works are completed in accordance with the contract and specifications and drawings satisfactorily and submitting the relevant notices, permits and applications to the authorities to obtain Temporary Occupation Permit and subsequently Certificate of Fitness for the development; and

(xiv) Monitoring the works during the Defects Liability Period and instructing the

Contractor as required on the rectification of defects. Ensuring all warranties and guarantees reasonably necessary are procured from the relevant contractors, sub-contractors and/or suppliers in the manner and format providing suitable indemnity to the Client for failures in workmanship and/or materials.

3. Other Services

The other professional services which are not included in the basic services but shall be provided by the Architect to supplement the advisory and basic services or which may be provided under a separate appointment shall be as follows :

3.1 Planning and development services

The services to be provided under this category are?

(i) preparing a preliminary technical evaluation of a project to enable the client to reach a decision on whether to proceed and the possible form and content of the project;

(ii) preparing plans for housing development or other schemes including preliminary layout plans as may be required for discussion with the relevant authorities leading to the preparation of detailed development plans based on the layout plan as approved by either the relevant authority or the client to enable the project to be implemented; and

(iii) preparing documents and providing all other services necessary in connection with demolition works for the erection of a new building when undertaken separately from the contract.

3.2 Supplementary Design Services

The services to be provided under this category are?

(i) designing graphics and signage in connection with projects and providing all necessary services for their execution;

(ii) advising the client on the selection of works of art or commissioning of decorative works and supervising their installation; and

(iii) undertaking special studies in connection with the development of designs for prototype buildings or models including their testing and evaluation.

3.3 Exceptional Negotiations or Protracted Involvement

The services to be provided under this category are?

(i) participating in special or protracted negotiations in connection with applications for town planning or other statutory approvals including applications for conversions of title to land for development purposes, changes in land use zoning, densities, waivers and appeals;

(ii) amending the content, scope, design or details of a project, building or any of its parts upon the client's instructions after approvals at various stages have been given by the client and requiring the Architect to either amend or prepare new drawings or production information after they have been finalized;

(iii) continuing professional services on a protracted basis due to causes beyond the Architect's control and not directly or indirectly caused by actions of the Architect but may be caused by certain decisions of the client, breach of contract by either of the parties to the building contract, strikes, or such similar causes and which will involve the Architect in additional time or work;

(iv) additional services arising from the failure of the client to award a contract in due time; and

(v) conferring with solicitors, attending court, arbitration and enquiries in connection with statutory approvals.

3.4 Project Management and Administration

The services to be provided under this category are?

(i) providing total project management services from the inception to completion of a project including preparation of project briefs, appointing and coordinating all consultants, contractors and suppliers, preparation of various levels of project schedules for planning and implementation and monitoring all the activities and elements relative to the agreed targets, preparing reports and their submission to the client, and accepting the completed works on behalf of the client;

(ii) providing periodic or full time resident site personnel for frequent or constant inspection of the works;

(iii) providing the full services required for construction management in serving as the overall coordinator where separate contracts for each trade are awarded;

(iv) preparing 'as built' drawings of buildings on which the Architect was not the designer; and

(v) preparing a programme for the maintenance of a building and arranging maintenance contracts.

3.5 Others

(i) Liaise together with the Client in order to liaise with and resolve on land matters on behalf of the Client. This includes but shall not be limited to amalgamation, conversion (if required), settlement of take-over and surrender of public and/or right of way roads, density issues, relocation of utilities and so on.

(ii) Liaise with the relevant authorities and bodies and other members of the consulting team to ensure that all submissions to the relevant authorities are in compliance with local and national regulations, rules, laws, bye-laws, applicable codes and so on.

(iii) Assist the Client in preparing a target cost estimate for the project. .

(iv) Advise the Client and liaise with other members of the consulting team on a realistic programme for the project in terms of each stage of the project development.

SCHEDULE 2

Organisation Chart of the Architect

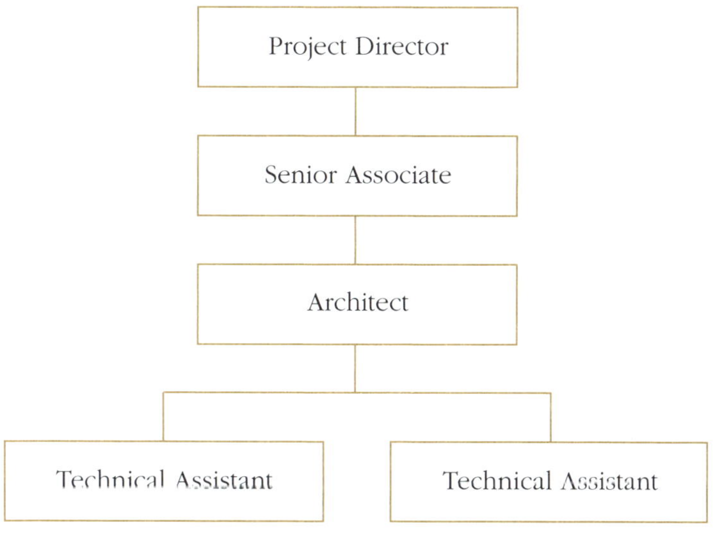

Name	Position	Role	Remarks
	Project Director		
	Senior Associate		
	Architect		
	Technical Assistant		
	Technical Assistant		

The personnel listed in this Schedule shall substantially perform the services described in this Agreement. The Architect shall obtain the Client's consent in written to any changes in the personnel. The Architect shall submit a written request for such a change, accompanied by qualification data for the proposed replacement(s), to the Client at least 5 business days prior to making the proposed change.

SCHEDULE 3

CHARGE RATES OF ARCHITECT

Charge Rates

a)	Project Director	:	US$200 per hour
b)	Senior Associate	:	US$150 per hour
c)	Architect	:	US$100 per hour
d)	Technical Assistant	:	US$80 per hour

1.0 times the actual salary of the staff concerned will be reimbursed for the pro rata period involved in activating a specific variation instruction.

SCHEDULE 4

LIST OF DRAWINGS

The Architect shall always provide the Client with the drawings which are necessary for the Client's review.

A. List of Drawings #01 - Planning Submission

NO	TITLE	DRAWING NUMBER	REVISION NUMBER	SCALE	SIZE
	General				
01	Perspective			1:400	A1
02	Site Plan			NTS	A1
	Site Arrangement				
	Plans				
01	Basement Floor			1:400	A1
02	Ground Floor			1:400	A1
03	1st Floor			1:400	A1
04	2nd Floor			1:400	A1
05	3rd Floor			1:400	A1
06	4th Floor			1:400	A1
07	………………			1:400	A1
08	Roof			1:400	A1
	Sections				
01	Cross Section 01			1:400	A1
02	Longitudinal Section 02			1:400	A1
	Elevations				
01	Front Elevation 01			1:400	A1
02	Right Elevation 02			1:400	A1

03	Rear Elevation 03			1:400	A1
04	Left Elevation 04			1:400	A1
	General Arrangement				
	Plans				
01	Basement Floor			1:100	A1
02	Ground Floor			1:100	A1
03	1st Floor			1:100	A1
04	2nd Floor			1:100	A1
05	3rd Floor			1:100	A1
06	4th Floor			1:100	A1
07	………………			1:100	A1
08	Roof			1:100	A1
	Sections				
01	Cross Section 01			1:100	A1
02	Longitudinal Section 02			1:100	A1
	Elevations				
01	Front Elevation 01			1:100	A1
02	Right Elevation 02			1:100	A1
03	Rear Elevation 03			1:100	A1
04	Left Elevation 04			1:100	A1

B. List of Drawings #02 - Building Submission

NO	TITLE	DRAWING NUMBER	REVISION NUMBER	SCALE	SIZE
	General				
01	Perspective			1:400	A1
02	Site Plan			NTS	A1
	Site Arrangement				
	Plans				
01	Basement Floor			1:400	A1
02	Ground Floor			1:400	A1
03	1st Floor			1:400	A1
04	2nd Floor			1:400	A1
05	3rd Floor			1:400	A1
06	4th Floor			1:400	A1
07	………………				
08	Roof			1:400	A1
	Sections				
01	Cross Section 01			1:400	A1
02	Longitudinal Section 02			1:400	A1
	Elevation				
01	Front Elevation 01			1:400	A1
02	Right Elevation 02			1:400	A1
03	Rear Elevation 03			1:400	A1
04	Left Elevation 04			1:400	A1
	General Arrangement				
	Plans				
01	Basement Floor			1:100	A1
02	Ground Floor			1:100	A1
03	1st Floor			1:100	A1
04	2nd Floor			1:100	A1
05	3rd Floor			1:100	A1
06	4th Floor			1:100	A1

07	………………			1:100	A1
08	Roof			1:100	A1
	Sections				
01	Cross Section 01			1:100	A1
02	Longitudinal Section 02			1:100	A1
	Elevations				
01	Front Elevation 01			1:100	A1
02	Right Elevation 02			1:100	A1
03	Rear Elevation 03			1:100	A1
04	Left Elevation 04			1:100	A1
	Miscellaneous				
01	Substation			1:100	A1
02	Refuse Chamber & Refuse Centre			1:100	A1
03	LPG Station			1:100	A1
04	Storage Area			1:100	A1
05	Mailbox			1:100	A1
06	Guardhouse			1:100	A1
07	Water Feature			1:100	A1
08	Clubhouse			1:100	A1
09	Others			1:100	A1

C. List of Drawings #03 - Working Drawings

NO	TITLE	DRAWING NUMBER	REVISION NUMBER	SCALE	SIZE
	General				
01	Perspective			1:400	A1
02	Site Plan			NTS	A1
	Site Arrangement				
	Plans				
01	Basement Floor			1:400	A1
02	Ground Floor			1:400	A1
03	1st Floor			1:400	A1
04	2nd Floor			1:400	A1
05	3rd Floor			1:400	A1
06	4th Floor			1:400	A1
07	………………			1:400	A1
08	Roof			1:400	A1
	Sections				
09	Cross Section 01			1:400	A1
10	Longitudinal Section 02			1:400	A1
	Elevations				
11	Front Elevation 01			1:400	A1
12	Right Elevation 02			1:400	A1
13	Rear Elevation 03			1:400	A1
14	Left Elevation 04			1:400	A1
	General Arrangement				
	Plans				
01	Basement Floor			1:100	A1
02	Ground Floor			1:100	A1
03	1st Floor			1:100	A1
04	2nd Floor			1:100	A1
05	3rd Floor			1:100	A1
06	4th Floor			1:100	A1

07	- - - - - - - - - - - - - - -			1:100	A1
08	Roof			1:100	A1
	Sections				
09	Cross Section 01			1:100	A1
10	Longitudinal Section 02			1:100	A1
	Elevations				
11	Front Elevation 01			1:100	A1
12	Right Elevation 02			1:100	A1
13	Rear Elevation 03			1:100	A1
14	Left Elevation 04			1:100	A1
	Reflected Ceiling Plans				
15	Basement Floor			1:100	A1
16	Ground Floor			1:100	A1
17	1st Floor			1:100	A1
18	2nd Floor			1:100	A1
19	3rd Floor			1:100	A1
20	4th Floor			1:100	A1
21	………………			1:100	A1
22	Roof			1:100	A1

NO	TITLE	DRAWING NUMBER	REVISION NUMBER	SCALE	SIZE
	Detail Arrangement				
	Kitchens				
01	Wet Kitchen			1:100	A1
02	Dry Kitchen			1:100	A1
	Staircases & Ramps				
03	Staircase 01			1:100	A1
04	Staircase 02			1:100	A1
05	Staircase 03			1:100	A1
06	Staircase 04			1:100	A1
07	………………			1:100	A1

08	Ramp 01			1:100	A1
09	Ramp 02			1:100	A1
	Bathrooms				
10	Bathroom 01			1:100	A1
11	Bathroom 02			1:100	A1
12	Bathroom 03			1:100	A1
13	Bathroom 04			1:100	A1
14	Powder Room			1:100	A1
15	Maid's Bathroom			1:100	A1
16	Gents			1:100	A1
17	Ladies			1:100	A1
	Roofs				
18	Roof 01			1:100	A1
19	Roof 02			1:100	A1
20	Roof 03			1:100	A1
21	………………			1:100	A1
	Miscellaneous				
01	Substation			1:100	A1
02	Refuse Chamber & Refuse Centre			1:100	A1
03	LPG Station			1:100	A1
04	Storage Area			1:100	A1
05	Mailbox			1:100	A1
06	Guardhouse			1:100	A1
07	Water Feature			1:100	A1
08	Clubhouse			1:100	A1
09	Others			1:100	A1

SCHEDULE 5

MILESTONES / PAYMENT OF FEES

REMUNERATION SHALL BE **XXX %(XXX PER CENT ONLY)** OF COST OF WORKS SCHEDULED AS FOLLOWS:

No.	Stage	% Stage	% Cumult.	Remarks
1.	Up to Submission for planning approval	10 %	10 %	Based on the estimate of cost US$000
2.	Upon submission for building plan	15 %	25 %	ditto
3.	Upon execution of the Building Contract	15 %	40%	Based on Construction Contract Amount less any contingency sum, prime cost or provisional sum for which no design work has been undertaken
4.	During construction phase -Amount divided equally into Monthly payments based on Approved construction Programme	50 %	90 %	ditto
5.	Upon obtaining Temporary Occupation Permit (TOP)	5 %	95 %	Based on Final Account
6.	Upon obtaining Certificate of Fitness(COF) and/or issuance of Final Certificate for the Building Contract (whichever is later)	5 %	100 %	ditto

* In this Schedule, "Final Account" means final construction cost settled between the Client and his Main Contractor of Construction Works.

SCHEDULE 6

EXPENSES

FOR REIMBURSABLE EXPENSES, the Client shall pay the Architect a multiple of one point zero (1.0) times such actual and reasonable expenses. the Architect shall submit back-up for these expenses to the Client.

"Reimbursable Expenses" are in addition to Fees for the Service and Additional Services and means the following expenses incurred by the Architect and the Architect's employees and consultants in the interest of the Project :

(a) Expenses of transportation and living of principals and employees when travelling in connection with services when approved in writing by the Client, at the rates mutually agreed prior to the Client's approval.

(b) Expenses associated with reproduction of Drawings and Specifications, excluding copies for Architect's office use, sets required at each phase for the Client's review and approval, sets required for relevant authorities' permits/approvals.

(c) Authority Charges paid for securing approval of authorities having jurisdiction over the Project.

(d) Expense of renderings, models and mock-ups requested by the Client, in writing, which are more extensive than those required to be provided as part of Services.

Except as expressly provided otherwise to the contrary in this Agreement, Reimbursable Expenses will be reimbursed only when authorized in advance and in writing by the Client.

SCHEDULE 7

CONSULTANCY TEAM

Consultancy	Consultant
Project Management	
Architect	EDF Architects Co.
Civil & Structure Engineer	
M&E Engineer	
Quantity Surveyor	
Landscape Architect	
Marketing Agent	
Interior Designer	

부록 10 이행보증서(Performance Bond)

To: [EMPLOYER]

PERFORMANCE BOND

WHEREAS on the day of ,an Agreement (hereinafter called "the Contractor") was made between [name of Contractor] having its registered address at [address] (hereinafter called the "Contractor") of the one part and [name of Employer] having its registered at [address] (hereinafter called the "Employer") of the other part whereby the Contractor agreed to carry out, complete and maintain [state nature of Works] ("the Works") for the sum of United States Dollars [state Contract Sum in works] (US$[state Contract Sum in figures]).

AND WHEREAS the contractor is required under the Contract to pay the sum of United States Dollars [state Guaranteed Sum in words] (US$[state Guaranteed Sum in figures]) as a security deposit under the Contract.

Now in consideration of the Employer not insisting on the Contractor paying the sum of United States Dollars [state Guaranteed Sum in words] (US$[state Guaranteed Sum in figures]) under the Contract as a security deposit for the Contract, **we (at the request of the Contractor) hereby agree as follows:**

1. We hereby irrevocable and un conditionally undertake, covenant and firmly bind ourselves to pay to you on demand any sum or sums which from time to time and at any time may be demanded by you up to a maximum sum of United States Dollars [state Guaranteed Sum in words]

(US$[state Guaranteed Sum in figures]) ("the Guaranteed Sum") upon receiving your written notice of claim for payment made pursuant to Clause 2 hereof.

2. Upon our receipt of your written notice of claim for payment, we shall forthwith pay to you, without being entitled or obliged to require any proof or condition or to have any reference to you or the Contractor, the amount demanded by you not exceeding the Guaranteed Sum, and notwithstanding any dispute, objection, instruction or defence from or by the Contractor including any pending litigation or other dispute resolution process between you and the Contractor.

3. Your written notice of claim for payment of any amount pursuant to Clause 2 above shall be conclusive evidence of out liability to pay you and of the amount we are liable to pay you. Out obligation to make payment under this Bond shall be an independent, primary and absolute obligation and we shall not be entitled to withhold or delay payment for any reason. We shall be obliged to effect the payment demanded under any notice of claim for payment made pursuant to clause 2 hereof immediately upon our receipt thereof. We shall be under no duty to inquire into the reasons, grounds or circumstances of any demand made under this Bond or the respective rights, obligations and/or liabilities between you and the Contractor under the Contract, or into the authenticity of your notice or the authority or entitlement of persons signing such notice. Our Obligation or liability hereunder shall not be discharged, exonerated, released, relieved, impaired or otherwise affected by:

(a) any modification, amendment or variation in or to any of the obligations, conditions, or provisions of the Contractor or the Works or by reason of any arrangement made between you and the Contractor or by reason of any breach or breaches of the Contract by you or by the Contractor;

(b) any invalidity in the Contract or its avoidance, suspension, or termination;

(c) the termination of the employment of the Contractor under the Contract; or

(d) any Waiver, compromise, indulgence or forbearance, whether as to time, payment, performance or any other matter afforded by you to the Contractor under the Contract.

4. We shall pay any amount demanded by you under this Bond either by cheque issued to you or by transfer to an account in your name at such bank in such place as you shall direct, as elected by you in the notice of claim for payment made pursuant to clause 2 hereof. All such payments shall be made without any set-off, deduction or Counterclaim whatsoever.

5. You are entitled to make more than one demand under this Bond so long as the demands are made anytime prior to 90 days after the expiry of this Bond and are made pursuant to Clause 2 hereof and the aggregate amount of all such demands does not exceed the Guaranteed Sum.

6. Our liability under this Bond shall continue and this Bond shall remain in full force and effect from [to specify effective date] until [to specify the date occurring two hundred (200) days after the date of expiry of the Maintenance Period] provided always that the expiry periods of 180 days unless we give you 90 days' written notice sent to you by the registered post prior to the expiry of this Bond of out intention not no extend this Bond in respect of any future extension and provided further that you shall be entitled, upon receiving such notice from us, either to:

(a) make a demand under this Bond in the manner as set out in Clause 2 herein; or

(b) direct us to extend the validity of this Bond for a further period not exceeding 200 days (and this Bond shall then expire at the end of such further period).

7. You are entitled to assign the benefit of the whole or any part of this Bond or any right or interest in or under the Bond at any time without our consent or the Contractor's consent.

8. Unless otherwise provided in this Bond, the rights and created under this Bond shall apply exclusively to the parties and their successors and permitted assigns under the Bond

9. This Bond is issued subject to the laws of the Unites States of America and Parties agree to submit to the exclusive jurisdiction of the U.S.A. courts.

Dated this _____ day of ______________ 20 ___

AS WITNESS our hand

Signed by : ____________________________

(Name and designation of officer)

For and on behalf of

____________________ ____________________

(Name of Bank) (Signature)

in presence of:

Name: ______________

Designation: ______________ ____________________

(Signature of Witness)

____

Signature and Stamp of Contractor

부록 11 호텔개발절차(Hotel Development Process)

1. OVERVIEW

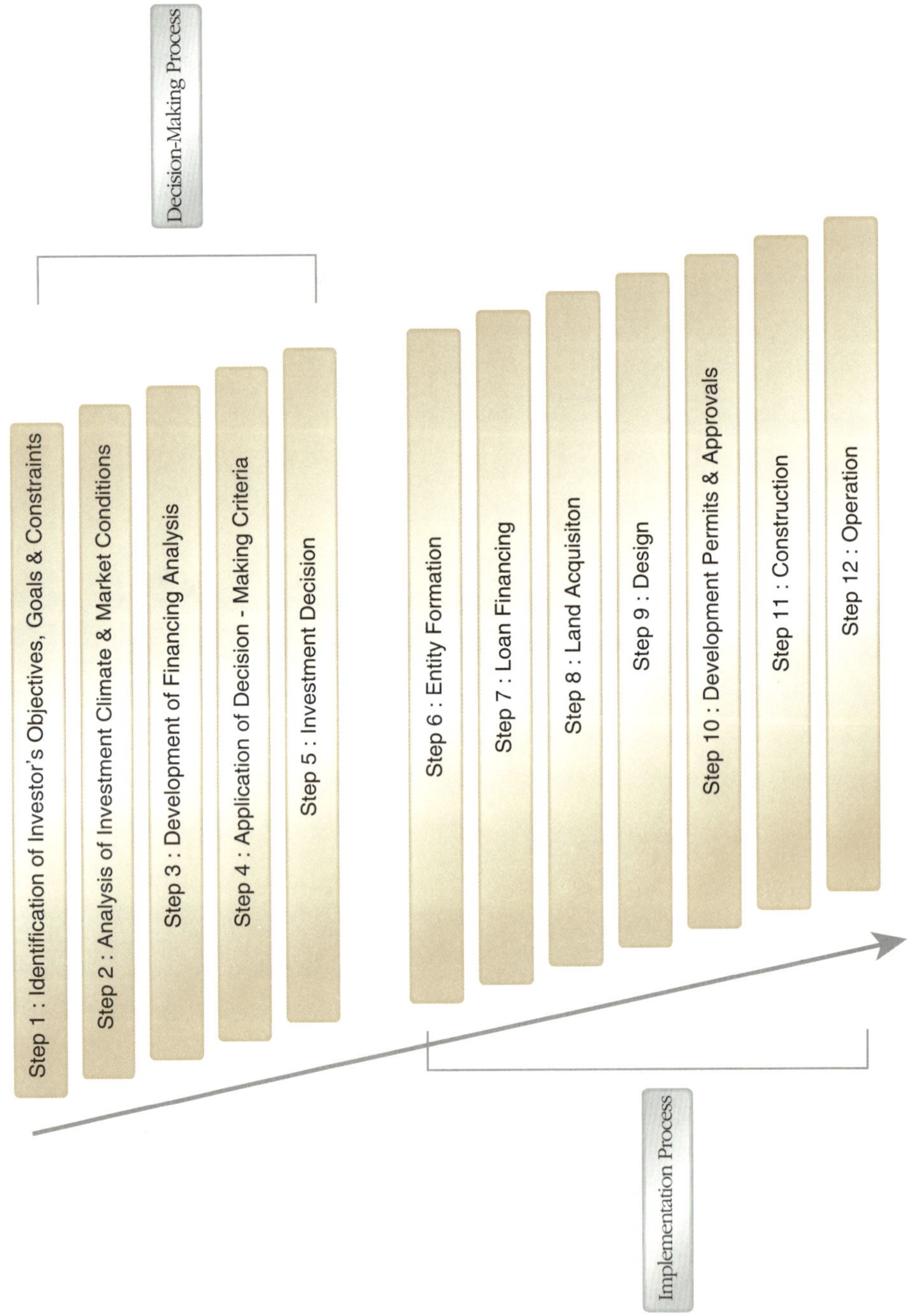

2. Decision-Making Process

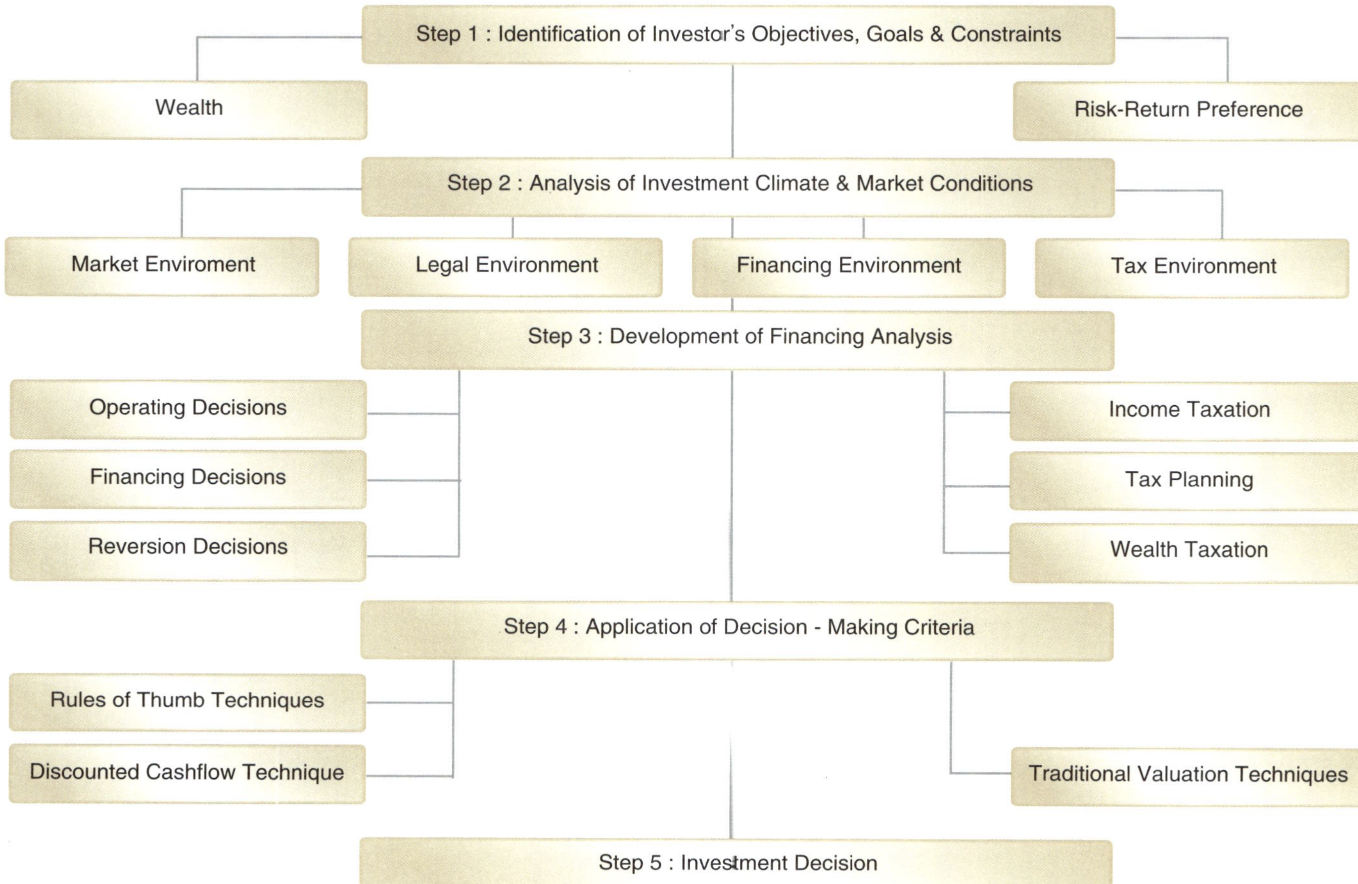

3. Implementation Process

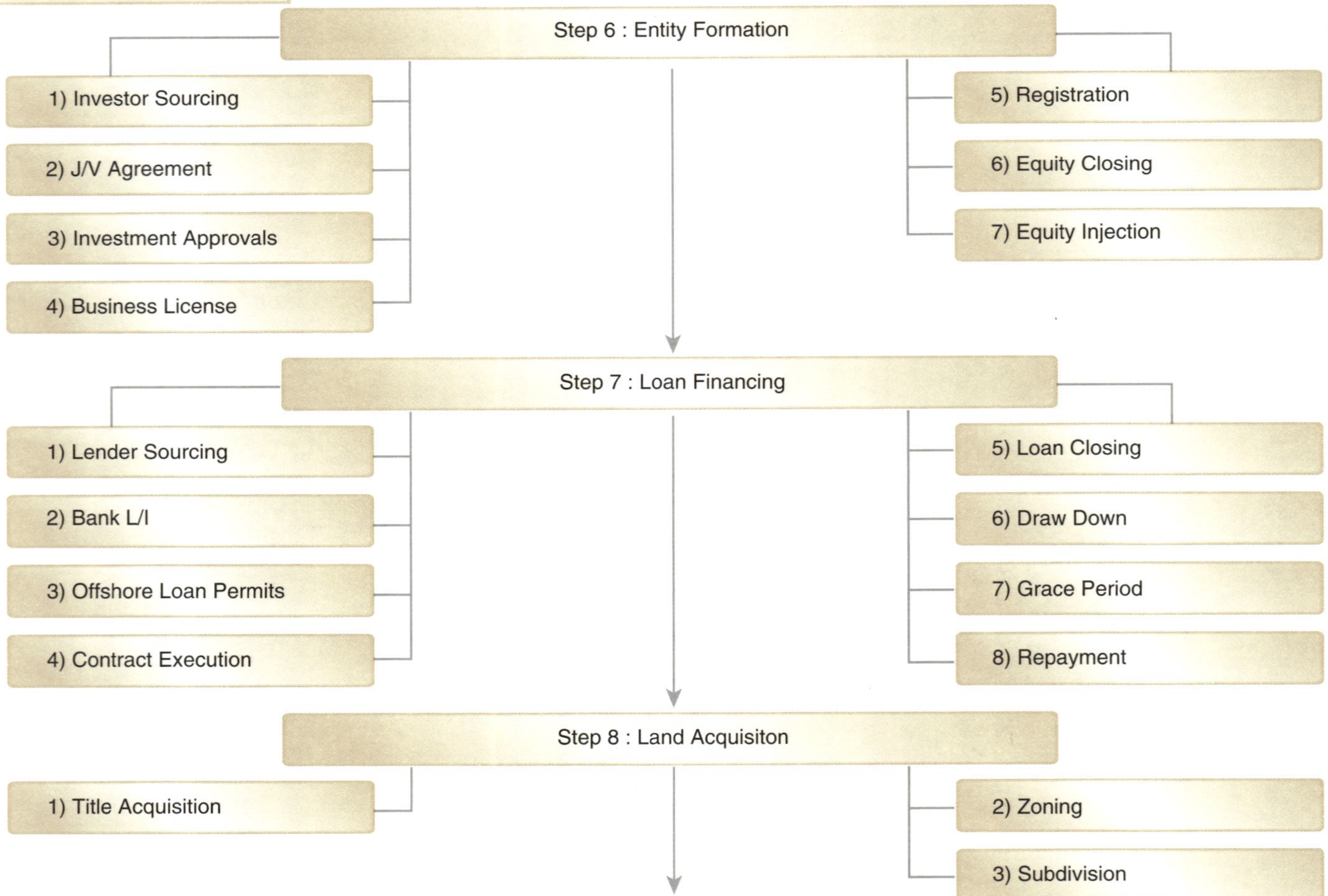

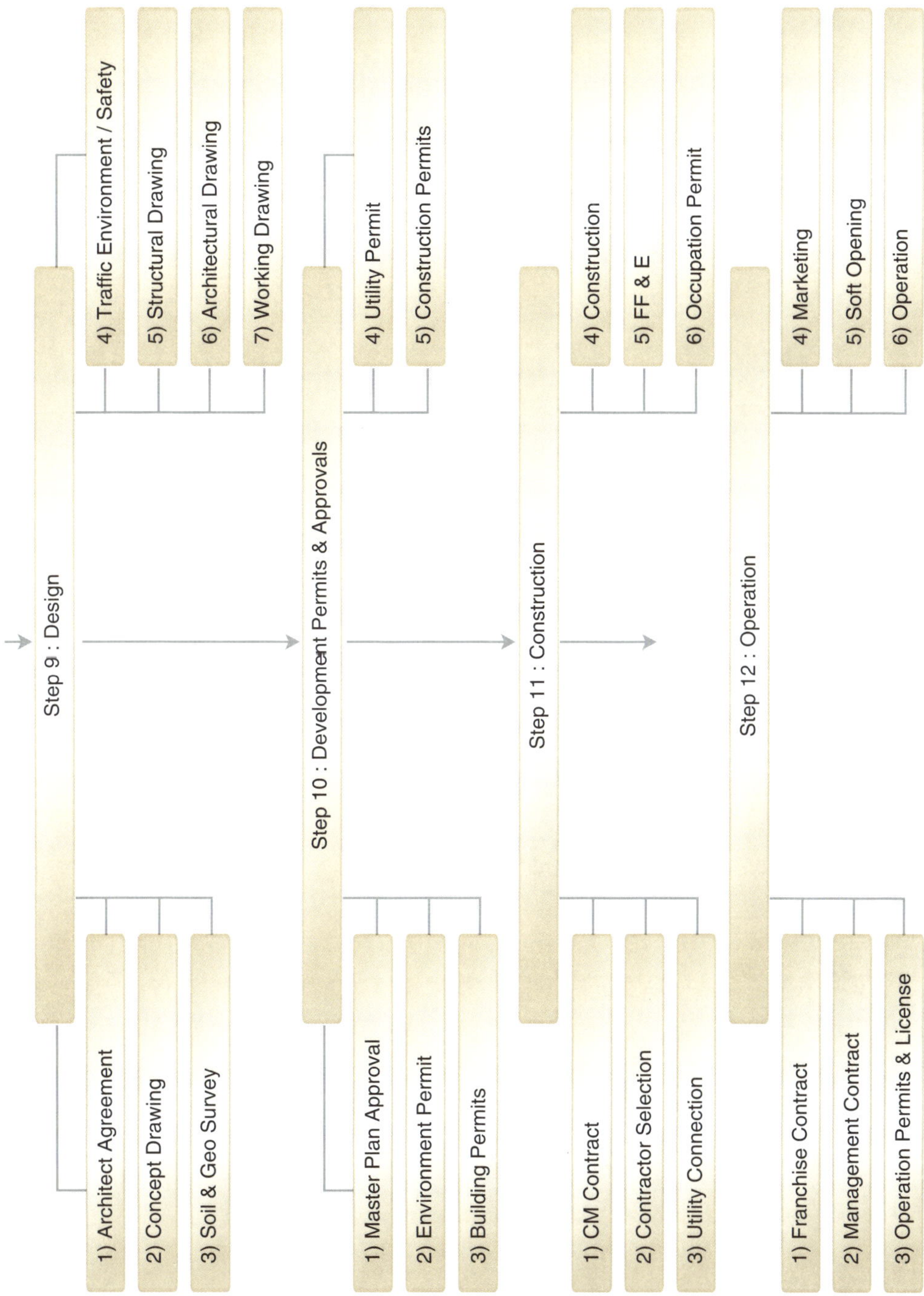
Step 9 : Design
1) Architect Agreement
2) Concept Drawing
3) Soil & Geo Survey
4) Traffic Environment / Safety
5) Structural Drawing
6) Architectural Drawing
7) Working Drawing
Step 10 : Development Permits & Approvals
1) Master Plan Approval
2) Environment Permit
3) Building Permits
4) Utility Permit
5) Construction Permits
Step 11 : Construction
1) CM Contract
2) Contractor Selection
3) Utility Connection
4) Construction
5) FF & E
6) Occupation Permit
Step 12 : Operation
1) Franchise Contract
2) Management Contract
3) Operation Permits & License
4) Marketing
5) Soft Opening
6) Operation

4. Construction Process Details

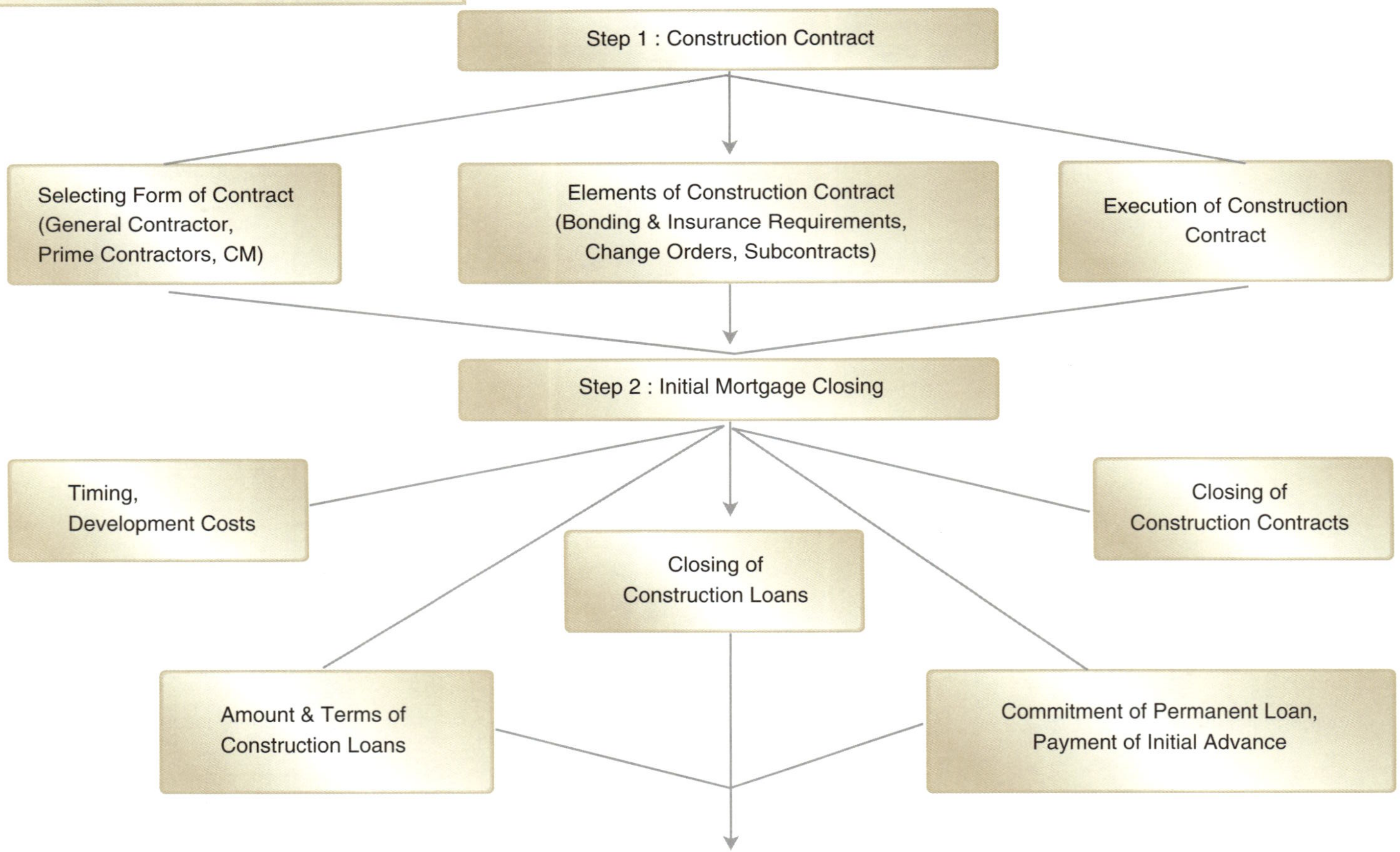

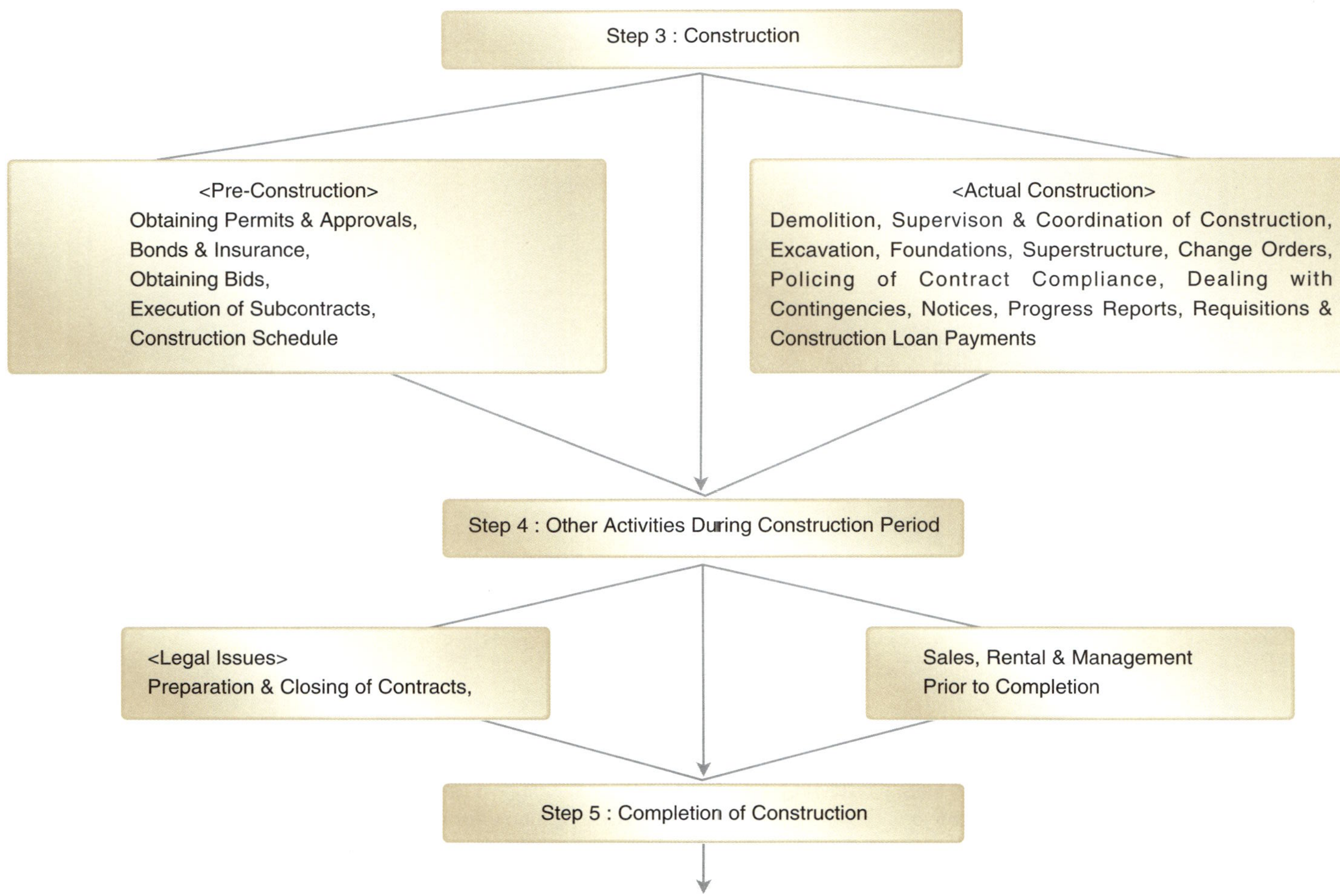
Step 3 : Construction
<Pre-Construction>
Obtaining Permits & Approvals,
Bonds & Insurance,
Obtaining Bids,
Execution of Subcontracts,
Construction Schedule
<Actual Construction>
Demolition, Supervison & Coordination of Construction, Excavation, Foundations, Superstructure, Change Orders, Policing of Contract Compliance, Dealing with Contingencies, Notices, Progress Reports, Requisitions & Construction Loan Payments
Step 4 : Other Activities During Construction Period
<Legal Issues>
Preparation & Closing of Contracts,
Sales, Rental & Management
Prior to Completion
Step 5 : Completion of Construction

Temporary Certificate of Occupancy, Final Requisitions & Payment to Subcontractors, Punch Lists, Government & Lender Final Approvals, Termination of Insurance, Bonds & Guarantees, Guarantees of Work, Tenant's of Purchaser's Work & Occupancy

↓

Step 6 : Finaling Out

↓

Final Approval of All Work, Permanent Certificate of Occupancy, Removal of Bonding of Liens, Takeover of Operation by Owner, Permanent Mortgage Loan, Payment of Construction Loan, Mortgagee's Policy of title Insurance, Lease Closings & Delivery of Possession to Tenants, Conveyance to Condouminium, Cooperative, Homeowner Association, Other Entity, Real Estate Tax Exemption

찾아보기

국문

{ㅊ}

{ㅋ}

{ㅌ}

{ㅍ}

{ㅎ}

영문

{A}

{B}

{C}

{D}

{E}

{F}

{G}

{H}

{I}

{J}

{L}

{M}

{N}

{O}

{P}

{Q}

{R}

{S}

{T}

{U}

{V}

{W}

{Z}

저자약력

윤택만

한국외국어대학교 영어과 졸업(1990년 졸업)
고려대학교 경영대학원 석사과정 재무학 전공(2005년 졸업)
건국대학교 부동산대학원 강사
피자헛코리아 매장개발팀 차장
PT. Arthayasa Grahatama사(인도네시아)
Financing & Project Special Coordinator
공인중개사
현) 쌍용건설㈜ 해외사업본부 팀장

[논문] 한국외식산업에 있어서의 매장소유권 유형 결정요인(2005년)

유선종 - 감수

건국대 부동산학과 학사
Nihon대학, 대학원 부동산과학 전공 석사, 박사
일본학술진흥회 특별연구원
한국주택은행 전문인력
한국건설연구원 객원 연구원
목원대학교 금융보험 부동산학과 조교수
현) 건국대학교 부동산학과 교수

해외부동산개발 실무입문 - 타이밍열전과 공간창조의 첫걸음

2010년 2월 15일 1판 1쇄 인쇄
2010년 2월 20일 1판 1쇄 발행

저 자 / 윤택만
발행인 / 이수영
발행처 / 도서출판 청람
서울시 마포구 대흥동 802(세양상가 109호)
전 화 / 02)3272-2601~2
팩 스 / 02)3272-2603
이메일 / crbooks@paran.com
홈페이지 / www.crbooks.co.kr
등 록 / 2000년 8월 26일 제6-0509호

ISBN 978-89-5972-132-0 13320 [정가 24,000원]